영국혁명과
English Revolution and Oliver Cromwell
올리버 크롬웰

영국혁명과

English Revolution and Oliver Cromwell

올리버 크롬웰

주연종 지음

한국학술정보(주)

이 책은 대학에서 공부하는 학생들이나 근세사에 관심을 가지고
있는 독자 및 관련 분야의 학자들을 위해 집필되었다. 이를 위해 필
자의 박사논문 「영국혁명과 올리버 크롬웰의 상관성 고찰-그의 신
앙관을 중심으로」에 약간의 손을 대어 목적에 맞게 다듬었다. 이 책
이 다루고 있는 분야에 대한 저서를 찾아보기가 쉽지 않아 개척자
적인 심정으로 그리고 두렵고도 아쉬운 마음을 감출 길이 없지만
용기를 내어 출판에 이르게 되었다. 신학과 역사를 함께 공부한 역
사신학도로서 우리 사회가 안고 있는 모순과 한계에 책임을 느끼며
특히 교회가 가진 자원이 더 바르게 쓰여야 한다는 데에 깊이 공감
하며 이 주제를 다루었다. 역사를 알지 못하면 다시 그 역사를 반복
해야 한다는 진리가 어느 때보다도 절실한 한반도의 현실을 돌아볼
때 역사에 그 길을 묻는 것은 당연한 귀결일 것이다.

이에 필자는 영국혁명을 별개의 정치적 사건으로 다루기보다는
영국종교개혁의 연장선상에서 파생한 각종 정치적·종교적·사회
경제적 현상의 총합으로 접근하고자 했다. 따라서 영국혁명은 종교
적 관점을 배제한 채 바르고 객관적으로 이해하기가 쉽지 않을 뿐
만 아니라 자칫 사실 자체에 대한 무리한 해석까지도 발생할 가능성
이 있다고 본다. 일반 사가의 입장에서 영국혁명은 제(諸) 혁명사적

관점과 사회경제적 관점으로만 해석하는 것이 편리할 수도 있겠지만 영국혁명은 헨리 8세로부터 시작된 제한적 종교개혁의 연장선상에서 발생한 계기적 사건으로 보아야 할진대 종교적 관점을 배제할 수는 없다는 것이 연구자의 판단이다. 즉, 영국혁명은 헨리 8세의 사적(私的) 종교개혁의 후유증으로 발생하게 되는 메리의 폭정과 개혁교회에 대한 박해, 뒤이은 엘리자베스와 제임스의 미숙한 개혁의 과정에서 형성된 영국 특유의 개혁주의사상이었던 청교도주의와 분리해서 해석하기 어려운 부분이 있다는 것이다. 17세기는 혁명의 세기는 아니었다. 적어도 프랑스에서의 혁명까지는 100년이나 더 기다려야 했고, 미국 독립전쟁까지도 많은 세월이 필요했다. 뿐만 아니라 혁명을 이루기 위한 능동적이고 자주적인 시민세력이 형성되지도 않았었다. 다만 대륙에서의 종교개혁 바람이 북쪽 스코틀랜드에 안착하여 존 녹스에 의해 장로교적 개혁이 완성을 보았고 제네바에서는 장 칼뱅의 주도하에 개혁사상이 확산되고 있었다. 이미 메리의 박해를 피해 제네바에서 장 칼뱅과 존 녹스의 영향하에서 개혁주의를 학습하고 있었던 영국인이 300명을 넘었다는 사실은 이제 대륙의 개혁주의도 영국에 상륙될 날이 멀지 않았음을 보여주었다. 그 예상은 빗나가지 않았다. 수많은 개혁주의자들이 대륙으로부터 영국의 각 지역에 포진하기 시작했고 특별히 케임브리지대학이 칼뱅주의의 요람으로 자리 잡기 시작했다. 사상적 기반 없이 위로부터, 그리고 정치적으로 진행되었던 영국종교개혁의 미흡한 부분을 북쪽에서는 녹스의 장로주의가 안쪽에서는 케임브리지의 칼뱅주의가 협습(挾襲)하고 있는 형국이 되었다. 이때 올리버 크롬웰은 칼뱅주의와 청교도주의에 깊이 천착한 채 어린 시절을 보냈고 칼뱅주의자들로부터 개혁사상을 전수받으며 성장했다.

크롬웰이 의회에 진출한 때와 맞물려 찰스 1세의 폭정이 시작되었고 자연스럽게 개혁주의 세력 간의 연대가 이루어지기 시작했다. 개혁주의 세력 간의 연대라 함은 존 오언, 존 호웨 그리고 존 밀턴과 같은 칼뱅주의자들과 청교도 지도자들의 교감과 협력을 의미한다. 크롬웰은 이들을 중심으로 각종 개혁운동을 추진하고 호국경이된 후로도 법령과 제도의 정비를 통한 혁명과업을 추진하여 종교개혁과 사회개혁을 도모했다. 이 모든 혁명과업의 수행과정에서 크롬웰은 탁월한 군 지휘관으로서의 면모를 보이며 혁명세력의 중심에 서게 되고 신형군의 창설과 운용, 그리고 소장제의 실시는 혁명수행의 결정적 요소가 되었다. 크롬웰은 평범한 젠트리였다. 탁월한 학문적 성과를 거두었거나 정치 명망가문 출신도 아니었다. 그리고 본래부터 군인의 길을 가기로 한 인물도 아니었다. 크롬웰은 칼뱅주의와 청교도 신앙이라는 무기로 혼란스러웠던 시대를 가름하는 용기와 결단력을 보여줌으로 국민들의 신뢰를 받게 되었고 역사의 중심에 설 수 있었다. 그의 흔들리지 않는 개혁주의적 신앙은 왕과 왕의 군대와 맞설 때에나 의회 내의 반대세력과 대결할 때 유일한 힘의 진원지였다. 그러므로 영국혁명은 혁명의 최고 지도자였던 크롬웰의 혁명이며 크롬웰의 혁명은 그의 신앙에 기인한 바가 크다는 것이 연구자의 관점이다.

크롬웰의 미숙한 혁명과업 수행은 언제나 사가들의 비판의 대상이다. 그가 의회를 통해 세력을 얻고 군대를 통해 혁명을 이루었지만 정작 그는 의회를 두 번이나 해산했고 자신이 참수한 왕과 같은 권한을 행사하는 군주제를 채택했다. 그리고 공화정을 수립했음에도 권력을 절대화하고 이마저 아들에게 세습하는 군주의 모습을 보였다는 것은 그의 미흡한 혁명가적 모습을 단적으로 보여주는 사례들이다. 그럼에도 불구하고 17세기의 아들로서 역사상 한 번도 시도된 바가 없었던 기독교사상에 근거한 국가적 혁명을 시도하고 성인(聖人)이 성도(聖徒)를 이끄는 신정국가 건설을 추진했다는 것은 그 자체로도 평가할 만하다. 신앙은 삶의 일부가 아니라 삶 전체이며, 사회현상의 부분이 아니라 전 문화적으로 구현되어야 한다고 볼 때에 크롬웰의 이러한 시도는 오늘날 우리 사회에 시사되는 바가 크다.

2012년 2월
도드람산자락에서
주연종

| **목 차** | contents

■■■ 제1장

서론

제1장
서론

1. 본서의 목적 및 범위

영국혁명1)은 유럽에서 발생한 최초의 혁명이며 미국혁명, 프랑스

---

1) '영국혁명(English Revolution)'은 관점에 따라, 그리고 그 주도세력의 명칭에 따라 달리 불린다. 보통 청교도혁명과 명예혁명까지의 일련의 과정을 영국혁명이라 하는데 본 논문에서는 청교도혁명에 해당하는 부분만을 다루기로 한다. 영국혁명을 청교도들과 일부 학자들(토마스 칼라일, 민석홍, 나종일)은 '청교도혁명'으로, 왕당파들은 '내란', '시민전쟁(Civil War)' 혹은 '대반역(the Great Rebellion)'으로 부른다. 영국혁명에 대한 명칭을 어떤 것으로 선택하는가 하는 문제는 1640년을 전후해서 영국에서 발생한 본 사건에 대한 해석과 관련이 있다. 즉, 사건의 해석에 따라 부여하는 명칭이 달랐음으로 어떤 명칭을 사용하여 그 사건을 부르는가는 그 사건을 어떻게 인식하는가 하는 것을 알게 해준다. 이 사건을 '내전'과 '혁명'으로 크게 대별하여 불러왔는데 이는 사건의 성격에 대한 휘그(Whig)적 해석을 내리는 자들은 '영국혁명'으로 1970년대 이후로 등장한 수정주의(Revisionism)와 후기 수정주의적 해석을 따르는 이들은 '내전'으로 각각 사용해왔다. 물론 영국혁명에 있어서 종교적인 배경이 중요한 요인임은 수정주의 학자들 사이에서 가장 중요한 주제로 등장해왔다. 그런 면에서 영국혁명을 유럽 최초의 혁명이라기보다는 유럽의 마지막 종교전쟁이라고 일컬어지기도 한다. 청교도혁명이라는 용어는 칼뱅주의의 속성과 관련하여 칼뱅주의 내에 혁명적 이념이 부족하다는 이유로 학자들 사이에서는 잘 사용되지 않고 있다. 현재 광범위하게 쓰이고 있는 명칭은 영국혁명이다. 종래의 대부분 학자들은 'English Revolution', 즉 '영국혁명'을 선호해왔으나 최근에 들어서는 '영국내전', 혹은 '시민전쟁(Civil War)'으로 표기하는 예도 늘고 있다. 영국 시민혁명은 당시 시민계급이 존재하지 않았다는 면에서 거의 채택되지 못하고 있고 청교도혁명은 영국혁명이 분명 종교적인 속성이 있다고는 하지만 청교도에 의해 주도된 측면이 적다는 판단에 따라 선택이 제한되고 있기도 하다. 그러나 교회사적 관점에서 영국혁명을 연구하는 입장에서는 전통적으로 불렸던 명칭임과 동시에 혁명의 속성을 가장 잘 표현한 것으로 판단되는 청교도혁명으로 표기

혁명, 그리고 러시아혁명에 영향을 준 근대를 연 대표적인 혁명이다.[2] 1642년에 발생한 청교도가 주도한 혁명에 이어 1662년의 왕정복고, 1688년에 발생하는 명예혁명과 이에 따른 권리장전으로 세계 최초의 입헌군주국이 되는 일련의 과정을 영국혁명이라고 한다. 본 논문은 연구목적상 영국혁명의 전 과정을 다루기보다는 크롬웰과 청교도들에 의해 주도되었던 1660년까지의 혁명을 집중적으로 살피고자 하고 명칭도 학계의 관례에 따라 영국혁명이라 하고자 한다.

혁명과정에서 찰스 1세의 참수가 '영국민의 이름(In the name of the people of England)'으로 이루어진 사실에 유럽제국은 충격을 받았다. 특히 이탈리아, 스페인, 프랑스, 포르투갈 등 가톨릭적 배경을 가진 나라들로부터는 외교적으로 어려움을 당하기도 했고 네덜란드와는 통상의 마찰로 인하여 전투를 벌이기도 했다.[3] 혁명이 시작된 이래 찰스의 참수로부터 찰스 2세의 왕정복고까지 '공위시대(空位時代, Interregnum)'가 11년간(1649~1660) 이어지고 올리버 크롬웰과 아들 리처드 크롬웰의 호국경 통치가 그간의 공백을 메웠다. 이에 대해 많은 사가(史家)들은 영국혁명을 청교도들에 의해 주

하는 것이 적당하다고 판단되지만 본고에서는 영국사 연구 분야에서 가장 보편적으로 받아들여지고 있는 영국혁명으로 하기로 하고 이후 연구가 지속되면서 명칭을 채택하는 문제에 대해 재고해보고자 한다. 이같이 혁명의 명칭에 대해 논란이 많다는 것은 혁명의 성격과 주체 목적에 대해서도 논란의 여지가 많다는 것을 의미한다. 프랑스혁명이나 러시아혁명의 경우도 많은 논란거리가 있다고 할 수 있는데 그들 제 혁명은 혁명이라고 하는 성격규정에 있어서는 합의가 되어 있는 상태인데 반해 영국혁명은 '반역', '내전', '대반역', '혁명' 등 그 성격에 있어서 조차도 아직 합의된 명칭이 없는 실정이다.

2) 영국혁명은 최초의 근대적인 서양혁명이었다. 영국혁명의 직접적인 계승은 미국독립혁명과 프랑스혁명이 그리고 프랑스혁명은 러시아혁명이 계승했다. 그러나 혁명의 파급효과는 프랑스혁명과 러시아혁명이 더 컸기에 영국혁명의 사적 의미는 단순한 영국혁명으로서가 아니라 러시아혁명에 끼친 영향까지를 포괄하여 보아야 한다.

3) Loomie Albert J, *Oliver Cromwell's Policy toward the English Catholics: The Appraisal by Diplomats, 1654~1658*, Catholic Historical Review; Vol. 90 Issue 1. (2004): 1-2. 이태리는 자국의 대사를 소환하기도 하고 대사관을 폐쇄하기도 했으며 포르투갈은 아예 대사관을 설치하지 않았고 프랑스 같은 경우도 긴장관계를 유지했다.

도된 청교도혁명(淸敎徒革命, Puritan Revolution)이라 칭하기도 하지만 또 다른 사가들은 이를 수용하지 않고 혁명 당시의 왕군, 즉 혁명세력의 적들이 칭하던 '대반역'이라고 부르기도 한다.4) 영국혁명의 성격의 복잡함은 이 역사적 사건을 어떻게 정의할지 난감해하는 역사가들의 고민으로 남아 있다. 전대미문의 왕의 참수(斬首)로 시작된 공화정의 선포와 호국경(護國卿, Protector)의 출현으로 이어진 영국혁명은 유럽의 여러 국가들로부터 외교적 단절을 초래하기도 했다. 특히 러시아의 차르(Tsar)는 혁명을 이유로 그동안 러시아와의 교역에 있어서 영국 상인들에게 허용했던 특권을 박탈해버렸다. 그럼에도 불구하고 프랑스혁명, 러시아혁명과는 달리 영국혁명은 비교적 외교적 간섭으로부터 자유롭게 진행된 혁명이었다.5) 프랑스혁명과 러시아혁명이 경제적·사상적 성격이 강하다면 영국혁명과 미국혁명은 정치적·종교적 성격이 강하다고 할 수 있겠다. 1789년의 프랑스혁명처럼 1640년의 영국혁명도 자본주의가 발전됨에 따라 부와 세력이 신장된 중간계급 부르주아지에 의해 수행된 정치, 경제, 종교적 권력투쟁이었다.6) 1660년 왕정이 복고된 후 프랑스와 스페인 등의 절대왕정 국가들은 그들의 왕정이 입헌군주국으로서가 아니라 절대왕정으로 유지될 수 있다는 면에서 안심할 수 있었다.7) 특히 영국혁명의 과정 중, 즉 아직 시민계급이 형성되기 전, 종교개혁이 진행되면서 정치적인 혁명이 이루어지고 절대왕정

---

4) Harold J. Berman, *Law and Revolution* II, (Cambridge: Harvard University Press, 2003), 205.

5) Christopher Hill, *Puritanism & Revolution*, (London: Secker & Warburg, 1958), 112.

6) Christopher Hill, 『영국혁명 1640』, 홍치모·안주봉역, (서울: 새누리, 1998), 10.

7) Christopher Hill, *Puritanism & Revolution*, (London: Secker & Warburg, 1958), 113.

이 붕괴되고 공화정이 선포되는 역사적인 일련의 일들이 발생했다. 그리고 왕과 국교도가 한 세력을 이루고 장로파와 의회파가 또 한 세력을 이루어 정치종교적인 대결구도를 형성한다. 이러한 혁명의 과정 속에서 올리버 크롬웰(Oliver Cromwell, 1599~1658)[8]은 단연 그 중심에 있었다. 크롬웰에 의해 영국혁명의 정신이 스코틀랜드로 확산되고 스코틀랜드의 교회와 정치 그리고 교육에까지 영향을 미치게 되었다.[9] 뿐만 아니라 크롬웰은 영국 역사상 최초의 왕정중단과 공화정의 출현을 주도했다. 크롬웰 혁명의 성격은 정치적이기도 했지만 근본적으로는 종교적인 것이었으며 따라서 그의 생애에 대한 다양한 관점에서의 분석은 영국혁명의 힘의 근원을 설명하는 데 있어서 필수불가결한 요소이다. 영국혁명은 그 본질과 힘의 근원이 청교도주의(淸敎徒主義, Puritanism 이하 청교도주의 혹은 퓨리터니즘)였음에도 불구하고 많은 역사가들에 의해 그 연관성이 희석되거나 강조되지 않고 있는 것이 사실이다. 얼마 전까지만 해도 청교도혁명으로 불렸던 영국혁명은 지금은 그 용어조차 '영국혁명', '영국내전', '대반역' 등으로 바뀌는 혼란스러운 과정까지 겪어야 했다. 청교도주의가 태동하지 않았고 칼뱅주의가 영국에서 꽃피우지 않았더라면 영국혁명은 과연 발발했을까? 발발했더라면 어

---

8) 올리버 크롬웰을 사이에 두고 영국역사에 두 명의 크롬웰이 더 등장하는데 그중의 한 명이 올리버 크롬웰 이전의 인물인 Thomas Cromwell(1485~1540)이다. 그는 추밀원(樞密院)의 고문관을 지내며 헨리 8세를 도와 종교개혁에 기여했으나 후에는 왕의 미움을 사서 처형당하고 말았다. 또 한 명의 크롬웰은 올리버 크롬웰의 아들인 Richard Cromwell(1626~1712)인데 그는 아버지를 이어 제2대 호국경이 되었으나 왕정이 복고되자 프랑스로 망명하였다.

9) 홍치모, 『스코틀랜드 종교개혁과 영국혁명』, (서울: 총신대학교 출판부, 1991), 161-2. 스코틀랜드에서도 왕당파조차 크롬웰의 공화정을 지지하기는 했다. 그리고 녹스의 영향을 받은 크롬웰이 녹스의 활동 본거지였던 스코틀랜드에 다시 영향을 주는 선순환(善循環)이 나타나기도 했다. 그러나 아직도 스코틀랜드를 차지하고 있는 세력은 장로파 중에서도 결의파(General Resolutioner)로서 이들은 찰스 1세를 지지하고 있었기에 크롬웰은 항상 스코틀랜드 내의 힘의 이동에 대해 주시하지 않을 수 없었다.

떤 방향으로 어떤 결과를 낳으며 진행되었을까, 또 어떤 성격의 혁명으로 평가되고 있을까 하는 문제를 제기하는 것은 불가피하다.

따라서 본 연구는 영국혁명은 근본적으로 청교도주의에 기반을 둔 혁명이었으며 그 혁명을 주도했던 인물들은 칼뱅주의와 청교도주의의 배경 속에서 교육받고 준비된 인물들이었다는 사실을 규명하고자 한다. 특히 혁명의 최고책임자로 절대왕정(絶對王政)을 중단시키고 영국 역사상 최초로 공화정(共和政)을 선포한 크롬웰이 그와 같은 업적을 남길 수 있었던 사상적 기반은 무엇이었으며 그의 신앙이 이 혁명과정에서 한 역할은 무엇이었는가에 대해 밝히고자 한다.

2. 연구 방법

본 연구는 영국의 기독교 전래와 기독교 국가 형성과정은 물론 논문의 핵심인물인 크롬웰의 생애와 그에 대한 평가에 대해 알아보고 영국혁명의 시대적 배경과 아울러 대략적인 영국의 역사적 개관을 하게 될 것이다. 영국혁명을 포괄적으로 이해하고 혁명에 대한 구체적인 연구와 진술을 하기 위해서는 영국사에 대한 문화사적 접근과 기술이 필요하다고 보기 때문이다. 이 개괄적 영국사에서는 영국과 게르만족과 로마와의 관계도 언급함으로 복잡하고 다단했던 영국의 구성이 어떤 배경에서 비롯된 것인가를 정리하고자 한다. 이후에는 영국 기독교의 태동과 발전 그리고 영국에서의 민주주의, 특히 의회민주주의의 탄생과 그 발전과정을 간략히 언급함으로 결국 혁명의 과정에서 당사자로 나서게 될 왕군과 의회군의 충돌에 대한 역사적 배경을 본 논문의 바탕으로 제시하게 될 것이다. 이후에는 대륙의 영향을 받은 종교개혁의 전개과정을 담되 영국만의 독특한 배경이라고 할 수 있었던 헨리 8세와 로마교황청과의 불화 그리고 그로 인한 영국 집권세력의 이합집산(離合集散) 과정을 살필 것이다. 헨리 8세의 신변문제로 시작되었다 하지 않더라도 존 녹스와 장 칼뱅의 사상 등이 유입됨으로 인해 영국에서는 이미 종교개혁의 사상적 기반이 마련되었고 이를 추진하는 모체 역할을 케임브리지대학에서 했다고 보는데 이에 대한 구체적인 입증이 제시된다. 그리고 본격적으로 연구하게 될 크롬웰이 시대의 아들로서 어떤 배경 속에서 등장하고 어떤 교육과 환경에서 성장함으로 그와 같은 종교적·사상적·정치적 기반을 가지게 되었는가를 살피게 될 것이다. 또한 그가 의회군의 수장이 되는 과정과 최고사령관으로서 혁명을 주도해나가는 과정에서 군인으로서 그리고 신앙인으로서 군대의 형성과 지휘에 어떤 역할을 했는가도 살피게 될 것이다. 이후에는 본격적으로 혁명과 크롬웰의 상관관계, 특별히 크롬웰의 신앙이 영국혁명을 수행하고 공화정을 선포하고 호국경에 이르기까지 그의 인생역정, 정치역정에 끼친 영향을 살피는 것을 본 연구의 핵심과제로 삼을 것이다.

이와 같은 연구를 위해 국내외에서 발간된 영국사, 종교개혁사, 교회사, 크롬웰에 관한 연구서적, 논문, 그리고 크롬웰 자신의 연설이나 고백, 대화록, 편지 등을 분석하여 본 연구의 주제에 맞게 재구성하고자 한다.

3. 연구사적 고찰

1) 영국혁명과 청교도에 관한 연구

기독교신앙이란 예수 그리스도 안에서 하나님이 세상을 구원하기 위하여 스스로 인간이 되어 역사 속에 들어왔으며 성령을 통해 교회를 만들고 그 교회를 통해 역사 안에서 활동한다는 것을 출발점으로 삼는다.[10] 그런 의미에서 교회사 역시 기독교신앙과 유의미한 하나님 백성의 역사이다. 그러므로 교회사는 교회를 통해 일하시는 하나님의 뜻이 세속사라고 하는 밑그림 속에 드러난 '그의 백성들'의 역사이다. 따라서 영국혁명사라고 하는 세속사의 관점에서 연구를 수행한 학자들의 접근과 관점은 세속적 관점일 수밖에 없다. 그러나 그 속에서 혹은 그 모든 것을 포함하여 '그의 백성들의 역사'로의 영국혁명사를 연구하기 위해서는 기독교적 관점에서의 재해석이 요구된다. 왜냐하면 영국사 자체가 지난 1세기 동안 다른 어떤 분야보다도 생산적인 연구성과를 거두어왔고 새로운 이론과 연구방법, 새로운 사료(史料)의 활용 등으로 다각도로, 심층적으로 재조명되어왔기 때문이다. 사관(史觀) 면에 있어서도 전통적인 휘그적 역사해석이 계승되는 한편 그것을 극복하기 위한 사회경제사적 해석, 부르주아가 혁명의 주체세력이었다고 평가한 마르크스주의적 해석[11], 그리고 지방사적인 지역공동체(local community) 중

---

10) Wolfgang Bienert/Joachim Mehlhausen, 『교회사 연구방법과 동향』, 강원돈 역(병천: 한국신학연구소, 1994), 20.

11) 이태숙, "17세기 영국 내전의 부르주아혁명설에 대한 통계적 검정", 『역사학보』 153(1997): 217.

심의 해석, 아래로부터의 인민의 혁명으로 보려는 퀘이커주의자들의 해석12) 등이 대두되어 영국혁명을 새로운 시각에서 비춰보고 있기 때문이다. 연구방법에 있어서도 서술적인 방법, 분석적인 방법, 사회구조사적 방법, 계량적·통계적 방법 등등이 영국혁명 연구에 적용되고 있는 현실이다.13) 영국혁명사와 청교도에 관한 연구가 다양한 스펙트럼 현상을 보일 수밖에 없는 이유는 이 분야의 관련 학자들이 자기의 학문적 배경과 선입관적 입장을 가지고 연구에 접근하고 있기 때문이다.14)

본 논문의 연구목적상 교회사에 대한 정의를 토대로 영국혁명 및 크롬웰에 대한 국내외 연구동향을 우선 살펴보기로 한다. 위에 언급한 대로 영국혁명이나 크롬웰에 대한 연구는 일반사(혁명사)적 접근을 시도할 수도 있는 부분이나 이를 청교도가 주체가 된 혁명이라고 하는 측면에서는 교회사적 의미가 더 깊다. 즉, 세상에서 활동하는 그리스도의 역사라고 하는 측면이나 '그의 백성들'의 역사라고 하는 관점에서 접근하고자 한다. 국내외에 산재한 영국혁명에 대한 사료나 연구결과들을 살펴보면 영국혁명에 대한 영국인들의 인식이 긍정적이지만은 않다. 영국혁명을 통해 왕정이 중단된 것에 대한 부정적 인식 때문인지 영국혁명과 이를 주도했던 크롬웰에 대한 평가가 혁명의 서양혁명사적 의의에 비추어볼 때에 약화된 것으로 보인다. 혹자는 크롬웰을 '대의(大義)를 배신한 인물', '이기적 야망과 불성실, 이중인격을 지닌 사납고 거친 위선자'로 지칭하기도 했다.15)

---

12) 임희완, "영국혁명기의 종교적 급진사상의 역할", 『역사학보』138(1993): 180.

13) 오주환, "英國革命史 硏究의 實相", 『경북사학』5, (1982): 201.

14) 윤종훈, "English Puritanism 정의와 그 근원적 배경에 관한 연구사적 고찰", 『신학지남』277 (2003): 257.

영국혁명에 대한 명칭과 성격규정에 있어서도 많은 논란이 야기되고 있는 것과 같이 영국혁명에 대한 연구에 있어서도 시대와 사조에 따라 색다른 해석들이 대두되었다. 영국혁명기에 이미 쓰이기 시작한 클라렌든(Clarendon) 경의 『영국의 반역과 시민전쟁의 역사』(*The History of the Rebellion and Civil War in England*)는 영국혁명 자체를 하나의 반란(Rebellion)으로 규정하였다. 이러한 해석은 19세기까지 지속하여왔다. 그 이후 휘그적 해석이 등장하면서 20세기 중엽의 마르크스 사학의 영향과 합하여 부르주아혁명론 혹은 사회경제사적 관점이 부각된 해석이 나타나게 되었다. 계속해서 의회사연구와 1950년대에 있었던 젠트리 연구 그리고 영국 제 지방사 연구를 통해 영국혁명을 반란, 내란 혹은 내전으로 보려는 수정주의적 해석이 재도전하는 국면에 이르렀다.[16] 엄격히 말해서 혁명 후 4세기를 맞이하는 지금까지도 영국혁명사에 대해서는 타당한 결론 없이 논쟁이 이어지고 있다.

1660년 이전까지는 왕당파 역사가들이 자유롭게 그들의 의견을 밝힐 수 없었듯이 1660년 이후에는 의회파 입장에 있던 역사가들이 마찬가지의 처지에 놓이게 되었다. 18세기에 접어들면서 영국사에 대한 해석은 다시 휘그당과 토리당, 국교도와 비국교도 간의 상호 증오가 연관되어 또다시 객관적인 해석이 불가능하게 되었다. 19세기에 들어와 비로소 매콜리(T. B. Macaulay)와 가드너(S. R. Gardiner)에 의해 혁명사 연구는 새로운 국면에 이르게 되었다. 이들은 혁명을 초기 스튜어트 왕들이 영국의 입헌적 전통을 무시하고 전례 없는

---

15) Thomas Carlyle, 『영웅의 역사』, 박상익 역, (서울: 소나무, 1997), 319.
16) 나종일, "영국혁명에 대한 한 시각", 『서양사론』 33, 한국서양사학회, (1989): 85-86.

자의적 전제정치를 실시한 것에 대항해 의회를 중심으로 반기를 들었던 종교적 자유와 입헌적 자유를 위한 청교도들의 혁명으로 보았다.[17] 이와 같은 휘그적 해석도 20세기에 들어서서 마르크스 주의적 해석에 의해 빛을 잃게 되었고 헌정적·종교적 관점에서 사회경제적 관점으로 전환되게 되었다. 따라서 17~18세기의 영국 혁명사에 대한 해석은 지나치게 당파적이었고 19세기와 20세기 초에는 휘그적 해석, 20세기 중반에 들어서는 헌정적, 종교적 측면과 사회경제적 측면에 집중하게 되었다.[18] 그러나 이런 해석들과는 별도로 영국혁명을 종교적 요인에서 찾는 연구들도 활발했다. 앞서 언급한 가드너의 경우는 좀 더 명확하게 영국혁명을 청교도혁명이라 명했고 모릴(Morill)은 혁명이 일어난 유일한 원인을 종교적인 것으로 꼽았다. 그리고 1980년대 후반, 휘그적 연구와 러셀(Conrad Russell)을 중심으로 일었던 수정주의 연구의 결과물을 공히 수용했던 휴스(Ann Hughes)의 경우도 혁명의 원인을 설명하는 데 있어서 종교에 큰 비중을 두고 있다.[19] 영국혁명을 연구하는 데 청교도혁명으로부터 명예혁명에 이르기까지의 일련의 과정에서 가장 영향력 있었던 그룹은 청교도와 군인이었다. 따라서 영국혁명을 종교, 즉 청교도와 개혁주의를 배제한 채 사회경제사적 측면에서 부각시킨다면 이는 영국혁명의 한 단면만을 확대하여 해석한 결과라고 할 수 있겠다. 마르크스주의자들의 해석과 부르주아혁명론에 초

---

17) T. B. Macaulay, "*The History of England from the Accession of James Ⅱ*", Vol. Ⅰ, in Philip A. M. Taylor, *The Origins of the English Civil War*, (D. C. Heath, 1960), 1-11. 김창문. "C. Hill의 영국혁명론", 『사총』 32, (1987): 144에서 재인용.

18) 김창문. "C. Hill의 영국혁명론", 145.

19) 정영권. "영국혁명에서의 주중 설교제도: 청교도 의회 초기 종교정책의 한 일면", 『전국서양사 연합 학술발표회 논문집』, 한국서양사학회, (2007): 1.

점을 맞추는 해석들도 자연스럽지 않은 것은 마찬가지이다.

19세기에 있어서 영국혁명과 크롬웰을 부각시킨 인물 중에는 토마스 칼라일(Thomas Carlyle, 1795∼1881)이 있다. 칼라일 자신이 스코틀랜드의 경건한 청교도 집안의 출신이고 목사가 되려고 했던 경력이 있는 인물이다. 에든버러대학교의 총장을 역임한 칼라일은 영국사뿐 아니라 1837년에는『프랑스혁명사』를 출판하기도 했다. 칼라일의 영웅 연구는 근대혁명의 역사를 탐구하는 과정에서 도출된 명제였다. 그는 저서『영웅의 역사』(*On heroes, hero-worship and the heroic in history*)에서 올리버 크롬웰에 대해 사실보다 저평가되어 있다고 지적하고 크롬웰을 영웅의 반열로 올려놓았다. 이어서 칼라일은 크롬웰의 편지와 연설들을 수집하여 편집, 출판하였는데 이반 루츠(Evan Roots)가 편집한『올리버 크롬웰의 연설』 (*Speeches of Oliver Cromwell*)과 더불어 크롬웰을 통해 생산된 1차 사료들로 평가받고 있다. 이반 루츠는 엑서터(Exeter)대학교의 명예교수로서 올리버와 영국혁명에 대한 연구자였다.

위의 두 자료에서 다루어지고 있는 내용은 크롬웰의 전투지휘관 시절 전선에 보낸 서신으로부터 최고사령관 시절, 의정활동 및 호국경으로서의 연설 그리고 대화록 등이 포함되어 있다. 20세기에 들어와 크롬웰과 청교도 연구에 있어서 주도적인 역할을 했던 인물은 크리스토퍼 힐(Christopher Hill, 1912∼2003)이다. 크리스토퍼 힐 자신은 영국을 대표하는 마르크스주의 역사가로서 특히 17세기 역사를 집중적으로 연구하였다. 힐은 마르크스주의적 입장에 있기는 했지만 사상사적 측면과 사회경제적 측면의 양면을 융합함으로 균형 있는 해석을 시도했던 인물로서 혁명과 청교도 그리고 크롬웰의 업적이 영국의 자본주의 발전에 기여했다고 보고 영국혁명을 부르주와 혁명으로 규정한 바 있다.[20] 따라서 힐에게 있어서 청교도주의(Puritanism)라 함은 요먼(yeoman), 즉 자작농 혹은 소지주, 지식인, 중소상공인들로 형성된 중간계층의 이데올로기였다. 따라서 영국혁명은 이들 집단의 이데올로기로서 지지를 받지 못했었다면 그것은 왕권과 주교에 도전하지도 못했을 것이고 내란을 승리로 이끌지도 못했을 것이라고 지적하고 있다.[21] 힐은 영국혁명사뿐 아니라 저서 『레닌과 러시아혁명』(Lenin and Russian Revolution)에 나타난 대로 근대 혁명들 간의 상관관계에 대해 규명하고자 했다. 따라서 영국이 제 유럽국가들과 외교적 관계에 놓여 있는 상황에서 발생한 영국혁명은 제 유럽국가들뿐 아니라 러시아의 차르와 그 체제에도 심각한 도전이 되었음을 지적했다.[22] 또한 힐도 청교도에 대한 연구와 혁명사 연구가 여전히 지속되고 있는 논쟁적 요소 때문에 그 정의(定議)조차도 쉽지 않음을 토로하고 있다.[23] 그러나 영국혁명이 발발하기 전의 영국에서는 청교도라는 명칭을 부여할만한 의견의 통일체가 있었다는 주장에 동의하였던 힐은 퓨리터니즘에는 국교회를 내부에서 순화시키려고 하는 신앙과 교회정치에 관한 이론의 핵심요소가 존재했었다고 주장하면서 이 핵심이론과 의견의 통일체가 없었더라면 혁명을 결코 치러내지 못했을 것이라고 주장한 바 있다.[24] 아울러 그는 17세기에 있어서 청교도

---

20) C. Hill, *Puritanism & Revolution*, (London: Pimlico, 2001), 43.

21) C. Hill, *Society & Puritanism in Pre‒ Revolutionary England*, (London: Secker and Warburg, 1964), 138.

22) C. Hill, *Puritanism & Revolution*, (London: Pimlico, 2001), 112.

23) C. Hill, *Society & Puritanism in Pre‒ Revolutionary England* (London: Secker and Warburg, 1964), 1.

는 이미 좁은 종교적인 의미 이상의 동력을 얻었으며 사람들의 마음을 혁명으로 이끌고 갔던 가장 중요한 사상체계였음에는 틀림없다고 인정하였다.25) 또한 사회경제적 관점에서 성직자의 배후에는 언제나 지주들이 있었으므로 영국혁명은 정치적·종교적 싸움 이상의 성격이 있었음도 빠뜨리지 않았다.26) 구소련(舊蘇聯) 유학 중 공산당원이 된 바도 있었던 힐은 영국혁명사에 대한 마르크스주의적 해석을 시도했고 또한 마르크스주의 사가들의 연구성과들을 소개했던 대표적인 인물이었다. 힐의 영국사 연구에 있어서의 가장 큰 공로는 빅토리아 시대에 편협하게 헌정적 투쟁만을 강조한 청교도혁명이라는 개념을 사회경제적 대립에 바탕을 둔 부르주와 혁명으로 바꾼 데 있다. 이는 영국혁명 300주년을 기념하여 발간한 그의 저서 『영국혁명, 1640』(*The English Revolutuion, 1640*)에서 그의 부르주와 혁명론의 모델을 제시하고 곧이어 출간한 『선한 오랜 이상』(*The Good Old Cause*)에서 그 개념을 더욱 정교하게 다듬게 되었다. 이로써 종래의 휘그적 해석 대신 마르크스주의적 영국혁명 해석이 주류를 이루게 되었다.27) 그러나 마르크스주의적 해석을 해온 힐도 1956년 발생한 소련의 헝가리 침공을 계기로 공산당을 탈당하여 이른바 자유주의적 마르크스주의자가 됨으로 영국혁명사에 대한 견해도 수정되었다.

힐 이전의 영국혁명사와 청교도에 관한 연구자로서 세속사적 관점에서 일반역사가로 등장한 이는 케임브리지대학교의 역사학자였

---

24) C. Hill, *Society & Puritanism in Pre-Revolutionary England*, 28-29.
25) C. Hill, *Society & Puritanism in Pre-Revolutionary England*, 24.
26) C. Hill, *The English Revolution 1640*, (London: 1955), 17.
27) 오주환, "英國革命史 研究의 實相", 『경북사학』 5, (1982):10-11.

던 트리밸란(Trevellyan) 교수이다. 트리밸란 교수는『스튜어트 왕조의 영국』(England Under the Stuart)에서 청교도를 교황제도의 추악함으로부터 파생된 국교회의 관행을 순화시키려 했던지, 아니면 순화된 형태로 국교회로부터 분리하여 차별된 개혁적인 형태의 예배를 드리려고 했던 모든 사람들을 지칭하는 것[28]으로 보았다. 독일의 사회학자이며 경제사가였던 막스베버의 개혁교회와 청교도에 관한 입장도 일반 사가들의 경우와 크게 다르지 않았다. 베버는 프로테스탄트운동과 청교도운동을 윤리와 금욕적 태도에 중점을 두고 평가하였다. 물론 경건주의와 청교도 내의 분파에 대해서도 유사한 입장을 보이고 있다. 베버에 의하면 청교도들은 그들 이전의 신앙이나 기독교사상을 윤리적으로 변형하여 수용함으로 실천성을 높였다고 보았다.[29] 하지만, 앤서니 기든스는 베버의 저서에 대한 해설에서 베버는 가톨릭과 프로테스탄트를 정확하게 이해하지 못하고 있다고 주장했다. 뿐만 아니라 청교도주의와 자본주의 간의 연관성에 대한 베버의 진술도 충분치 못한 경험적 자료에 근거하고 있다고 비판하고 있다.[30] 경제사가이자 기독교 사회주의자였던 토니(R. H. Tawney)의 청교도에 대한 평가는 베버의 평가를 확대 발전시켰다고 볼 수 있는바, 그는『종교와 자본주의의 興起』(Religion and the Rise of Capitalism, 1926)에서 청교도들은 신학과 교회정치, 정치사상, 실업관계, 가정생활 및 개인적인 행동의 양식까지도 신앙과 양심에 입각하여 결심하였다고 보았다. 그는 또한

---

28) Trevellyan, G. M., *England Under the Stuart*, (London 1949), 50.
29) Max Webber, 『프로테스탄티즘의 윤리와 자본주의 정신』, 박성수 역, (서울: 문예출판사, 1998), 92-93.
30) Max Webber, 『프로테스탄티즘의 윤리와 자본주의 정신』, 298.

청교도정신의 성장과 승리와 그 형태의 변화라고 하는 것은 17세기에 있어서 가장 근본적인 운동이었으며 이 운동으로부터 근대영국이 탄생하였다고 보았다.[31) 토니의 경우 1941년에 발표한 "젠트리의 대두"라는 논문에서 젠트리를 혁명의 주체세력으로 보면서 이들을 부르주아라고 규정한 바 있다.[32) 앞서 언급했던 힐도 부르주아혁명론을 펼치다 후에 선회하기는 하였지만 토니와 함께 한때 부르주아를 혁명의 주체로 본 시각은 여전히 논란거리로 남아 있다. 토니의 인격과 영국사 연구에 대한 영향은 지대한 것이었다. 토니는 학파를 형성하거나 정통학설을 확립하지는 않았으나 영국혁명사와 관련하여 세계적인 추종학자들을 확보하고 있다. 토니의 연구는 농업 혹은 농민문제와 젠트리의 발흥에 대한 실증적·계량적 연구와 이들과 영국혁명과의 관계를 밝히는 두 가지에 집중되어 있었다고 할 수 있다.[33) 이 부분에 대해서는 힐도 동의하는 바인데, 힐은 그의 『시민전쟁에 대한 최근 해석』(Recent Interpretations of the The Civil War)[34)에서 토니의 연구가 주로 젠트리의 발흥(Rise of the Gentry)에 대한 새로운 정통이론을 구축하는 데 초점을 맞추고 있음을 인정했다. 그러나 청교도와 영국혁명사 전체로 볼 때는 앞서 지적한 대로 기존의 주장과 이론을 뒤집거나 전혀 새로운 차원의 진술이 아닌 친숙한 차원의 것들임을 밝혔다.[35) 영국혁명에 대한

---

31) R. H. Tawney, *Religion and the Rise of Capitalism*, (New York: A Historical Study, 1926), 189-199.

32) 이태숙, "17세기 영국 내전의 부르주아혁명설에 대한 통계적 검정", 219.

33) 오주환, "英國革命史 研究의 實相", 203.

34) C. Hill, *Puritanism & Revolution*, (London: Pimlico, 2001), 3-29.

35) C. Hill, *Puritanism & Revolution*, 6.

크나펜(M. M. Knappen)의 최근 연구동향을 보면 청교도운동의 제
도적 측면을 튜더시대 이전에 초점을 맞추고 있는 것으로 보인다.
1939년에 발간한 『튜더 청교도주의』(*Tudor Puritanism*)에서 그는
튜더시대에 있어서 런던시를 중심으로 활동했던 상인들과 청교도
들과의 관계를 중시하고 있다. 다시 말해서 당시 런던에서 상업에
종사했던 20여 만 명으로 추정되는 상인들은 청교도가 아니면 청교
도적 성격을 지니고 있었다는 것이다. 이들 청교도 혹은 청교도적
상인들의 특징은 근면, 성실, 노력이었다. 런던시의 상인들이야말로
청교도운동에 있어서 세속에 거하는 사람들이었으며 청교도로서의
상인적 성격의 중요성을 보여주었다고 보았다.[36] 계속해서 크나펜
은 청교도의 한계에 대해서도 지적하고 있는데, 청교도는 왕권이
허락하는 범위를 넘어서서 적극적으로 교회와 사회를 개혁하려고
노력했지만 재세례파의 사상까지는 미치지 못하는 집중력의 한계를
노출했다고 보았다. 즉 장로파, 독립파, 비분리파 모두를 포함한 영
국의 프로테스탄트를 청교도라고 지칭하였던 것이다. 모간(Morgan)
의 경우는 저서 『보이는 성자들』(*Visible Saints*)에서 청교도의 회심
부분을 특히 강조하였다. 청교도의 특징으로 그는 고도로 발달한 형
태의 회심을 꼽고 있으며 이를 청교도의 본질로 보았다.[37]

성공회적 관점에서 본 영국교회사로는 존 무어만(John Richard
Humpidge Moorman)의 『잉글랜드 교회사』(*A history of the Church
in England*)가 있는데 무어만은 헨리 8세의 업적에 대해서도 관용

---

36) Knappen, M. M., *Tudor Puritanism*, (Chicago: 1939), 4.

37) Morgan, E. S., *Visible Saints: The Histroty of Puritan Idea*, (New York: Cornell University Press, 1963), 77.

적인 한편 올리버 크롬웰이 찰스를 처형했던 순간이 바로 청교도가 몰락하는 시점이 되었으며 비로소 영국교회는 그 미래가 보장되게 되었다고 진단했다.[38] 이는 무어만이 성공회 주교라는 면에서 주관적인 해석이 담겨 있다고 보인다. 무어만의 입장에서는 청교도의 발흥이나 청교도의 운동, 신학 그리고 영국교회의 수장이었던 찰스를 참수하고 왕정의 중단과 더불어 영국국교회를 한때 무력화시켰던 이 운동과 주동자들에 대해 호의적인 평가를 하기가 어려웠을 것이다.

국내 관련 연구로자로서는 김민제가 『영국혁명의 꿈과 현실』(1988)이라는 저서를 통해 영국사 속의 혁명의 전반적인 전개과정에 대해 다루고 크롬웰과 그 군대에 대한 평가도 병행해서 기술했다. 박지향 교수의 『영국사-보수와 개혁의 드라마』(1997)는 영국역사를 연대기적으로 기술하지 않고 주제별로 재구성하여 보수와 개혁세력 간의 변증법적 관계가 영국의 발전에 기여한 바를 규명하고자 한 책이다. 영국혁명이나 크롬웰에 관한 부분은 미미하나 영국사를 새로운 관점에서 주목할 수 있게 해준 작품으로 평가되고 있다. 홍치모 교수는 영국혁명을 교회사적 관점에서 재구성하여 기술하고 있는데 주로 영국혁명과 스코틀랜드교회와의 연관성에 대해 연구하였다. 그의 저서 『스코틀랜드 종교개혁과 영국혁명』(1991)은 영국혁명에 스코틀랜드의 종교개혁이 준 영향을 먼저 언급하고 존 녹스 등에 의해 영국교회에 청교도사상이 유입되고 개혁사상이 꽃피게 되는 상관성을 지적하고 있다. 뿐만 아니라 더 나아가 영국의 청교도운동이 독립파를 중심으로 영국혁명으로 동력

---

38) John Moorman, 『잉글랜드 교회사』, 김진만 역, (서울: 성공회대학교 신학연구소, 2003), 49.

화할 때에 스코틀랜드교회와 장로파는 혁명에 어떤 영향을 미치게 되었는가를 연구의 주제로 삼고 있다. 특히 스코틀랜드 안에 있던 크롬웰파의 움직임과 역할에 주목하고 있는 바, 스코틀랜드에 있던 크롬웰파는 장로파를 무력화하고자 했던 크롬웰의 독립파와 마찬가지로 스코틀랜드 내에서의 장로파 세력에 저항하다 고립되어 결국 붕괴되고 말았다. 이는 스코틀랜드 내에 크롬웰과 독립파의 지지기반이 허약했다는 것에 대한 증거이기도 함을 홍치모 교수는 지적하고 있다.[39] 그 밖에도 원종천 교수는 청교도의 언약사상이 결국에는 모든 개혁운동의 원동력이 되었음을 주장했는데[40] 언약사상의 발전, 다시 말해서 믿음이 구원을 위한 개인 언약의 조건이었다면 영국교회에서 독특하게 자생하게 된 교회 언약사상, 즉 교회는 자발적으로 신앙을 고백하는 믿는 자들로 이루어져야 한다는 사상의 발전이 청교도 개혁운동의 힘이었으며 회중교회 정치제도의 밑거름이었음을 피력했다.[41] 임희완 교수는 청교도사상을 다루면서 막스 베버와 토니 교수의 입장을 소개하며 이들 사상들과 자본주의와의 관계에 대해 비교했다. 베버의 입장이 자본주의 형성이 프로테스탄티즘의 영향이라고 보는 것은 일방적일 수도 있다는 비판적 시각을 토니 교수의 주장을 인용해 증명하려 하였다.[42] 오덕교 교수의 경우에는 청교도 혁명기에 등장했던 지도자 중 한 명인 존 코튼(John Cotton)을 중심으로 청교도의 교회개혁운동에 대해 연구한 바 있는데, 존 코튼은 뉴잉글랜드에 하버드대학교를 세운

---

39) 홍치모, 『스코틀랜드 종교개혁과 영국혁명』, (서울: 총신대학교 출판부, 1991), 168-9.
40) 원종천, 『청교도 언약사상 개혁운동의 힘』, (서울: 대한기독교서회, 1998), 126.
41) 원종천, 『청교도 언약사상 개혁운동의 힘』, 127.
42) 임희완, 『청교도의 삶, 운동, 사상』, (서울: 아가페, 1999), 134-135.

창설 멤버이기도 했고 보스턴 지역의 목사이기도 했다. 오 교수는
『청교도와 교회개혁』을 통해 존 윈드롭(John Winthrop)과 함께 뉴
잉글랜드의 영성 회복과 교회의 개혁과 부흥에 앞장섰던 코튼을
통해 청교도의 교회개혁사상에 대해 조명하고 이를 부각시키려 했
다. 이외에도 임호수 교수의 "청교도혁명에서 거둔 성과에 관한 연
구", 오주환의 "영국혁명사 연구의 실상", 김창문의 "Hill의 英國革
命論", 김중락의 "국왕 죽이기: 잉글랜드 찰스 1세의 재판과 반역
법", 김병곤의 "영국혁명에 있어서 정치와 종교의 문제", 이종은의
"영국혁명의 의의 및 크롬웰의 역할", 나종일의 "영국혁명에 대한
한 시각-영국혁명의 기원과 성격에 관하여", "영국혁명에 있어서 종
교와 정치 – 장기의회의 장로파와 독립파를 중심으로", "지방 젠트
리와 영국혁명" 등의 관련 연구가 있다. 이들 중 김병곤의 경우 영
국혁명에 있어서 종교 특히 독립파와 청교도의 상관성에 대해 집중
적으로 조명하고자 했다. 김중락·김호연의 경우는 "크롬웰의 이상
사회 정책과 그 성격"이라는 논문에서 결국 크롬웰이 지향하고자
했던 사회는 성도들의 기독교 이상사회였음을 밝히고자 하였다.

2) 올리버 크롬웰에 관한 연구

올리버 크롬웰에 관한 연구로서는 에두와드 번스타인(Eduard
Bernstein)에 의해 1895년도에 *Sozialismus und Demokratie in der
grossen englischen Revolution*로 출간된 것을 1930년에 영어로 재
출간한 『크롬웰과 영국혁명에 나타난 공산주의, 사회주의 그리고 민
주주의』(*Cromwell and Communism-Socialism and Democracy in*

the English Revolution)[43])가 19세기 말의 저술로 꼽힌다. 번스타인은 이 책에서 사회적 상황과 경제적 발전의 상관성, 혁명 내내 주요 이슈를 생산했던 수평파(Levellers)와 그들의 도전과 업적에 관해 집중적으로 다루고 있다. 그리고 수평파와 혁명의 주도세력이었던 독립파와의 갈등문제도 다루고 있다. 번스타인의 저서가 출간된 시기로 보아서 유럽에서 서서히 혁명의 기운이 싹트고 있을 때였다는 점과 공산주의 이론의 대두와 이를 둘러싼 논쟁이 가열되고 있었다는 면을 고려해볼 때, 크리스토퍼 힐보다 한 세대 앞선 마르크스주의적 해석을 시도한 경우라고 할 수 있겠다. 번스타인은 이 저서에서 혁명을 전후로 한 당시의 경제상황을 계량적으로 분석하여 제시하였고 직업별 지역별 인구분포 자료를 근거로 혁명의 사회경제사적 해석을 시도하였다. 아울러 번스타인은 유럽의 자본주의와 상업발전에 있어서 칼뱅주의의 영향이 막대하였음을 소개하고 있는데 특히 장 칼뱅의 예정론은 상업의 실패를 인간행위의 결과가 아닌 하나님의 뜻에 의한 것으로 받아들이도록 하는 역할을 하였다고 보았다. 뿐만 아니라 장 칼뱅의 교리와 정치와 헌법은 공화정과 민주주의를 폭넓게 적용하고 있음도 지적했다.[44] 에두와드가 비록 크롬웰에 대한 집중적인 연구보다는 당시의 사회적·경제적 분석과 이에 대한 수평파와 자영농 종사자들에 대한 혁명 참여배경을 주로 연구하였고 혁명기에 나타나기 시작한 공산주의적 요소들에 대해 깊은 관심을 나타낸 것으로 그의 연구에 의미를 부여할 수

---

43) Eduard Bernstein, *Cromwell and Communism—Socialism and Democracy in the English Revolution*, (New York: Schocken Books, 1963), 27.

44) Eduard Bernstein, *Cromwell and Communism—Socialism and Democracy in the English Revolution*, 28-29.

있을 것이다. 그 밖에도 앤토니어 프레이저(Antonia Fraser)의 크롬웰에 대한 연구는 가장 일반적이면서도 방대한 것으로 평가되고 있다. 그는 저서 『크롬웰, 우리의 지도자』(*Cromwell, Our Chief of Men*)(1973)에서 크롬웰의 탄생부터 혁명의 전 과정 그리고 혁명의 여러 국면들까지 다루고 있다. 뿐만 아니라 크롬웰의 공과(功過)에 대해서도 언급하고 있으며 아일랜드와 스코틀랜드에 대한 혁명의 영향에 대해서도 연구의 폭을 넓히고 있다. 프레이저는 크롬웰을 영국과 세계 역사에 있어서 긍정적인 역할을 한 인물로 묘사하고 있다. 크롬웰의 군사적 성취와 철기군, 신형군을 통한 승리에 대해 '행복한 승리(Happy Victory)'라고 의미를 부여했다.[45] 이는 크롬웰을 '권력찬탈자(the Usurper)'[46]로 묘사한 평가와 비교해볼 때 프레이저의 크롬웰에 대한 평가가 관대한 것임을 알 수 있다.

크롬웰에 대한 여러 연구자 중 애슐리(Maurice Ashley)는 그의 신앙적인 측면을 부각시켜 왔다. 애슐리의 『찰스 1세와 올리버 크롬웰』(*Charles Ⅰ and Oliver Cromwell*)(1987)은 찰스와 크롬웰을 비교하고 부각시킬 목적으로 집필된 저서로서 크롬웰을 청교도를 대표할 신앙인으로 보았다. 청교도는 성경을 하나님의 뜻이 드러난 하나님의 특별계시로 받아들였는데 크롬웰은 이 사실을 분명히 깨닫고 군사상의 승리를 경험할 때마다 전능하신 하나님의 섭리의 결과로 고백했다는 것이다. 페어펙스 장군과 함께 거둔 2차 내전의 승리를 놓고도 크롬웰은 주님의 분명하고도 보증된 섭리가 나타난

---

45) Antonia Fraser, *Cromwell, Our Chief of Men*, (London: Orion House, 2002), 185.
46) John F. H. New Edit, *Oliver Cromwell, Pretender, Puritan, Statesman, Paradox?*, (New York: Krieger, 1972), 14.

것으로 인정했음을 언급하고 있다.47) 계속해서 애슐리는 또 다른 저서 『올리버 크롬웰과 청교도 혁명』(*Oliver Cromwell and The Puritan Revolution*) (1966)은 엘리자베스 시대부터의 연대기적 관찰결과로 혁명의 전개단계 및 공화정의 몰락 이후까지를 서술하고 있다. 그는 이 책에서 크롬웰의 공화정이 결국에는 전 세계적으로 퓨리터니즘을 확산하려는 시도를 가졌으며 스튜어트 왕조로의 복귀를 저지하고자 하는 데 심혈을 기울인 것을 크롬웰과 그의 행정부의 주요업적으로 기술하고 있다.48) 크리스토퍼 힐의 크롬웰 연구도 저서 『하나님의 영국인, 올리버 크롬웰과 영국혁명』(*God's Englishman, Oliver Cromwell and the English Revolution*)(1970)49)을 통해 집중되었는데 힐의 앞서 언급된 영국혁명사에 관한 여러 저서와 논문과는 달리 본 저서는 크롬웰에 대해 초점을 맞춘 연구서이다. 힐의 연구사적 업적과 그의 해석관점에 대해서는 이미 다룬 바와 같이 마르크스주의적이며 사회경제사적으로 접근하고 있는 것이 사실이다. 크롬웰의 생애와 개인적인 성장배경 등을 다루기보다는 영국혁명과 크롬웰의 관계, 혹은 크롬웰과 영국역사와의 관계를 규명하는 것에 중점을 두었다. 크롬웰에 관한 추가적인 연구로는 그의 호국경 시기만을 집중적으로 다룬 배리 카워드(Barry Coward)의 『호국경 크롬웰』(*The Cromwellian Protectorate*)(2002)이 있다. 카워드는 호국경의 시기를 4시기로 구분한 후, 각 시기별

---

47) Maurice Ashley, *Charles I and Oliver Cromwell*, (London: Methuen, 1987), 37-8.
48) Maurice Ashley, *Oliver Cromwell and The Puritan Revolution*, (New York: Collier Books, 1966), 143.
49) C. Hill, *God's Englishman, Oliver Cromwell and the English Revolution*, (London: Penguin Books, 2000).

로 특징적인 요소들에 대해 연구하고자 하였는데 예컨대, 두 번째 시기를 '호국경 크롬웰의 위기'로 보고 당시 크롬웰이 개혁정책과 소장제의 정착을 전후로 한 갈등과 국민들의 저항에 대해 진술하고 있다.[50] 카워드는 호국경제도의 주변국에 대한 영향을 독일, 발틱 해 주변국, 스페인, 프랑스, 아일랜드, 스코틀랜드 그리고 웨일즈의 순으로 연구하여 호국경제도 자체를 국제적 사건으로 보고 범세계적인 파급효과에 대해 지적하고 있다.[51]

이 밖에도 크롬웰에 관한 연구자로는 피터 가운트(Peter Gaunt, *Oliver Cromwell*, 1996), 로라 렁어(Laura Lunger, *Constructing Cromwell*, 2000), 알란 마셜(Alan Marshall, *Oliver Cromwell, Soldier*, 2004) 등이 있는데 알란 마셜의 연구는 크롬웰의 군인으로서의 면모와 군지휘관으로서의 탁월한 능력 그리고 각종 전투의 현장에 대한 답사를 바탕으로 한 상세한 설명 등이 특징이라 할 수 있겠다. 전투지역, 전투지경선 설정, 자연 조건 등 전투에서의 승리에 필요한 요소들에 대한 연구를 지도와 함께 기술하였다. 그럼에도 불구하고 크롬웰의 군사적 승리의 요인으로서 그의 신앙을 언급하고 있고 어릴 적부터 청교도로 자란 그의 가정적 배경을 다루는 것도 빠뜨리지 않았다.[52]

3) 종합

영국혁명사에 대한 연구가 최근 1세기 동안 다양한 방법론의 대

---

50) Barry Coward, *The Cromwellian Protectorate*, (Manchester: Manchester Univ. Press, 2002), 58–59.

51) Barry Coward, *The Cromwellian Protectorate*, 119.

52) Alan Marshall, *Oliver Cromwell, Soldier*, (London: Brassey, 2004), 17.

두와 다양한 분야의 개척으로 인하여 활발하게 진행되어온 것은 사실이다. 특이한 것은 에두와드 번스타인의 공산주의의 태동이라고 하는 관점에서 혁명을 해석하려고 했다는 측면과 사회경제사적 관점, 즉 크리스토퍼 힐 등의 마르크스주의적 관점으로 해석하려는 시도들이 휘그적 해석에 반한 새로운 관점이었다면 토니와 같이 영국사의 발전에 획기적인 역할을 한 기독교 운동이었다는 전통적인 관점이 병행하여 발전하여온 것으로 볼 수 있다. 그러나 혁명을 사회체제와 별도로 연구하게 되면 정권탈취의 기술적인 면만을 연구하는 것으로 국한하는 실수를 범할 수도 있다. 영국혁명이 발생하게 된 상황을 반영한 당시의 사회체제로 볼 때, 부르주와 혁명론이나 사회경제사적 혹은 마르크스적 관점 등은 후대 사가들의 주관이 지나치게 개입된 결과이다.[53] 영국혁명 당시에는 부르주와 세력이 혁명의 주체세력으로 형성되지 못했고 의회는 언제나 분열과 반목으로 힘을 모으지 못했으며, 오직 독립파를 중심으로 한 청교도 개혁교회들과 군대의 힘이 혁명의 동력으로 작용하여 사회적 변동을 가져온 것이 영국혁명의 핵심인 것이다.

크롬웰에 대한 연구는 토마스 칼라일 이후 힐, 프레이저, 애슐리 등을 중심으로 최근까지 이어오고 있으나 청교도운동, 청교도주의에 대한 정의가 다양한 만큼 크롬웰에 대한 평가 역시 다양하고 극단적인 면이 있는 바 이는 계속되는 연구를 통하여 합리적인 규명이 요구되는 부분으로 판단된다.

---

53) Chalmers Johnson, 『혁명의 미래』, 한완상 역, (서울: 현대사상사, 1977), 9.

■■■ **제2장**

영국혁명의 배경

제2장
영국혁명의 배경

1. 영국의 기독교 전래과정

영국(Bratain, England)은 나라의 명칭을 보더라도 매우 복잡한
출발과정을 밟고 있었던 나라이다. 우선 민족구성을 보면 그 땅에
최초로 살았던 인종이 이베리아인(Iberians)이었는데 이들은 B.C. 6
~4세기경 켈트족에 의해 정복당한다. 그리고 이 켈트족은 게일
(Gale)인과 브리튼(Breton)으로 나누어진 후 다시 각각 로마인과
게르만에 의해 정복된다.[1] 동시대에 살았던 고도로 개화된 그리스
로마세계의 사람들에게 이 섬나라 주민은 하찮은 존재들이었다. 영
국을 침입했던(B.C. 55) 시저는 그들의 종족명인 Pretani를 임의로
Britannia로 바꾸어 불렀는데 이것이 후에 영국의 명칭이 되었다.[2]

---

1) E. L. Woodward, 『영국사 개론』, 홍치모·임희완 공역, (서울: 총신대학교출판부, 1991), 9.

그리고 로마통치기간에 영국은 영국의 역사가 아닌 로마역사의 일부로서 다루어졌다.[3] 그러나 영국은 스페인 등과는 달리 철저히 로마제국화 되지 못하였고 4세기에 이르러서는 로마군의 대대적인 철수가 이루어진다. 이후 로마교황청의 중단 없는 선교정책으로 오세르의 주교 게르마누스(Germanus, 429년, 444-5, 두 번 방문), 오거스틴(Augustine, 597년경)[4], 비드(Bede, 673~735)[5]에 이르기까지 수많은 선교사들이 영국을 찾아서 수도원을 세우고 영역을 확대해나갔다. 그 결과로 영국교회는 점차 유럽전체에 교회를 세우고 개혁하는 일에 로마교회의 주요 동맹세력이 되어갔다.[6] 그러던 중 5세기에 이르러 게르만족의 침입이 잇따랐는데 이들 앵글, 색슨, 주트 등의 게르만 부족들은 켈트인들을 서쪽으로 내쫓고 잉글랜드를 차지하였다. 8세기가 되면서 잉글랜드에 사는 사람들 사이에서는 인종적 기원을 뛰어넘어 일종의 정치적 통일의식이 발달하여 스스로를 잉글랜드인(English People)으로 부르기 시작했다. 그리하여 1세기 이후 브리튼 섬에 정착했던 민족들이었던 켈트인, 로마인, 앵글인, 색슨인, 주트인, 데인인, 노르웨이인, 노르만인 그리고 프랑스인 등, 서로 지리적으로 혼재해 있었던 데에다가 이제껏 반

---

2) E. L Woodward, 『영국사 개론』, 10-11.

3) E. L Woodward, 『영국사 개론』, 12.

4) 오거스틴은 성 안드레아 수도원의 탁발수사였으며 북아프리카의 성 오거스틴과는 同名異人이다.

5) 비드는 영국역사에서 가장 비중 있는 인물 중 하나이다. 그는 그 자신이 브리튼 원주민으로서 로마가톨릭 신앙으로 교육받은 사람이라고 주장하고 있다. 그는 초기 앵글로색슨의 역사를 정리하여 『잉글랜드인들의 교회사』(Ecclegiastic History of the English People)를 집필하였다. 이 글에서 그는 자신이 노섬브리아인임에도 불구하고 English People로 표기하여 이미 영국인으로서의 통일된 정체성이 교회를 통해 형성되어가고 있었음을 보여주고 있다.

6) Williston Walker, A History of the Christian Church, (New York: Charles Scribner'sSons, 1959), 179-183.

목과 전쟁을 반복했던 이들이 1066년에 이르러서는 노르만 정복을 기점으로 국가적 통합을 이루어 대체로 잉글랜드, 스코틀랜드, 웨일즈의 세 부분으로 구분되기 시작했다.[7]

이들이 통일된 국가의식을 가지게 되기까지는 기독교와 교회 그리고 의회의 역할이 컸다고 보는데 기독교가 왕권을 신성시하고 지지함으로 단일왕국의 성립과 유지에 기여하였기 때문이고 프랑스 등 다른 나라와 달리 전국적으로 오직 하나의 의회(議會)만 존재했음으로 인해 국민을 대변하는 기구로의 의회가 그 역할에 충실했었기 때문이다.[8] 왕권국가로 발전해간 영국은 1536년에는 웨일즈를 영국의회에서 받아들이기로 결정하여 잉글랜드와 웨일즈가 정식으로 합병되었고 1707년에는 여기에 스코틀랜드가 더해져 대영제국(United Kingdom of Great Britain)이 성립되었으며 1800년에는 마지막으로 아일랜드가 합병되었다. 따라서 지금 영국의 공식 명칭은 United Kingdom of Great Britain and Northern Ireland이다.[9]

영국은 종교개혁을 통해 통합의 단계로 나아가게 되는데 이의 중심에는 성경이 있었다. 잉글랜드, 웨일즈, 스코틀랜드로 구성된 통일왕국의 인위적인 속성으로 인해 영국민의 진정한 통합은 요원했다. 이들 통합구성원들이 영국민(British Nation)으로서의 정체성을 확보해가는 데에는 몇 가지 요소가 필요했다. 첫 번째로는 1534년 영국의 종교개혁 이후 가속화된 기독교의 확산이었다. 영국국교

7) 박지향, 『영국사』, (서울: 까치, 2000), 19.

8) 박지향, 『영국사』, 20-21. 이렇게 성립된 왕정은 행정과 법률을 정비함으로 민족의 골격을 만드는 데 이바지하였고 이때 만들어진 32개의 주는 1970년대까지 유지되었다.

9) 박지향, 『영국사』, 19. 아일랜드는 스코틀랜드나 웨일즈와는 달리 한 번도 진정으로 잉글랜드에 통합된 적이 없었다. 무엇보다도 가장 큰 차이는 종교였고 종교를 기반으로 한 민족정체성이 오히려 19세기를 통해서 강화됨으로 영국에게는 현재까지 큰 골칫거리로 남게 되었던 것이다.

회뿐 아니라 1517년 대륙에서 시작된 종교개혁이 스코틀랜드와 웨일즈를 통해 영국으로 접근하고 있었고 개신교의 도덕적 정치적 우월성이 빈곤과 폭정으로 인식된 가톨릭교회로부터 영국인들을 이탈시켜 독립적인 종교적 정체성을 확립해가는 계기가 되었던 것이다. 두 번째로는 전쟁, 특히 프랑스와의 연속적인 전쟁을 통해 영국민의 국민적 정체성이 발전해갔다. 영국인들은 프랑스의 가톨릭 교회, 빈곤과 귀족의 폭정 그리고 개구리를 먹는 습관 등을 영국인들의 그것들과 비교하여 영국인의 정직, 독립, 솔직함, 인내들을 자신들의 미덕으로 찬양하게 되었다.[10] 세 번째 영국민의 정체성을 확립하는 계기가 되었던 것은 제국의 확대였다. 캐나다, 인도, 서인도 제도(諸島) 등지에서의 식민지 획득은 영국인들에게 취업의 기회를 열어주었고 상당수의 스코틀랜드인들이 영국인의 이름으로 제국(諸國)에 진출하게 되었다. 제국의 확대와 아울러 영국의 문화적 정체성이 상당한 수준으로 자리 잡기 시작하는데 18세기 중엽이 되면 영어로 된 책과 신문의 보급은 통합에 기여한 바가 크다. 이러한 문화운동을 통해 현재의 영국국가(國歌) "하나님이시여 왕(여왕)을 보호해주소서(God, save the King(Queen), 1745)"와 대영박물관(1753), 브리태니커 사전(1768) 등이 만들어지게 되었는데 이 또한 스코틀랜드인들의 작품이었다.[11] 영국민들은 종교개혁기를 지나면서 독특한 종교적 기원들을 만들어내었다. 영국민들은 제임스 왕 시절에 그가 시도했던 프랑스식의 절대군주제와 로마가톨

---

10) 영국과 프랑스와는 거의 백년에 걸쳐 각종 전쟁에서 당사국으로 충돌하게 된다. 에스파냐 왕위계승전쟁(1701~1713), 오스트리아 왕위계승전쟁(1740~1748), 7년전쟁(1756~1765), 미국독립전쟁(1778~1783), 프랑스혁명과 나폴레옹전쟁(1793~1815) 등이 그것이다.

11) 박지향, 『영국사』, 34-36.

릭식의 종교제도에 대해 거부하기 시작했다. 더 나아가 독특한 영국식 종교적 기원이라 할 수 있는 교리, 예배형태 등을 탄생시켰다. 17세기 중반을 전후해서 청교도, 퀘이커교, 감리교 등이 출현하면서 영국교회의 새로운 전통이 만들어졌다.12)

2. 영국의회민주주의의 태동과 발전

영국에서의 민주주의는 곧 의회의 탄생과 함께 시작되었고 의회의 발달과 함께 전개되었다. 처음에 의회는 유력인사들이 중요한 문제들을 논의하기 위해서 가진 모임을 일컬었다. '의회(Parliament)'라고 하는 명칭은 헨리 3세(1216~1272)시대에 처음 언급되었는데 불어의 동사 '말하다(parler)'를 어원으로 하고 있다. 의회가 헨리 3세 때에 와서 형태를 드러냈다면 그 시원(始原)은 1215년에 탄생한 마그나 카르타(Magna Charta)13)이다. 마그나 카르타, 즉 대헌장(大憲章)은 존 왕(John, 1199~1216)이 프랑스의 필립 2세에게 실지(失地)하고 패배한 후 귀족들에 의해 왕권을 억제하고자 하는 생각에

---

12) David Hampton, *Religion and political culture in Britain and Ireland*, (Cambridge : Cambridge University Press, 1996), 13−14.

13) 마그나 카르타는 영국왕 존이 귀족과 성직자의 압력에 굴복하여 어쩔 수 없이 받아들인 봉건귀족들의 기득권을 인정하고 왕권을 제한당하는 63개 조항으로 이루어진 칙허장(勅許狀)이다. 당시 존 왕은 혈기왕성하여 정치를 전횡했고 봉건적 관습을 무시하고 국민에게 중세를 부과하였을 뿐 아니라 프랑스와도 전쟁을 벌여 선대가 획득한 프랑스 내의 영국 영토를 대부분 빼앗겼으며 교황과의 분쟁에서도 패배했다. 지지층을 상실한 존은 1215년 6월 15일, 런던의 템스 강변에서 귀족대표와 만나 그들이 제시한 여러 요구조항들에 대해 조인하게 되었는데 이것이 바로 마그나 카르타이다. 마그나 카르타는 세금 징수에 대한 국왕의 절대권에 제약을 두고 병역면제나 특별보조금은 봉신회의의 심사를 거쳐야만 한다는 조건이 명시되었다. 이것은 훗날 영국 최초의 성문헌법인 1653년 올리버 크롬웰이 제정한 '통치헌장(統治憲章)'의 기초가 되었다.

서 고안된 것이었다. 존 왕 뒤의 헨리 2세가 대헌장을 무시하자 귀족대표격인 프랑스 출신 귀족 시몬 드 몽포르(Simon de Montfort, 1208~1265)[14]가 성직자, 귀족 및 시민대표와 함께 대헌장을 승인하게 했던 바 이것이 영국의회의 시초였던 것이다. 1265년에 시몽 드 몽포르가 헨리 3세의 압제에 대한 반역을 일으킬 목적으로 소집한 이 의회[15]는 의회사에서 매우 중요한 의의를 가진다. 왜냐하면 이전의 의회가 대귀족, 고위 성직자만을 대상으로 한 데 대해 드 몽포르의 의회는 자치시의 대표들을 포함하였기 때문이다. 대귀족 이외에도 각 주에서 기사 2명씩과 몽포르에게 가세했던 특권도시로부터 2명씩의 대표자를 소집해 이른바 대의회를 이루었다.[16] 이후 에드워드 1세(1272~1370)에 이르렀을 때 이미 의회는 잉글랜드 정체(政體)의 당연한 부분이 되었다. 그가 1295년에 소집한 의회는 소위 모범의회(Model Parliament)[17]로 드 몽포르의 의회 다음으로 중요한 의미를 가진다.

에드워드 1세는 그 당시 프랑스와 전쟁을 치루는 중이었다. 에드워드 1세는 금전이 필요했고, 자신의 의지를 관철시키기 위해 조심

---

14) 프랑스의 명문 몽포르 가문 출신의 몽포르는 정치가이며 하원의 창설자로 본다. 그는 프랑스에서 건너와 헨리 3세의 여동생과 결혼하여 왕족과 연을 맺은 후 귀족층을 유도하여 1258년에는 마그나 카르타의 후신 격인 '옥스포드 조례'를 승인하게 하였는 바, '옥스퍼드 조례'에는 의회의 권리인정, 왕정을 감독하기 위한 위원회 설치, 마그나 카르타의 정신 재확인 등의 내용이 포함되어 있었다. 몽포르는 이어서 귀족 측의 지도자로 나서 1264년에는 루이스 전투에서 왕군에게 큰 승리를 거두었고 큰 권력을 쥐게 되었으나 1265년 왕세자 에드워드가 지휘하던 군대에 패해 살해당한다.

15) 이 의회를 선출된 대표들이 참가한 최초의 의회로 꼽는다. 헨리 3세와의 투쟁에서 일시적으로 승리를 거둔 몽포르는 귀족들이 서로 대립하고 그의 당파로부터 이탈하려는 경향을 보이자 시민계급과 주 기사(州 騎士)의 지지를 얻고자 각 주에서 2명의 기사와 자치도시에서 2명의 시민대표를 귀족과 고위 성직자와 더불어 소집하여 의회를 구성하였던 것이다.

16) 남궁원·강석규 엮음, 『세계사』, (서울: 일빛, 2003), 164.

17) 웨일스·스코틀랜드 및 대륙의 위기에 대처하기 위한 재정적 필요에서 소집하였다. 귀족·고위성직자 약 120명, 각 주교관구(主敎管區)의 하급성직자 2명, 각 주의 기사(騎士) 2명, 각 도시의 시민 2명 등이 출석하였다. 그 뒤의 의회 구성의 모범이 되었다는 이유로 19세기에 이 이름이 붙여졌다.

스럽게 그 가능성을 검토했고 귀족들의 요구를 거부하며 헨리 2세 시대의 혼란스러웠던 대부분의 봉건적인 잔재들을 제거하였던 차였다.[18] 이런 배경 속에서, 에드워드 1세는 모범의회의 의원을 대폭 늘릴 필요가 있었다. 그는 웨스트민스터에서 집회를 개최하고 유력한 자신의 신하들은 물론 왕의 고관, 대주교, 주교 등 고위 성직자, 수도사 회의의 대표들 그리고 각 주교 관구의 성직자들을 참석하도록 했다. 또한 주(州) 장관(Sheriff)뿐 아니라 그들의 주에서 2명의 기사를, 각 시와 자치도시에서는 각각 2명씩의 시민들을 참석시키도록 했다. 즉, 귀족은 물론 고위 성직자, 각 주로부터 선발된 기사들, 각 소도시(City보다 작은 자치시)의 대표들을 포함시켰던 것이다.[19] 이때부터 의회는 명실공이 왕국의 신민 전체를 대표하는 대의기구(代議機構)로의 개념을 확고하게 띄기 시작했고 의회를 통한 영국민의 정체성 발달에 크게 기여하였다.[20] 그러므로 참된 의미의 영국의회의 기원은 역시 이 모범의회라고 할 수 있다. 모범의회 이후로 왕은 모든 종류의 일들을 처리하는 데 이 의회를 이용했다. 의회가 동의한 안건은 곧 '성문법(成文法, Written Statutes)'으로 구체화하였고 '새로운 오류(new wrong)'에 대한 '새로운 교정책(new remedies)'이 되었다. 즉, 왕이 주재하는 회의의 견해들은 재판이 행해지는 최고법정의 결정문과 같은 역할을 하게 되었던 것이다.[21]

---

18) E. L. Woodward, 『영국사 개론』, 55-56.

19) E. L. Woodward, 『영국사 개론』, 56.

20) E. L. Woodward, 『영국사 개론』, 53. 모범의회가 열리기까지 에드워드에게는 현실적으로 당면한 문제의 해결을 위함이라고 하는 실리를 챙기기 위한 계산이 깔려 있었다. 즉, 웨일즈, 스코틀랜드 및 프랑스와의 전쟁으로 몹시 돈이 필요해진 에드워드는 광범위한 과세를 위해서 보다 많은 신민의 대표들을 소집하게 된 것이다.

21) E. L. Woodward, 『영국사 개론』, 58.

의회의 지속적인 발전은 의회민주주의 성숙을 가져왔고 훗날 의회의 의원이었던 크롬웰에게는 성숙된 민주주의 실천의 장으로 불리는 의회에서 활동하게 됨으로 민주적 절차와 진정성을 토대로 개혁을 펼칠 수가 있었다.

그런데 2년 후인 1297년에 소집된 의회 역시 의회사에서 중요한 의의를 가지는데 이 의회는 1296년에 에드워드가 의회의 승인 없이 관세를 부과한 데 대하여 상인과 귀족이 저항하고 의회의 과세 승인권을 강조한 이른바 의회의 과세권[22]을 확립한 계기가 된 회의였다.[23] 이 회의에서 모든 계층의 사람들은 불필요한 전쟁에 세금이 소모되는 데에 대한 분노와 특별세가 일반세처럼 변해버리지나 않을까 하는 두려움 때문에 왕에게 받아들이지 않으면 안 될 요구조건을 제시하게 되었던 것이었다. 그러나 영국의 정치사에서 이 시기의 의회라고 하는 것은 아직도 국왕의 자문기관에 지나지 않았으며 의회안의 군주(King in Parliament)로서의 왕은 모든 의회의 결의내용을 비준하여 공포하는 위치에 군림하고 있었다.[24] 한편 에드워드 2세(1307~1327)는 평범한 인물로서 외모와는 달리 선대 왕들과는 다른 행보를 취한 인물이었다. 그의 오락(수영, 대장장이 일, 초가집에서의 일 등)은 귀족들의 불만을 샀다. 이윽고 1310년

---

22) 민석홍, 『서양사 개론』, (서울: 삼영사, 1984), 269. 국왕의 과세문제에 관한 귀족과 왕과의 충돌은 이미 80여 년 전에도 있었던 문제였다. 국왕 존에 대해 봉건귀족들이 시민계급의 호응을 유발하며 무장봉기를 일으켜 런던을 점령하고 윈저(Winsor) 근처에서 귀족대표와 회합하고 그들이 제시한 귀족의 요구사항, 즉 마그나 카르타(대헌장, Magna Carta)를 승인한다. 그 마그나 카르타의 핵심내용이 바로 군역대납금이나 특별보조세를 징수할 수 없다는 이른바 납세저항에 관한 것이었다. 또한 자유인은 정당한 합법적인 절차 없이 구속되거나 투옥되거나 재산을 박탈당하지 않는다는 것이었다. 전자는 영국 의회의 과세에 대한 통제의 기초가 되었고 후자는 영미에서의 개인자유의 토대가 되었다.

23) 민석홍, 『서양사 개론』, 271.

24) 이극찬, 『정치학』, (서울: 법문사, 1985), 381.

에 와서는 귀족들이 왕이 자신들이 제시한 법령들을 준수할 것을 강제적으로 서약하게 했다. 그 후 에드워드 2세는 1327년에 왕비의 치명적인 실수[25]로 왕위에서 물러나게 되었고 물러난 후 9개월 만에 사망하였다.[26]

에드워드 3세(1327～1377) 때에 이르러 왕과 의회는 놀랄 만한 조화를 보여주게 된다. 왕은 자신이 주도한 프랑스와의 전쟁(백년전쟁)[27]에 필요한 자금을 의회를 통해 제공받았다. 의회는 정규세금 이외의 특별세금을 부과하는데 필요한 규정을 만드는 대신 자금사용에 대해 왕이 서약하도록 했다. 즉, 의회가 왕의 자금사용을 감사할 권한과 왕이 한 서약이 지켜졌는지를 조사할 수 있는 권한을 요구했다. 의회 내의 민주적 절차가 존중되자 이제 의회는 더 이상 왕의 자문회(The King's Council)가 아니었던 것이다. 이 시기가 되어서야 의회는 스스로가 법안을 제안하고 확정하는 권한을 가지게 되었다.[28] 양원제(the two Houses of Parliament)의 등장도 있었는데 1340년에 이르게 되면 귀족원, 즉 상원(the House of Lords)[29]과

25) 왕비에 대해서는 특별히 언급할 만한 업적이 없었으나 고관들 중의 한 사람과 공공연하게 부정한 관계를 맺고 있었다.

26) E. L. Woodward, 『영국사 개론』, 61-63.

27) 1337년부터 1453년까지 116년 동안 프랑스를 전장(戰場)으로 하여 여러 차례 휴전과 전쟁을 되풀이하면서 단속적(斷續的)으로 계속된 전쟁으로 궁극적으로는 영토와 왕위계승권에 대한 목적에서 영국왕 에드워드 3세로부터 시작되었다. 영국왕 에드워드 3세는 그의 모친이 프랑스의 카페 왕가 출신임을 들어 카페 왕조의 샤를 4세가 후계자가 없이 죽자 왕위계승권을 주장한다. 그러나 프랑스에서는 모계 왕위계승을 중지한 터라 그것이 불가능하자 1066년 노르만 왕조의 성립 이후 프랑스 내부에 확보하고 있던 영국 영토(지금의 가스코뉴 지방)에 대한 몰수를 선언하고 영국은 프랑스로의 양모 수출을 중단하며 파국으로 치닫게 되었다. 원래 플랑드르는 프랑스왕의 종주권(宗主權) 아래에 있었지만, 중세를 통하여 유럽 최대의 모직물 공업지대로서 번창하여, 원료인 양모의 최대공급국인 영국이 이 지방을 경제적으로 지배하게 되었다. 기옌 역시 유럽 최대의 포도주 생산지였으므로, 프랑스왕들은 항상 이 두 지방의 탈환을 바라고 있었다. 따라서 전쟁의 근본적 원인은 이 두 지방의 쟁탈을 목표로 한 것이다.

28) 박지향, 『영국사』, 270.

29) 상원이라는 말은 16세기가 되어서야 사용되었고 귀족 중심의 상원과 달리 평민과 기사 중심의 하원은 웨스트민스터 사원의 식당 등에서 모임을 가졌고 왕의 결단을 요구하는 의제에 대해 소극적으로 응대

서민원, 즉 하원(the House of Commons)이라는 양원제가 시작되었다. 이는 에드워드 3세 때에 의회에 평민이 포함되어야 한다는 결정이 내려짐으로써 비롯된 것이었다.[30] 법을 시행하는 데 의회가 주도권을 잡게 되었고 입법활동은 왕과 그 家臣들이 법안을 작성하면 의회가 승인하는 방식으로 이루어졌다. 의회가 보다 큰 정치적 독립을 누리게 됨으로써 가능해진 일이었다. 에드워드 3세 때인 1376년에 소집된 선량의회(善良議會, Good Parliament)[31]는 인민들의 관심을 대변하였다는 측면과 백년전쟁의 패배[32]에 대한 날카로운 비판이 있었다는 점, 그리고 처음으로 하원의장(Speaker of the House of Commons)이 등장했다는 점에서 주목을 받았다. 그러나 무엇보다 이 선량의회가 영국의회사에서 의미 있는 이유는 영국의회 역사상 처음으로 몇몇 관리들을 탄핵시켰다는 것이었다. 왕의 측근이었던 엘리스 페레스(Alice Perrers), 라티머(Lord Latimer), 네빌(Neville) 등이 그 리스트에 올랐다.[33]

장미전쟁(薔薇戰爭, the Wars of the Roses, 1455~1485)[34]이 한

하여 초기에는 책임 있는 역할을 수행하지는 못했다.

30) 박지향, 『영국사』, 270.

31) 물론 1265년의 몽포르 의회 혹은 대회의를 선량의회(Good Parliament)라고 하는데 여기에서 이미 귀족이 아닌 서민이 참석한 경우가 있지만, 이들은 선출된 대표가 아니었기 때문에 대표권을 가지지는 못하였다. 따라서 모범의회부터 왕국의 신민 전체를 대표하는 의회의 형성이라 볼 수 있다.

32) 물론 이때까지도 아직 백년전쟁은 종식되지 않았다. 백년전쟁은 비연속적인 분쟁형태의 전쟁이었기에 에드워드 3세의 후왕인 리처드 2세와 헨리 4세, 헨리 5세와 6세까지 이어지게 되는데 헨리 6세에 이르러서는 백년전쟁의 막바지였음에도 불구하고 유일하게 프랑스에서 대관식을 가진 영국왕이 되었으나 곧이어 잔 다르크의 등장으로 패배를 맛보게 된다.

33) George Carter M. A, *Outline of English History*, (London: Ward Lock, 1977), 44.

34) 영국 역사에서 강력한 튜더 왕가 정부가 탄생하기에 앞서 왕권을 둘러싸고 벌어진 일련의 치열한 내전 (1455~1485). 왕위계승권을 놓고 랭커스터 가문과 요크 가문이 싸운 내전으로, 여러 해가 지난 뒤 요크 가문의 하얀 장미와 랭커스터 가문의 빨간 장미 문장(紋章)에서 그 이름을 따왔다. 양쪽 가문은 에드워드 3세의 아들들의 후손이라는 이유로 서로 왕위계승을 주장했다.

창이던 15세기에 들어서면 의회는 백년전쟁과 그 직후에 누렸던 지위를 유지하지 못했다. 장미전쟁 간 정치적 투쟁이 의회가 아닌 전장에서 행해졌기 때문이었다. 그러나 의회의 특권과 일반적 역할은 계속 증대되었는데 예를 들면, 입법을 주도하는 권리, 신민이 제출한 청원에 동의하는 의회의 권리가 도전받지 않게 되었다. 더 나아가 과세권이 왕의 전유물이 아니라 의회의 권위에 의한 것이기도 하다는 개념이 에드워드 4세 때인 1433년에 와서 일반화되었다.[35] 슈트어트(Stuart) 왕조[36] 때부터는 의회가 정치적 주도권을 쥐게 되었고 튜더[37] 왕조시대에 298명이던 하원의원이 467명으로 증가하였다. 영국혁명(1642~1660)을 거치면서 명예혁명(1688)을 경험한 영국의회는 국민주권의 확립과 견고한 대의제를 갖추게 되었다. 이제 의회는 왕권에 대해서 절대적으로 우월한 위치를 차지하게 되었다.[38] 혁명 이전, 절대왕정 구축을 시도했던 찰스 1세는 영국을 그 이전의 전제왕정으로 돌려보려 했다. 찰스는 오랜 기간 동안 그 자신의 필요에 의하지 않고는 의회를 소집하지 않았고 특별히 하원에 대해서는 더욱 경원시하였다.[39] 그러나 영국혁명 직전

---

35) 박지향, 『영국사』, 271.

36) 12세기에 영국에 처음 모습을 드러낸 후 1371년 로버트 2세가 스튜어트 가문 출신으로는 처음으로 스코틀랜드의 왕이 되어 스튜어트 왕가가 시작되었다. 이후 제임스 5세, 메리, 제임스 6세(이후 잉글랜드의 제임스 1세가 됨), 찰스 1세(1649년 처형) 등으로 이어지던 왕가는 찰스 1세의 처형과 찰스 2세의 망명으로 공위(空位)시대가 전개되고(1649~1660), 1660년 왕정복고(王政復古)에 의해 찰스 2세가 왕위를 차지하나 이후 1714년에 이르러 혈통이 끊어져 하노버가(家)로 왕조가 넘어갔다.

37) 튜더 왕조는 스튜어트 왕조의 직전에 5명의 왕을 배출했던 웨일즈 출신의 잉글랜드 왕가이다. 튜더가에 속하는 잉글랜드 왕들로는 헨리 7세(1485~1509)와 그 아들인 헨리 8세(1509~1547), 그리고 헨리 8세의 자식들인 에드워드 6세(1547~1553)와 메리 1세(1553~1558), 엘리자베스 1세(1558~1603)가 있다. 튜더 왕조와 스튜어트 왕조는 각각 연관성을 가지고 있어 제임스 6세는 튜더 왕조의 스코틀랜드왕이었지만 영국왕 제임스 1세로서 대영제국의 스튜어트 왕가를 열었다.

38) 박지향, 『영국사』, 55.

39) Wink, Brinton, Christopher, Wolff, *A History of Civilization*, (Englewood Cliffs: Prentice Hall, New Jersey, 1988), 409. 당시 하원은 크게 두 그룹의 구성원들이 있었다. 한 그룹의 주 선출직의

이었던 찰스 1세 시대에 의회의 권위가 국왕의 권위보다 우선이라
고 주장한 의회지도자 존 엘리엇은 그 대가로 런던탑에 갇혔다. 영
국혁명과 명예혁명에 의해 의회에 대한 인식과 상황은 바꾸어지게
되었다.[40] 영국정치사뿐 아니라 유럽정치사에 있어서 17세기 영국
의 2대혁명(영국혁명, 명예혁명)은 18세기 프랑스대혁명과 더불어
의회정치를 한 단계 진전시킨 사례로 꼽힌다.[41]

3. 영국의 종교개혁

1) 영국종교개혁의 발단

영국에서의 종교개혁은 대륙과는 사뭇 다른 동기에서 출발해서
결과까지 상이하게 도출된 별도의 운동이었다. 결론적으로 말한다
면 영국의 종교개혁운동은 로마가톨릭교와의 결별이 아닌 로마와의
결별이었다.[42] 영국에는 칼뱅 이전의 칼뱅주의자라고 일컬어지는
위클리프(John Wycliffe, 1330~1384)가 있었다. 그는 교황직과 교
권제도(教權制度), 교황청의 특권을 누리는 탁발수도회(托鉢修道
會)들 그리고 성인(聖人), 성화상(聖畵像) 공경에 대한 공격으로부

의원(Knight of the Shire)이었고 또 한 그룹은 소도시나 도심출신의 의원들이었는데 이들 중 상당수
는 지방 지주계급인 젠트리였다. 이들은 의정활동에 있어서 서로 연대하고 역동적으로 활동함으로 영
향력을 확대해갔고 상호 간에는 자제들끼리의 혼인을 통하여 또 다른 단일지배 세력을 형성해나갔다.

40) 박지향, 『영국사』, 54-56.

41) 이극찬, 『정치학』, (서울: 법문사, 1985), 381.

42) Hans Küng, 『그리스도교』, 이종한 역, (서울: 분도출판사, 2002), 728.

터 비밀고해(秘密告解), 대사면(大赦免) 등과 같은 로마가톨릭의 행태에 대해 비판했다. 당시 영국은 로마로서는 매우 중요한 역할을 하는 지역이었다. 게르만 민족에 대한 선교를 일선에서 맡아주었고 스콜라철학을 발전시키는 데에도 공이 컸다. 게다가 헨리 8세는 그의 이혼문제로 교황 클레멘스 7세와 충돌하기 전까지는 교황 레오 10세(1513~1521)에게로부터 루터의 저서 『교회의 바벨론 유수』에 맞서 『7성사(聖事)』에 관해 저술했다는 것 때문에 가톨릭교회의 변호자로 명성을 얻게 되었고 이윽고 '신앙의 수호자(Defender of the Faith: Fidei Defensor)'라는 칭호를 부여받기도 했다.

그러나 왕비 캐서린과의 이혼 그리고 궁녀 앤 볼린과의 결혼에 대한 교황의 승낙이 어렵게 되자 1531년에 영국교계를 압박하여 자신을 영국교회의 수장(首長)으로 인정하게끔 하고 1533년에는 원하던 대로 앤 볼린과 재혼하였다.[43] 헨리에게도 명분은 있었다. 캐서린은 본래 자신의 아내가 아닌 죽은 형 아더(Arther)의 아내였으며 헨리와 결혼한 것은 죽은 남편의 형제와의 결혼을 금하는 레위기의 법을 어겼다는 것이었다. 그런데 당시의 교황 율리우스 2세(Julius Ⅱ, 1443~1513)는 이 사실을 눈감아주고 면책특권을 행사했다. 그러므로 헨리의 입장에서는 이제 와서 '캐서린과의 결혼 자체가 문제가 있었다'라는 식의 논리를 펴는 로마와 겨룰 명분이 있었던 것이다.[44] 더 나아가 헨리 8세는 교황청에 보내는 돈을 금지

---

43) 이러한 그가 로마가톨릭으로부터 이탈하게 된 것은 실제적으로는 그의 다혈질적인 정욕(情慾)을 억제하지 못하고 6명의 왕비를 교체한 이혼문제로부터 발단되었다. 캐서린은 당시 신성로마제국의 황제이며 스페인의 왕인 칼 5세(1519~1556)의 숙모이자 헨리 8세 형의 미망인으로서 교회법상 이혼이 불가능하였다. 결혼 18년간 후계 왕세자가 없음이 이혼사유로 헨리 8세는 당시 교황에 대한 국민감정이 나쁨을 이용, 의회를 통한 승인을 결심하였다.

44) Roland H. Bainton, 『기독교의 역사』, 이길상 역, (서울: 크리스천 다이제스트, 1997), 333.

시키고 모든 주교 임명에 왕이 직접 관계하고 이듬해인 1534년 11월에는 의회로부터 '영국교회의 현세 수장'이라는 내용이 담긴 수장령(首長領, Act of Supremacy)[45]을 통해 수장직에 대해 공식인정을 받아내며 로마와의 결별이 이루어졌다. 또한 헨리는 교황의 세력을 약화시키기 위하여 교황에게 지급하는 성직의 첫 수입세를 자신의 재량으로 끊어버리고 토마스 크랜머(Thomas Cranmer, 1489~1556)를 캔터베리 대주교로 임명하여 자신의 수장령의 실현을 추구하였다. 캔터베리 대주교로 임명된 크랜머는 헨리 8세와 캐서린의 이혼과 앤 볼린과의 재혼이 적법한 것임을 선포하였다. 이제 영국왕은 영국국교회(Anglican Church, Church of England)의 수장임이 만천하에 선포되었던 것이다.[46]

2) 영국종교개혁 과정

헨리 8세는 재위기간 중 수도원을 폐쇄하고 재산을 압류하였고 라틴어 불가타역본과 히브리어 헬라어 원어 성경뿐만 아니라 영어 성경을 교회에 비치하여 열람할 수 있게 하였다. 이 때문에 식자층에서는 성경에 대한 번역 열기가 불타올랐는데 이 일에 열정적으로 참여했던 이 중 한 사람이 바로 윌리엄 틴들(William Tyndale, 1494~1536)이었다. 틴들의 번역본은 후에 『흠정역』(King James Version)의 기초가 되었다.

---

45) 수장령의 핵심내용은 "국왕폐하는 마땅히 앵글리칸 교회라 불리는 영국국교의 영토 안에서는 유일한 최고의 머리가 되신다"는 것이었다.

46) 민석홍, 『서양사 개론』, (서울: 삼영사, 1984), 388.

이에 맞서 교황 클레멘트 7세(Clement 7, 1478~1534)는 헨리 8세의 이혼과 재혼을 인정하지 않고 캐서린의 복귀와 앤 볼린의 폐위를 10일 이내에 이행하지 않으면 헨리를 출교시키겠다고 선언하였다. 캐서린은 당시 신성로마제국의 황제였던 칼 5세의 숙모였기 때문에 교황으로서는 헨리 8세의 이혼을 교리적 신학적 이유를 떠나서 정치적으로라도 인정하기 곤란한 상황이었다.47)

그러나 헨리 8세의 관심은 교회의 개혁이 아니라 자기 권력의 확장이었다. 어쩔 수 없이 시작된 종교개혁의 조치들은 이미 14세기부터 바로 그 영국 땅 옥스퍼드를 중심으로 위클리프 등에 의해 야기되었던 문제들의 수준에도 못 미치는 것들이었다. 위클리프는 성경만이 그리스도인의 지고(至高)의 기준이며 세상의 권력을 거머쥐고 부에 혈안이 된 교황은 하나님께 선택된 지도자라기보다는 오히려 적그리스도라고 하는 주장을 펼쳤다. 왜냐하면 교황직은 하나님에 의해서가 아니라 콘스탄티누스에 의해서 창설되었기 때문이다.48) 따라서 헨리 8세의 영국교회는 종교개혁의 모양을 가졌음에도 불구하고 독일처럼 민중 주도의 개혁적인 내용을 품을 수는 없었다. 교리와 체계는 개신교식으로 바뀌지 않았고 거의 가톨릭 그대로 유지되었다. 부분적인 면에서는 개신교를 따르는 경우도 있었지만 종교개혁을 촉진시키려는 의지가 없었기에 오히려 『피의 법규』(1539) 등을 제정하여 정결서원의 유효성, 개인미사, 성체성사에서의 실체변화(화체설), 비밀고해를 반대하고 사제의 결혼을

---

47) 김홍기, 『종교개혁사』, (서울: 지와사랑, 2004), 425.

48) Williston Walker, *A History of the Christian Church*, (New York: Charles Scribner's Sons, 1959), 269-270.

찬성하는 자는 누구든지 무서운 처벌을 받게 될 것을 경고했다. 즉, 영국교회 속의 가톨릭적 요소들을 공고히 지키려 했다. 요컨대 로마와의 결별은 좋지만 가톨릭신앙과의 단절은 용납하지 않았던 것이다.[49] 로마와의 결별을 통해서는 잃을 것이 별로 없었다. 더구나 영국은 섬으로 구성되어 있었고 반로마적인 정서를 펼치는 데 있어서 대륙보다는 장애요인이 훨씬 적었다. 이러한 이유들로 인하여 교리적인 부분에서는 개혁적 속성이 떨어지는 것은 사실이나 정치적 통제를 받지 않아도 되는 편리함이 있었다.

3) 에드워드 6세와 종교개혁

앤 볼린과의 1,000일간의 결혼생활은 그녀가 딸 엘리자베스를 낳고 아들을 낳지 못함으로 파국을 맞았다. 헨리 8세는 또다시 제인 세이머(Jane Seymeour)와 결혼하여[50] 아들 에드워드를 낳았다. 이 에드워드는 1547년에 헨리 8세가 죽자 아홉 살에 에드워드 6세로 왕위에 오르게 되었는데 에드워드 6세를 정점으로 영국의 종교개혁이 가속화되었으므로 그의 즉위년인 1547년을 영국종교개혁의 출발점으로 보는 견해도 있다.[51] 실제로 에드워드 즉위 후 크랜머를 앞세운 개혁은 가속화되었는데 크랜머는 로마서 13장을 내세워 왕의 수위권(首位權)을 확고히 하고자 했다. 장 칼뱅과 달리 크랜머는 보수적인 입장에서 본격적으로 영국성공회의 교리와 신학을 형성하기 시

---

49) Hans Küng, 『그리스도교』, 728-730.

50) 헨리 8세는 생전의 6번의 결혼과 잦은 이성 행각으로 구설수에 올랐다.

51) 김재성, 『개혁신학의 광맥』, (서울: 이레서원, 2001), 400.

작하는데 이의 대표적인 산물이 「공동기도서」(Book of Common Prayer, 1549, 1552)와 「42 신조」(42 Articles)이다.[52] 공동기도서는 고래(古來)의 다양한 전래들을 영어로 집전할 수 있도록 단순 소박한 예배로 재구성한 것으로서, 이로 인해 평신도들은 수백 년 만에 처음으로 전례에 능동적으로 참여할 수 있게 된 획기적인 예배모범이었다. 헨리가 죽은 지 2년 만에 이 공동기도서는 공식전례서(公式典禮書)로 채택되었는데 예배를 크게 단순화하고 신자들이 예배에 집중할 수 있도록 한 이 기도서는 영국국교회에서 1920년대까지 그대로 사용하였다. 한편 「42 신조」는 개신교의 의인론과 장 칼뱅의 성찬례론을 그대로 수용한 신앙고백문인데 이것 또한 현재까지 공동기도서와 함께 거의 그대로 영국국교회 안에서 사용되고 있다. 이렇게 형성되기 시작한 영국성공회 신학의 특징은 루터적이었다. 루터의 신앙의인화(信仰義人化, 즉 以信稱義)를 받아들이면서 성례전, 죽은 자를 위한 미사 등에 있어서는 가톨릭적 요소를 잔존시켰다.[53] 그러나 1561년에 장 칼뱅의 기독교 강요가 발간되자 영국교회도 점차 칼뱅 신학과 인문주의의 경향을 강하게 지니게 되었다.

4) 메리여왕과 가톨릭으로의 회귀

영국에서의 종교개혁이 강력한 반대에 부딪히며 가톨릭으로 회

---

52) 앤 볼린과의 결혼승인(1534) 후 수장령을 발표하고 영국국교회의 역사가 시작되었다. 헨리는 그 2년 뒤인 1536년에는 영국국교회의 교리 및 예배방식의 기준이 될 '10 신조'를 공포하고 모든 교회에 라틴어 성경 대신 영어 성경이 비치되도록 훈령을 공포하였다. 1547년에는 미사 때 빵과 포도주가 함께 사용할 것을 의회에서 결의하였고 1549년에는 성직자의 결혼을 허용하고 예배통일령을 공포하였다. 그리고 1550년에는 교회 내의 성화상(聖畵像)이 철거되고 금식도 폐지하였다.

53) 김홍기, 『종교개혁사』, 428-429.

귀하게 된 결정적 인물은 메리여왕(Mary the Gueen, 1553~1558)
이었다. 에드워드 6세가 자식이 없이 죽자 튜더 왕가의 일원이었던
메리가 왕위에 오르게 되었다. 메리는 헨리 8세에게 배척당했던 캐
서린의 딸로서 아버지 헨리 8세가 어머니를 버리고 앤 볼린과 결혼
하게 된 비극의 결과로 탄생한 영국국교회에 대해 말할 수 없는 원
한을 품고 있었다. '가톨릭 계집', '피에 굶주린 메리'라고 불렸던
이 여인이 스페인의 필립 2세와 결혼함으로 영국 내에서의 교황의
재치권(裁治權)을 원상회복시키고 가차 없이 다시 가톨릭으로의
회귀를 추진할 수 있는 기반을 다지게 되었다. 그리고 자신의 가톨
릭 회복정책에 반대하는 자들은 용납하지 않았다.[54] 메리의 재위연
도(1553)는 가톨릭의 개신교에 대한 역사적인 반동종교개혁(反動
宗敎改革, Counter Reformation)이 절정에 달하던 시대였다는 데
주목할 필요가 있다. 가톨릭의 반동종교개혁은 트렌트(Trent) 종교회
의(1545)를 통해 공식화, 노골화되었다. 트렌트 종교회의는 메리의
왕위 즉위 전에 소집되어 메리의 사후인 1563년까지 진행되었던
회의였다. 또 하나의 회의가 1555년 9월 25일 독일에서 열렸던 아
우스부르그(Augusburg) 종교화의(宗敎和議)를 위한 회의였다. 이
회의 직후 교황으로 선출된 사람이 바울 4세(Paul Ⅳ)였다. 이 바울
4세보다 15년 전쯤에 교황이었던 바울 3세(1534~1549)부터 바울
4세(1555~1559) 어간에 본격적으로 개신교에 대한 탄압과 학살이
실행되면서 반동종교개혁이 전개되었다.[55] 바울 3세에 의해 소집
된 트렌트 종교회의는 25회기 동안 운영되면서 가장 주요의제로

---

54) Hans Küng, 『그리스도교』, 731.
55) 홍치모, "교황 바울 Ⅲ과 반동종교개혁", 『신학지남』, (1995 가을호): 123-125.

다룬 것이 프로테스탄트의 종교개혁운동 극복과 반동종교개혁에 관한 주제였다. 바울 3세와 4세 사이의 교황이었던 율리오 3세 (1550~1555) 역시 독일 내의 프로테스탄트운동을 제압하기 위한 사제훈련학교 '콜레기움 게르마니쿰(Collegium Germanicum)'을 설립하고 가톨릭교회의 부흥을 노렸다.56) 이러한 대륙의 개신교에 대한 탄압의 배경과 더불어 시댁이었던 스페인에서 일고 있었던 '예수회' 중심의 반동종교개혁과 개신교에 대한 혹심한 탄압정책에 고무된 바 크다 할 수 있다.57) 가톨릭교회의 수호자로 자처한 예수회는 그 이후로부터 현대에 이르기까지 가톨릭 내에서 가장 강력한 조직으로 성장했고 또 그 성장에 버금가는 역할을 하고 있다.

메리는 어머니의 원한을 풀기 위해 가톨릭으로의 복귀를 선언하고 부왕(父王) 헨리 8세가 취했던 수도원 폐쇄, 교회재산 박탈 등의 조치를 환원하고자 노력했다. 즉, 부친이 시작하고 동생 에드워드 6세가 발전시킨 종교개혁을 무효화시키고 가톨릭으로 복귀를 시도했던 것이다. 이 와중에 종교개혁을 지지했던 지도자들은 처형되거나 투옥되었고 종교개혁의 진행 간 망명했던 성직자들의 복권이 이루어졌다. 특히 메리는 에드워드 6세 치하에 활동했던 주교들 중 상당수를 사형장으로 보냈는데 그녀의 재임기간 중 288명이 화형에 처해졌다. 메리를 '피의 여왕(Bloody Mary)'이라고 부르는 이유도 그녀의 무자비한 개혁교회 지도자들을 처형한 바로 이 사건에

---

56) P. G. Maxwell-Stuart, 『교황의 역사』, (서울: 갑인공방, 2005), 218-221. 反動宗敎改革 기간 중 이를 주도한 교황들 중에서도 바울 4세는 특히 적극적이고 완고했다. 그는 영주가 영지 내의 종교선택권을 가지도록 한 1555년의 아우구스부르그 종교화의를 가톨릭에 불리하다는 이유로 결국 승인하지 않았고 1557년에는 종교재판소를 열어 기독교 인문주의자의 대표주자였던 에라스무스의 저서들을 금서목록에 올리도록 했다. 나아가 이 저서들을 로마 및 전 세계 가톨릭신자들이 멀리할 것을 명령했다.

57) 홍치모, "교황 바울 Ⅲ과 반동종교개혁", 『신학지남』, (1995 가을호): 137-138.

서 기인되었다. 메리에 의해 캔터베리 대주교 토마스 크랜머
(Thomas Cranmer, 1489~1556)도 1556년 옥스퍼드에서 화형에 처
해졌다.58) 토마스 크랜머는 루터보다 6년 뒤에 태어난 루터와 동시
대인으로서 영국종교개혁의 기초를 놓았던 인물이다. 크랜머는 항
상 "성경은 무엇이라고 말씀하고 있는가?(What says word of
God?)"라고 질문하며 왜 성경은 "예"라고 말하는 부분에서 교황은
"아니오"라고 말하는가에 대해 비판했었다.59) 여왕과 로마와의 화
해의 시도는 곧 개혁적인 입장을 견지해오던 사람들에게는 박해가
시작된다는 신호였던 것이다. 많은 개혁파 주교들이 감옥에 갇히고
외국으로 피신하여 후일을 도모하며 더 좋은 때가 오기를 기다렸
다. 그럼에도 불구하고 성직자들과 주교들, 귀족과 서민들, 학식 있
는 자와 무식한 농부들이 함께 형장의 연기로 사라졌다. 모든 관점에
서 메리의 통치는 실패였다. 잔혹한 사법적 조치, 광범위한 박해, 에드
워드 6세의 조치로 가정을 가지게 되었던 성직자들에 대한 결혼파기
요구로 인한 갈등 등 영국에서의 반동종교개혁(Counter-Reformation)
을 노린 메리의 시도는 이렇듯 실패로 돌아갔다.60) 이후 앤 볼린의
딸 엘리자베스 1세가 집권한 후엔 다시 반가톨릭으로의 방향전환
이 이루어짐으로써 영국종교개혁은 찰스의 참수와 크롬웰의 공화

---

58) 김홍기, 『종교개혁사』, 430-431. 크랜머는 화형에 임하면서 가장 먼저 자신의 손을 불 속에 넣었다. 그
이유를 이렇게 말했다. "이제 나는 참으로 내 양심에 큰 가책이 되는 문제를 언급하려 합니다. 그동안 죽
음이 두려워서 진리에 어긋나는 주장들을 마치 내가 믿는 것인 양 발표한 일들이 있었습니다. 이것들은 모
두 내 내심의 신념과는 어긋나는 것들이니 나의 손으로 쓰이기는 하였으나 나의 본심은 아니었음을 밝힙
니다. 나의 양심과 진리에 어긋나는 내용을 너무 많이 기록했던 나의 손을 먼저 불태우겠습니다."

59) J. H Merle d'Aubigne, S. M. Houghton, edit, *The Reformation in England* vol. 1 (Carlisle:
The Banner of Truth Trust, 1985), 437.

60) John Moorman, 『잉글랜드 교회사』 상, 김진만 역, (서울: 성공회대학교 신학연구소, 2003),
287-290.

정의 선포에 이르기까지 로마가톨릭에 의한 반가톨릭운동에 대한 박해, 반가톨릭주의자들에 의한 로마가톨릭에 대한 박해, 청교도 여러 종파에 대한 상호 갈등을 의미하는 반가톨릭에 대한 반가톨릭 간의 박해가 이어지게 되었다.[61]

5) 엘리자베스 1세의 반가톨릭정책

(1) 엘리자베스의 등장

메리가 죽고 앤 볼린의 딸 엘리자베스 1세(1558~1603)가 왕이 되자 다시 영국은 반(反)가톨릭으로 선회했다. 엘리자베스는 매우 불리한 조건 속에서 왕위에 오른 경우인데, 일단 국가재정이 바닥 난 상태여서 재난이나 외환에 대비할 수준이 못 되었다. 프랑스는 그녀의 왕위를 인정하지 않고 오히려 스코틀랜드의 메리를 영국왕 으로 인정하였다. 인구의 3분의 2는 가톨릭신자였고 엘리자베스의 개혁정책을 받아들이지 않았다. 게다가 영국에서 영향력을 갖기 시 작한 칼뱅주의자들은 또한 영국국교회의 주교제도를 거부했다.[62] 이 양자의 틈 속에서 엘리자베스는 양측을 다 못마땅하게 생각하 고 있었지만 동시에 양측을 다 충족시킬 수 있는 이른바 중용정책 을 채택할 수밖에 없었다. 이에 엘리자베스 1세는 '통일령(Act of Uniformity)'[63]을 선포하고 영국의 국교주의(Anglicanism)를 확립

---

61) Kenneth Scott Latourette, *The 19th Century in Europe* Vol. 1, (Grand Rapids: Zondervan, 1976), 21.

62) 오덕교, 『종교개혁사』, (수원: 합동신학대학교 대학원 출판부, 2005), 402.

63) 영국국교회(國敎會)의 예배와 기도 그리고 의식 등을 통일하기 위하여, 영국의회가 1549~1562년까 지 4차에 걸쳐 제정·공포한 법률.통일령으로 에드워드 6세 때 개혁된 전례가 다시 시행되고 기도서

하고자 했으며 이어 「39 신조」(39 Articles)64)를 제정하여 개신교
적인 신앙내용을 채택하였다. 「39 신조」는 캔터베리 대주교 매슈
파커(Matthew Parker, 1504~1575)가 기존의 「42 신조」를 수정한
것으로서 의회에서 영국교회의 신조로 확정된 것이었다. 특별히 「39
신조」에는 장 칼뱅의 영향이 두드러지게 나타나게 되는데 예를 들
면 제6조의 경우, 구원 교리를 다루면서 성경계시의 충족성을 내포
하고 있다든가, 8조에서는 니케아, 아타나시우스 신경, 사도신경 등
3개 신경을 철저히 지킬 것과 제10조에서는 구원이 인간의 선행에
기인하는 것이 아니고 하나님의 전적인 은혜에 기인함을 강조하는
부분이 그것이라 할 수 있겠다. 제11조는 칼뱅주의와 루터사상의
핵심 중의 핵심인 '이신득의(以信得義)' 교리를 다루고 있으며 제
17조에는 구원에 대한 예정, 제20조에는 성경이 교회회의의 결정
보다 우위에 있으며 성경은 가장 최고의 권위임을 포함하고 있다.
더 나아가 66권의 성경 외의 것들은 교리화할 수 없는 것으로 못
박고 그 제목까지도 열거하고 있다. 제24조, 제25조에서도 연이어
라틴어로 기도하거나 성례하는 것을 금지한다거나, 성례를 세례와
성찬으로 구별하여 세례를 통한 거듭남의 과정을 강조하는 부분들

도 다시 사용되었다. 성화상, 십자가, 사제복, 교회음악도 복구되었다. '예배통일법'이라고도 한다. 헨리
8세의 종교개혁은 영국국교회를 로마가톨릭으로부터 독립시키기는 했지만 교의(敎義)는 여전히 가톨리
시즘 그대로였다. 영국국교회가 프로테스탄트로 전환한 것은 다음 왕 에드워드 6세 때였는데, 1549년
프로테스탄티즘에 바탕을 둔 「공동기도서」의 제정을 위한 통일령이 공포되고, 교회는 이 「기도서」에
따르지 않으면 안 되게 되었다. 그러나 이 「기도서」는 그 표현이 애매한 데가 많아 가톨릭적 해석이
스며들 여지가 있었으므로, 1552년 두 번째의 「기도서」를 만들어 이 점을 분명히 하였는데, 이에 따
라 제2의 통일령이 공포되었다. 그 후 메리 1세의 가톨릭적 반동에 부닥쳐 한때 폐지되었으나, 엘리자
베스가 즉위하여 1559년 수장령(首長令)에 의해 국왕의 지상권(至上權)을 확립하고, 동시에 다시 통
일령을 발표하여 예배와 기타 모든 의식은 전기 에드워드 6세가 공포한 「기도서」에 따를 것을 결정함
으로써 국교회 재건의 토대가 마련되었다.

64) 「42 신조」가 수정되어 탄생된 것으로, 장 칼뱅의 성례론을 조금 완화시킨 것이 특징인데 영국국교회
의 신앙고백문으로 의회의 승인을 받아 현재까지 영국국교회 교리의 바탕을 이루고 있다. 영국국교회
「39 신조」는 영국국교회의 신앙고백으로 1556년 발표되었다.

이 포함되었다.[65] 특히 우리 주님 그리스도께서 제정하신 성사(Sacrament)는 세례와 성찬뿐임을 강조하고 이외의 견진성사, 혼배성사 등은 성경적 근거가 없는 것임을 분명히 하려 했다.[66] 27조에서는 화체설을 부인하고 30조에서는 성찬 시 이종(異種)성찬, 즉 포도주와 떡을 함께 나누는 것에 대한 성경적 정당성을 제시하였다. 31조에서는 미사를 거짓되게 기만하는 위험한 행위로 규정하고 32조에서는 사제의 결혼이 성경적으로 합당한 것이라 하였다. 그 외에도 로마가톨릭 주교의 영국 영토 내에서 치리권이 없음을 천명하고 있는 등 기존의 로마가톨릭과의 상당한 교리적 차이를 담고 있음은 분명한 사실이다.

(2) 엘리자베스의 반가톨릭 조치들

이미 「39 신조」는 반가톨릭적 정책을 표방했던 엘리자베스의 의지와 파커의 개혁정신이 반영되어 영국교회를 로마와 차별시키는 수준에까지 이르렀던 것이다. 또한 수장령의 내용을 "왕이 교회의 머리는 아니지만 교회와 정치문제에 있어서 국가의 최고 통치권자"라고 수정했다.[67] 엘리자베스는 모친의 궁정목사이자 온건한 프로테스탄트였던 매슈 파커(Matthew Parker)를 캔터베리 대주교로 임명하고 로마와 제네바의 중간입장을 취하는 중도적 방법으로 영국국교회를 안정시켜 나갔다. 그러나 예배형식에 있어서는 거의 손을 대지 않았기에 가장 가톨릭적인 프로테스탄트교회가 되어갔

---

65) 오덕교, 『종교개혁사』, 404-405.
66) 그러나 2004년 이후 지금까지 전 세계 공통으로 쓰이고 있는 공동기도문에 의하면 영국국교회는 성찬과 성례뿐 아니라 고해성사, 혼배성사, 견진성사, 조병성사, 서품성사 등도 모두 인정하고 시행하고 있다.
67) Hans Küng, 『그리스도교』, 732.

다. 통일령에 의해 1559년 6월 24일 이후로는 새로운 예배의식을 준수하여야만 했다. 교회의 장식이나 성직자의 의복도 그랬다. 이런 '장식전례(Ornament Rubric)'는 개혁주의자들의 강력한 반대에 직면했고 이것이 소위 '의복논쟁(Vestiarian Controversy)'으로 확대되었는데 이는 청교도들의 핵심주장이 로마교회와 교황주의를 개혁해보고자 하는 것이었음을 분명히 드러낸 것이었다.[68] 엘리자베스시대에는 미사를 볼 때에도 대중을 위해 쉬운 영어를 사용하도록 했고 참석한 사람이 이해할 수 있을 때에만 라틴어를 사용했다. 그러나 의식과 제도는 여전히 로마가톨릭적인 것을 받아들였다. 예컨대 로마가톨릭교회의 화체설은 강하게 비판하면서도 미사의 중요성을 강조하고 성직자의 계급을 반영한 제도나 예복을 강조하였다. 엘리자베스는 종교와 신앙보다는 평화와 질서를 유지하는 데 관심이 있는 인물이었다. 따라서 구체적이고 대결적인 교리의 채택보다는 포괄주의 정책에 기초한 개신교 노선을 택하였다. 종교적이기보다는 정치적이었는데 이는 오히려 청교도들뿐만 아니라 로마가톨릭교회로부터도 강한 도전을 받게 되었다.[69] 이런 와중에 가톨릭의 부활운동이 전개되기도 하였고 청교도운동보다 혁신적인 개신교 세력들의 불만도 생겨나게 되었다.[70] 분리파 청교도였던 회중파와 침례파는 영국국교는 너무 부패하여 정화하거나 회복될 가능성이 없으므로 그곳으로부터 떠나와야 한다고 주장했다.[71]

---

68) Williston Walker, *A History of the Christian Church*, 367.

69) 김홍기, 『종교개혁사』, 432-433.

70) 민석홍, 『서양사개론』, 388-389.

71) 김홍기, 『종교개혁사』, 437.

(3) 제임스 1세와 국교주의로의 복귀

엘리자베스가 죽고 그 아들 제임스 1세가 즉위할 시에는 종교, 재정 그리고 외교라는 세 가지 현안이 남겨져 있었다. 이 문제들을 놓고 의회와 왕은 자신들의 이해관계에 따라 법을 제 · 개정하려고 시도했다. 의회는 제임스가 아들 찰스의 혼인을 앞두고 스페인의 공주를 선택하려는 것을 거부했다. 메리도 스페인을 시댁으로 두었기에 메리 치하를 보냈던 하원의 개혁파 의원들이 이를 받아들일 수 없었다. 그러자 제임스는 프랑스의 루이 13세의 동생 앙리에타 마리아(Henrietta Maria)를 며느리로 삼기로 했는데 이 역시 그녀가 가톨릭신자였기에 영국인들과 의회로서는 탐탁해하지 않았다. 제임스는 자신의 왕권을 강화하기 위해 캔터베리 대주교를 왕이 임명하는 정책을 고수했는데 이때 그가 내세운 구호가 "왕 없이는 주교도 없다(No bisop, No King)"였다. 제임스는 1604년 햄프턴(Hampton) 법정에 국교회 주교들과 청교도 지도자들을 소집시켜 이들에 대한 자신의 장악력을 높이려 하였다. 이 회집 이후 왕의 정책은 청교도에 반발감을 가졌던 고교회파에 대해 우호적인 기조로 지속되었다.[72] 제임스는 그 이후에도 제임스 역 성경을 번역하기도 했으나 재임 중 지속적으로 프로테스탄트와 퓨리턴을 탄압하고 완고한 국교주의를 지향했다.

종교개혁으로 인하여 영국은 사실상 분열의 모습을 보였다. 수많은 개신교인들이 네덜란드와 제네바로 피신해야 했다. 제네바에서 녹스(knox)는 영국여왕의 통치에 대해 신랄하게 비난하며 가톨릭

---

72) Wink, Brinton, Christopher, Wolff, *A History of Civilization*, (Englewood Cliffs: Prentice Hall, New Jersey, 1988), 410.

미사에 참례하는 것은 독약을 마시는 것보다 더 해롭다고 여기며 "추악한 여자들의 통치에 맞선 첫 나팔소리(*the first blast of the trumpet Against the Monstrous Regiment of Woman*)"라는 비방문을 발표하기도 하였다.[73] 말하자면 당시 영국교회는 정체성의 혼란을 겪는 시기를 보내고 있었다고 보아야 할 것이다. 즉, 가톨릭으로의 복귀인가, 아니면 제네바에서부터 불어오고 있는 녹스와 장 칼뱅의 급진개혁사상을 따를 것인가, 그것도 아니면 영국국교로 캔터베리 중심의 제3의 길을 갈 것인가 하는 기로에 직면해 있었던 것이다. 종교개혁이 전개되는 중에 수많은 프로테스탄트적 인사들이 제네바로 피신하게 되었고 당시 그리스도인 학교로 지칭되었던 그곳에서 녹스와 장 칼뱅, 혹은 그들의 저서와 추종자들을 접한 이들에 의해 영국종교개혁은 영향을 받지 않을 수 없었다.

6) 영국종교개혁의 특징

(1) 위로부터의 정치적 개혁

이렇게 전개된 영국종교개혁의 특징은 어떤 탁월한 종교적 지도자들, 즉 루터, 츠빙글리, 장 칼뱅, 녹스 같은 인물들을 배출시키지 않았고 어떤 영적각성운동도 없는 상태에서 위로부터 정치적으로 시작되었다는 것이다.[74] 다시 말해서 종교개혁이 종교적인 동기에서가 아닌 세속적이고 정치적인 동기에 의해서 촉발되기는 하였지

---

73) Hans Küng, 『그리스도교』, 731. 이 비방문은 개혁파교회를 박해하는 스코틀랜드의 섭정 기즈의 메리(Mary of Guise)와 영국여왕 메리를 염두에 두고 썼으며 여인의 국정관여와 통치행위의 부당성에 대한 주장이다.

74) Williston Walker, *A History of the Christian Church*, 368.

만, 그리고 그 과정에서도 대륙에서의 그것과는 다른 양상을 보이기도 했지만 전혀 개혁적인 요소가 없었던 것은 아니었다. 루터의 종교개혁사상은 1520년대에 이미 영국에 전해졌고 위클리프와 롤러파의 전통이 이어져 오던 차였으므로 반교황주의는 벌써 확산되어 있었고 개신교운동도 대륙 못지않은 양상을 보이게 되었던 것이다. 토마스 크롬웰[75])이나 종교개혁 후 최초의 캔터베리 대주교가 된 토마스 크랜머 같은 지도급 인사들도 루터의 개혁운동에 크게 이끌렸고 루터와 마찬가지로 성직자의 결혼을 주장한 크랜머는 자신도 이를 실천하였고 영어 성경의 출판을 지지하여 그 결과 1539년 영어 성경이 처음으로 발간되기에 이르렀다.[76]) 토마스 크롬웰의 경우는 헨리 8세의 이혼과정을 곁에서 지켜본 사람으로서 7년간 국무대신의 자리에 있으며 왕 다음으로 가장 강력한 권력자의 위치에 있었다. 그가 소위 정부에 의한 혁명(Revolution in Government)이라고도 불리는 개혁을 시도하여 튜더 왕정의 시스템을 혁명적으로 개선하려 했던 시도는 17세기에 일어날 혁명을 맞이해야 하는 영국민과 정부관료들에게 좋은 학습효과를 남겨놓았다고 볼 수 있다.[77])

그러나 중용(中庸)을 중시하는 영국민의 국민성처럼 영국은 중세가톨릭의 패러다임과 종교개혁세력의 패러다임의 요소들을 통합하는 형태로 자국 내 종교개혁을 특징 지웠다. 이 점이 영국교회가

---

75) 올리버 크롬웰보다 한 세기가량 앞선 인물인 그는 대장장이의 아들로 태어나 정규교육도 받지 못한 채 유럽 전역을 용병으로 떠돌다 외국어를 습득하고 정치와 법에 대한 견문을 넓힘으로 특별한 배경 없이 오직 능력으로만 왕의 재상이 된 인물이다. 그의 뛰어난 정치술로 헨리 8세의 이혼과 재혼의 문제를 정치적으로 해결해나갔고 영국국교회 설립, 수장령 선포, 수도원의 해산과 재산의 몰수, 정부의 중앙집권화, 세제의 개혁, 추밀원(Privy Council) 조직, 장관직 신설 등의 제도 발전도 크롬웰에 의해 주도되었다.

76) 박지향, 『영국사』, 288.

77) 허구생, "제프리 엘턴과 튜더 혁명론", 『영국연구』, 영국사학회, (2003): 9–11.

로마가톨릭교회와 개신교회 사이의 제3의 길임을 결정적으로 입증하는 부분이다. 이렇게 성립된 영국국교회는 헨리 8세 이후 150년 만에 완전히 자리를 잡고 그 구조를 확립했다. 그리고 영국은 물론 새로 획득한 식민지들뿐만 아니라 특히 미국성공회 등 비기독교 지역에서 거둔 성공을 통해 형성된 전 세계 '영국교회공동체(Anglican Communion)' 형태로 그대로 존속되었다.[78] 영국국교회가 취하게 될 소위 중용적 요소들은 성경과 전통의 융합, 전통적 전례규범과 융통성 있는 개혁의 수용, 주교 중심의 직무구조와 동시에 폭넓은 관용 등으로 정리될 수 있겠다. 따라서 영국국교회는 여전히 국가교회인가, 주교교회인가 하는 질문을 내포한 채 오늘도 제3의 길 위에 서 있는 것이다.[79]

(2) 제한적 개혁

영국의 종교개혁은 대륙이나 스코틀랜드와는 달리 정치적이며 위로부터의 개혁이었다는 점에서 달랐다. 존 위클리프나 윌리엄 틴데일, 토마스 카트라이트 같은 인물들이 개혁사상을 펼치기는 했지만 그것이 직접적인 도화선이 되지는 못했었다. 헨리 8세의 이혼이라는 로열패밀리의 정치적 이슈가 정치구조 속에서 정치공학적인 흐름을 타고 진행된 것이 영국의 종교개혁이었던 것이다. 따라서 개혁을 이끈 특정할 만한 지도자가 없었다. 게다가 중용을 모색하고 보수적인 성향을 가진 영국민들에게 있어서 종교개혁이라고 하

---

78) Hans Küng, 『그리스도교』, 736. 호주, 뉴질랜드, 미국, 캐나다 등지의 과거 영국 식민지였거나 현재 영국령으로 되어 있는 나라들에서 그 현실을 목격할 수 있다.

79) Hans Küng, 『그리스도교』, 737-742.

는 것은 부담으로 다가왔다. 따라서 서민층에서부터 광범위하게 진행되었던 대륙과 달리 외형만 고치고 지배구조만 교황에서 국왕으로 변경되었으며 그 외의 주교제도, 성직구조 등은 바뀌지 않았던 영국의 종교개혁은 진정한 개혁의 그날을 기다리는 부족한 입장에 머물고 말았다.

7) 온건한 종교개혁과 청교도의 등장

영국종교개혁의 역사를 살펴볼 때 윌리엄 틴데일이나 존 위클리프 같은 인사들을 통해 전개된 성경 중심의 개혁은 대륙의 종교개혁과 양상을 같이했다고 볼 수 있다.[80] 영국국교회의 종교개혁은 정치적인 이유와 종교적인 이유가 여러 왕과 시대를 거치면서 복합적으로 기능하며 전개되었다. 제네바의 개혁주의냐 로마가톨릭이냐의 갈림길에서 왕과 캔터베리는 중용의 길을 택하며 동시에 교회를 왕과 국가 그리고 주교의 그늘 안으로 피신시켰다. 즉, 종교개혁의 패러다임은 지녔지만 내용에 있어서 완전한 개혁을 성취하지 못한 절충주의의 산물이었던 것이다. 이것이 바로 참된 개혁에 목말라 있던 청교도들의 등장을 부추겼고 그들로 하여금 신대륙을 향하게 했으며 혁명의 씨앗이 되었던 것이다.

크랜머의 노선을 이은 리처드 후커는 칼뱅주의와 성경중심적 청교도주의를 배척하고 영국교회가 제3의 노선을 추구할 수 있는 길을 모색했다. 즉, 가톨릭과 제네바의 가운데 길이 그것이었다. 그러

---

80) J. H Merle d'Aubigne, S. M. Houghton, ed., *The Reformation in England* vol. 1, (Carlisle: The Banner of Truth Trust, 1985), 349.

나 스코틀랜드에서 발생한 장로교회를 본보기 삼아 급진적인 종교
개혁 세력이 형성되기 시작했는데 이들이 바로 칼뱅주의를 추구하
던 독립교회파이다. 이들은 어떠한 국가교회제도도 거부하고 종교
의 자유를 주장했으며 그리스도인들만의 자주적인 공동체를 요구했
다는 점에서 회중파라고 불리기도 한다. 이 회중파가 올리버 크롬웰
의 지지세력이 되어주었고 영국 내전을 승리로 이끄는 데 기여했을
뿐 아니라 공화정이 선포된 후에는 의회를 장악하기도 했다.

4. 정치적 배경

영국에서의 절대왕정은 튜더 왕조[81](1485~1603)시대에 확립되
었고 그 기초를 놓은 왕은 헨리 7세(1485~1509)였다. 헨리 7세를
비롯한 튜더 왕조시대의 왕들은 영국을 통치할 만한 자질들을 가
지고 있었고 지적으로도 뛰어났다. 특히 헨리 7세의 경우는 사려
깊고 세심한 동시에 외교적 수완이 탁월한 사람이었다.[82] 백년전쟁
(1339~1453)과 장미전쟁(1455~1485)을 거치는 동안에 봉건귀족

---

81) George Carer MA, *Outlines of English History*, (London: Ward Lock, 1977), 57-79. 종교개
혁 및 청교도혁명을 전후한 영국의 역사는 Tudor(1485~1603, 118년간) 왕조와 Stuart(1603~
1714, 111년간) 왕조에 의해 전개된다. 튜더 왕조는 헨리 7세로부터 시작하여 헨리 8세(1509~
1547, 38년간), 에드워드 6세(1547~1553, 6년간), Mary(1553~1558, 5년간), 엘리자베스 1세
(1558~1603, 45년간)로 끝이 나고 스튜어트 왕조가 제임스 1세(1603~1625, 22년간), 찰스 1세
(1625~1649, 24년간), 공화정(Commonwealth, 1649~1653, 4년간), 호국경시대(Protectorate,
1653~1660, 7년간), 찰스 2세(1660~1685, 25년간), 제임스 2세(1685~1680, 4년간), 윌리엄
3세와 메리(1689~1702, 13년간), 앤(1702~1714, 12년간)으로 이어진다. 튜더 왕조의 헨리 7세
에 의해 절대왕정이 확립되고 찰스 1세에 이르러 청교도혁명을 맞게 되며 스튜어트 왕조의 제임스 2
세의 국외도피로 오렌지공 윌리엄과 그 아내 메리가 공동 왕이 됨으로 명예혁명(1688~1689)이 성
립되었다.
82) E. L. Woodward, 『영국사 개론』, 96.

세력이 약화되는 것과 때를 같이 하여 엘리자베스여왕(1558~1603) 시대에는 로마교회로부터 독립하였을 뿐 아니라 네덜란드의 독립을 원조하여 스페인의 무적함대를 격파, 스페인의 몰락을 가져왔다. 그녀는 또한 헨리 8세가 창건한 국교회를 공고히 하고 가톨릭 봉건세력을 실추시켰으며 신흥 시민세력의 지지를 받아 절대왕정을 확립시켜 나갔다. 엘리자베스가 죽음으로 튜더 왕조는 단절되고 스코틀랜드의 스튜어트 왕가의 제임스 6세가 영국왕 제임스 1세로 즉위함으로 스튜어트 왕조가 개창되었다. 제임스 1세(1603~1625)는 왕이 되기 전부터 「왕권신수설」(王權神授說, Theory of Devine Right of King)을 주장하고 "왕은 신에서 유래하며 법은 왕에서 유래한다"고 천명하였다.[83] 제임스는 종교에도 깊은 관심을 보여 영역성경인 『흠정역』(King James Version)을 만들기도 하였지만 청교도들에 대해서는 압박을 늦추지 않았다. 청교도들이 영국국교회의 주교제도를 파괴할 위험이 있는 것으로 판단되어 "주교가 없으면 왕도 없다(No bishop, No king)"를 외치며 청교도들을 견제하였다. 이때 많은 청교도들이 박해를 피해 바다를 건너게 되었고 메이플라워호를 타고 아메리카 대륙으로 건너간 청교도들의 이주도 이때(1620년) 발생하였다.[84] 제임스 1세는 자신의 왕권이 절대적이고 자유로운 것임을 강조하였을 뿐 아니라 종교적으로는 국교회를 반대하는 장로파교회를 적대시하였다. 자신이 만든 교본에 어긋나는 설교를 하는 성직자를 심판할 권리가 자신에게 있음을 주장하였고 모든 장로파 성직자는 영국에서 추방되어야 한다고 말했다.

---

83) E. L. Woodward, 『영국사 개론』, 239.
84) E. L. Woodward, 『영국사 개론』, 438.

그는 왕은 모든 법의 지배로부터 자유로우며 왕이 하고자 하는 일에 이런저런 논박을 제기하는 것은 곧 하나님에 대한 저항과 같다고 주장하기에 이르렀다. 그가 청교도들을 미워한 이유는 왕의 그러한 독재적인 조직에 반대하는 그들의 성향 때문이었다. 제임스는 1616년에는 『오락의 책』(Book of Sports)을 발간토록 하여 주일성수를 국가적으로 와해시키려 하였다. 이 책에는 주일날 놀 수 있는 것으로서 뜀뛰기, 댄싱, 궁도, 5월의 게임, 모리스 댄스 등 모든 게임을 장려하고 합리화시키려는 것이었다.[85]

뿐만 아니라 제임스는 잦은 의회와의 충돌로 재정적 지원을 받을 수 없게 되자 국민들에게 직접 세금을 부과하는 이른바 덕세(德稅, benevolence)를 부과하였고 이를 거부하는 시민들 편에 섰던 대법관 에드워드 코크(Edward Coke)가 현직에서 파면되자 절대왕정의 전제정치는 세인들의 주목을 끌게 되었다.[86] 더구나 제임스는 낭비벽이 심했고 사치를 즐기며 검소한 생활을 멀리 했다. 영국민들을 더욱 자극한 사건은 그가 왕자비(王子妃)를 스페인 왕실에서 맞이하려 한 사건이었다. 하원의 반대로 결국 프랑스 왕실에서 맞이하였지만 이 역시 국민들에게는 못마땅한 일이었다. 이를 두고 하원은 1621년에 스페인 왕실과의 결혼을 반대하는 청원서를 제출하였으나 왕이 거부하자 대항의서(Great Protestation)를 작성하였고 이것은 영국혁명 과정에서 최초로 제기된 의회의 주장이었다.[87] 이렇게

---

85) James Heron, 『청교도 역사』, 홍치모 역, (서울: 성광문화사, 1982), 171-173. 크롬웰은 집권 후에 이 오락의 책을 폐지하고 주일에 닭싸움, 투전, 축구시합 등을 금지하고 주일성수를 국가적으로 시행토록 했다. 더 나아가 풍기 단속법 등을 제정하여 청교도적 삶이 사회적으로 정착되도록 힘을 기울였다.

86) 민석홍, 『서양사 개론』, 438.

87) 정항희, 『신문화사 개론』, (서울: 박영사, 1983), 239. 이 대항의서에는 자유, 권리, 특권, 관할권 외

해서 제임스의 통치가 마지막에 달했을 때 영국의 정치와 종교와 도덕의 부패는 실로 비참한 지경에 이르게 되었던 것이다.[88] 더구나 제임스를 계승한 찰스 1세(1625~1649)[89]는 父王보다 더 영국을 이해하지 못했을 뿐 아니라 스코틀랜드 정서에도 어두웠다. 그는 부왕 제임스와 마찬가지로 세입을 크게 늘리기 위해 무리한 방법을 강구했고 의회로 하여금 재정문제에 대해 공격받을 만한 구실을 제공하고 있었다. 그는 父王 제임스가 영국국민과 멀어지고 의회와 대립하게 된 정책들을 보다 더 강력하게 비타협적으로 강행함으로써 의회와의 대립을 격화시키고 드디어는 혁명을 자초하게 되었다.[90] 특히 찰스의 정치적 고문이었던 스트래퍼드(Strafford)[91]와 종교적 고문이었던 윌리엄 로드(William Laud)의 잘못된 자문으로 인해 의회와 대립되어 더욱더 어려운 처지에 몰리게 되었다. 결국 스트래퍼드는 참수되었고(1641년 5월) 로드는 런던탑에 갇히는 등의 옥고 끝에 혁명이 한창 무르익던 1645년 1월에 처형되었다.[92]

찰스의 정치적 위기는 안팎에서 끊임없이 계속되었다. 아일랜드에서는 1641년에 반란이 일어났고 이미 칼뱅주의로 종교개혁을 마

교관계 등에 있어서 의회가 통제권을 강화하고자 한 내용이 포함되어 있었다.

88) James Heron, 『청교도 역사』, 180.

89) 그는 잉글랜드의 국왕이면서 동시에 스코틀랜드의 국왕이었지만 두 나라의 경세와 치리에 한계점을 가졌다. 이러한 그의 국왕으로서의 한계점이 혁명을 자초했고 1649년 참수 이후에 1660년까지 영국은 大空位時代를 보내게 된다.

90) 민석홍, 『서양사 개론』, 438.

91) 조경래, "영국혁명기의 의회 특성에 관한 연구", 『상명대학교 논문집』 vol. 31, (상명여대, 1993), 32. 그는 1639년에 작위를 받았는데 그 이전에 그의 이름은 Thomas Wentworth였다. 그는 한때 「권리청원」 작성에 참여하며 의회의 투사로 활약하다 캔터베리 대주교가 된 윌리엄 로드와 함께 왕의 전제정치의 강력한 후원자로 돌변했다. 이로 인해 튜더시대의 젠트리와 왕과의 협력관계도 무너지고 대륙의 절대왕정 체제가 영국에서도 자리 잡게 되었다.

92) E. L. Woodward, 『영국사 개론』, 128-132.

무리하는 단계에 있던 스코틀랜드에 대해 국교주의를 강제하려다 전쟁을 자초하는 등의 외환과 '폐기법(Act of Revocation)'[93]의 제정과 시행으로 귀족들과 의회의 반감을 사게 되었다. 귀족들은 이로 인해 순식간에 자신들의 재정적 파탄을 염려하여 찰스의 급격한 정책에 반발하기 시작하였고 1625년 11월 17일에는 찰스에게 정식으로 항의하였다. 1640년에는 11년간의 의회 없는 전제정치 끝에 스코틀랜드와의 전쟁에 필요한 전비 마련을 위해 소집한 의회가 3주만에 해산되고 같은 해 11월 새로운 의회가 소집되어 1653년까지 장기적으로 지속되었다. 이 장기 의회기간 동안에 청교도들이 의원으로 많이 진출하여 왕의 측근들과 대립하는 일종의 정치적 세력화를 이룰 수 있었다.[94] 당시 장기의회의 의원분포의 두드러진 특징은 청교도들과 법학도 출신의 고등교육을 받은 자들 그리고 젠트리들이 많이 진출하였다는 것이다. 의원의 60%가 젠트리 출신이었으며, 고등교육을 받은 의원의 비율도 60%에 달했다. 뿐만 아니라 그들은 대학과 대학원에서 혹은 지방 젠트리들로 동문관계 혹은 친족관계로 유대가 깊은 사이들이었다.[95] 이렇듯 강력한 개혁세력들이 포진한 의회는 왕과 맞서 런던 일대에서 의회군을 조직할 세력을 이미 형성하고 있었고 찰스의 의회에 대한 간섭으로 인해 점차 영국의 정계는 의회파와 왕당파로 극명하게 이분되고 있었다. 아일랜드에서의 종교정책, 스코틀랜드에서의 폐기법의 제정과 시행 그리

---

93) 조경래, "영국혁명기의 의회 특성에 관한 연구", 32. 폐기법이란 스코틀랜드의 귀족들에게 증여된 스코틀랜드의 교회 재산을 환수하여 왕실 재정의 부족을 메우기 위해 찰스가 제정한 법이다. 찰스 1세는 재정파탄 상태에 놓인 왕실의 재정적 궁핍을 해소하기 위해 이 법을 1626년에 최초로 공포하고 귀족들이 증여받은 교회재산에 대해 환수를 실시하였다.

94) 조경래, "영국혁명기의 의회 특성에 관한 연구", 32.

95) 조경래, "영국혁명기의 의회 특성에 관한 연구", 33.

고 잉글랜드 내에서의 무리한 징세로 인한 의회와의 잦은 충돌 등
은 내전의 정치적 원인을 형성하고 있었다.

5. 종교적 배경

1) 영국 내의 배경

영국의 종교개혁이 헨리 8세의 개인사로 시작되었다고는 하지만
그 전개 전 후에는 이미 대륙과 스코틀랜드에서 불어오기 시작한
개혁사상이 어떤 형태로든 영국교회와 왕실에 영향을 주고 있었다.
위클리프와 틴데일의 성경번역과 보급은 이미 그 토대가 되어주기
에 충분했다. 위클리프의 추종자들은 신부와 성직자들 모두를 공격
하는 교권 반대자들이었다. 그들은 종교적 관례로 되어 있던 순례와
교회에서의 우상사용에 대해 개탄했다. 이를테면 종교적 급진주의
를 이룬 이들의 사상은 영국의 종교개혁정신과 그 방향을 같이했다.
물론 이들의 사상형성에 영향을 준 것은 대륙의 개혁사상이었다. 루
터의 사상이나 공동생활 형제단 등의 활동에 영향을 받기도 했다.[96]
헨리 8세의 이혼문제로 불거진 교황청과의 결별로 시작된 영국의
종교개혁은 그런 이유로 교회에 대한 완전한 신학적 토대를 제공하
지 못했다. 이것은 대륙의 종교개혁과의 차이점인 동시에 영국종교
개혁의 특징이기도 했다.[97] 따라서 영국에서의 종교개혁은 계속해

---

96) 설영환 편역, 『유럽혁명사』, (서울: 동천사, 1984), 36.
97) 설영환 편역, 『유럽혁명사』, 35.

서 정치적인 성격으로 파장을 유발하였고 왕권의 교체와 그 왕의 가문, 출신, 종교적인 배경이 교회의 성격을 좌우하는 요소로 작용하였다. 1553년에 메리여왕은 왕좌에 오른 후 어머니 앤 볼린이 못다한 복수극이라도 펼치듯이 영국교회를 로마가톨릭으로 돌려놓고 개혁사상가나 성직자들을 박해하고 처형하였다. 뿐만 아니라 헨리 8세가 폐쇄시켰던 수도원의 회복과 교회가 소유했던 부동산소유권의 박탈도 환수하려고 노력했다. 교황은 지속적으로 메리가 프로테스탄트를 용납하지 못하도록 압력을 행사했다. 1563년에 하원의장이 엘리자베스에게 보고한 내용에 따르면 교황주의자들은 물질과 소유물 그리고 육체의 파괴뿐만 아니라 영혼의 속박까지도 자행했다. 메리가 사망한 후 앤 볼린의 딸 엘리자베스 1세가 왕위에 오르자 다시 반(反)가톨릭 정서로 돌아섰고 아버지 헨리의 정책을 계승하게 된다.[98] 1560년대에는 엘리자베스의 반가톨릭 정서가 그대로 반영이 되어 소수의 교황주의자들과 가톨릭신자만이 남아 있었고 영국 내에서 제대로 된 미사와 집회가 이루어지고 있는 상황에 대한 파악조차 어려웠다. 하지만 1570년대로 접어들면서 영국 내의 가톨릭신자 수가 점차 증가하기 시작하였고 이미 개신교측이 승리를 거두었던 독일, 헝가리, 스위스 등의 국가에 대한 예수회를 앞세운 선교 공략이 구체화되기 시작했다. 대륙에서는 트렌트 종교회의를 전후로 교황 바울 3세를 중심으로 반동종교개혁이 진행 중에 있었다. 그리고 반동종교개혁의 핵심전위대는 예수회였는데 예수회가 영국 선교를 본격적으로 시작하던 때가 바로 1580년이었다.[99] 엘리

---

98) C. Hill, *Puritanism & Revolution*, (London: Secker & Warburg, 1958), 42.

99) Patrick McGrath, *Papists and Puritans under Elizabeth 1*, (London: Blandford Press, 1967).

자베스가 반가톨릭 정서를 가지고는 있었지만 분명한 개혁사상을 수용하지 못하고 있던 와중에 로마는 영국의 선교를 위해 공격적인 전략을 세우고 본격적으로 도전하고 있었다. 그러나 엘리자베스 역시 완전한 종교개혁을 이룰 의사는 애초에 부족했다. 반가톨릭으로 선회한 것은 사실이지만 그녀가 확고히 한 것은 오히려 영국의 국교주의였다. 특히 통일령과 장식전례 등은 개혁주의자들의 반대에 부딪히게 되었고 영국국교회는 제네바도 로마도 아닌 제3의 길에서 정체성의 혼돈을 거듭하게 되었다.

이 같은 전개과정 중 제네바 등지에서 개혁사상을 접하고 온 토마스 카트라이트는 장로정치제도를 교회에 도입해야 함을 역설하며 장로파 형성에 앞장섰고 이어서 분리파, 독립파(회중파), 침례파, 수평파 등의 분파가 왕성히 활동하며 영국에서의 종교개혁의 완성을 보고자 하였다. 그러나 찰스 1세는 캔터베리 대주교인 윌리엄 로드를 앞세워 주교제도를 공고히 하고자 했고 잉글랜드는 물론 스코틀랜드까지 주교제도를 도입하도록 하였다. 이때 이미 스코틀랜드에서는 장로교제도에 의해 생겨난 자발적 교회들이 종교개혁의 완성을 향해 희망차게 전진하고 있었는데 찰스의 조치로 인하여 스코틀랜드교회는 장로제도와 주교제도를 혼합시킨 이중체제를 유지할 수밖에 없었다.[100] 찰스가 스코틀랜드에서 폐기법을 제정하고 주교제도를 도입하도록 한 배경에는 영국과 스코틀랜드의 정치와 종교를 동질화하여 통치에 유리하도록 상황을 조성하고자 하는 의도가 있었던 것이다. 하지만 이미 청교도들과 지식인들로

114.

100) 홍치모, 『스코틀랜드 종교개혁과 영국혁명』, (서울: 총신대학교 출판부, 1991), 84.

구성된 장기의회는 이러한 종교적인 상황을 방치하지 않고 각종 종교관련 법률들의 개정과 제정을 통해 혁명의 분위기를 만들어가고 있었다.

2) 대륙의 상황

영국에서의 종교개혁이 무르익을 무렵을 전후로 대륙에서는 가톨릭의 스페인과 로마를 중심으로 한 '반동종교개혁'이 전개되었다. 개신교도들의 활동을 저지하기 위해 대내외적으로 전개시켰던 프로테스탄트에 대한 탄압과 가톨릭 교세확장이 목적이었던 이 운동은 일반적으로 트렌트 종교회의(1545~1563)를 전후하여 활발하게 전개되었다고 보는데 로마교회는 이 회의를 통해 그때까지 지도상에서 프로테스탄트교회에 상실했던 지역들을 만회하는 데 목표를 두었다.[101] 물론 가톨릭의 반동종교개혁의 내용 중에는 가톨릭 자체 내의 정화와 교리의 정비라고 하는 부분도 있었던 것은 사실이다. 그러나 개혁전반에 걸쳐 가톨릭 중심부로부터의 진정한 개혁이 진행된 예는 거의 찾아보기 힘들다. 이 기간 중의 교황 중 한 사람이었던 바울 3세(Paul 3)는 교황청 내에 새로운 재판국을 설치하여 프로테스탄트에 대한 압박수단을 마련했고 트렌트 종교회의 이후로는 이 운동의 주도권이 스페인 쪽으로 넘어가 그곳의 예수회(Jesuit) 일파의 개신교에 대한 무차별 탄압으로 전개되었다. 그들은 또한 중남미와 미국에 대한 선교 쪽에도 눈을 돌려 강력한 가톨

---

101) 홍치모, "敎皇 바울 Ⅲ와 反動宗敎改革", 『신학지남』, (1995년 가을호): 123.

릭국가를 세우는 일에 열을 올리게 된다. 이러한 이른바 스페인 모델(Spanish Model)은 다양한 측면에서 프로테스탄트에 대해 공격적인 자세를 취하였다.[102] 가톨릭 내에서 잘못을 범한 자들에 대한 일반적인 가르침을 보더라도 종교개혁이라고 하는 깃발 아래 모인 가톨릭 이단아들은 용납될 수 없었다. 베네딕트 수도회 규칙을 보면 성당 내에서 잘못을 범한 자들은 그것이 시편의 응송이나 후렴 혹은 독서를 잘못한 것이라 할지라도 당장 모든 이들 앞에서 겸손히 보속하지 않으면 더 큰 처벌을 받도록 되어 있다.[103] 게다가 스페인을 중심으로 가톨릭의 재건과 아메리카 지역의 선교를 목표로 결성된 예수회의 강압적인 프로테스탄트에 대한 탄압으로 가톨릭의 반동종교개혁은 그 절정을 이루었다. 루터가 로마와 충돌하기 한 세대 전부터 스페인을 중심으로 이미 여왕 이사벨라(Isabela)와 추기경 프란시스코 히메네스 데 치스네로스(Francisco Jimenez de Cisneros)가 강력한 개혁운동을 일으킨 바가 있었다. 이 운동은 교구 성직자의 도덕과 교육의 향상, 수도원의 개혁, 기독교 인문주의의 원리에 입각한 성경연구 그리고 흔들림 없는 이단에 대한 억압이었다. 예수회는 이러한 개혁운동의 산물로 역사에 등장했고 후에 이탈리아에서 불게 된 가톨릭 개혁운동과 반-프로테스탄트운동의 중심역할을 하게 된다. 1539년 봄, 이그나티우스 로욜라(Ignatius Loyola, 1491~1556)는 예수회를 공식적으로 발족시켰고 예수회 회원들은 문맹자들의 교육, 대중 설교자, 병원 원목으로의 헌신을 다짐하였을 뿐 아니라 교황에 대한 절대적인 순종도 서약했다. 이

---

102) 홍치모, "敎皇 바울 III와 反動宗敎改革", 137-138.
103) Benedict, 『수도규칙』, 이형우 역주, (왜관: 분도출판사, 1991), 179.

어 교황 바울 3세는 1540년, '교회의 전투부대(Regimini Militantis Ecclesiae)'라는 이름을 부여하고 예수회를 승인했다. 이후 예수회는 순종해야 할 머리로서, 교황이 가라고 하는 곳에 가서 그 명령에 순명하는 전통을 수립하게 된다.104) 이렇게 해서 교황 바울 3세와 그 시기에 발생했던 반동종교개혁의 핵심에 예수회가 서게 되었다. 예수회의 영향력은 그 이후로도 이탈리아, 포르투갈, 독일, 프랑스 등지로 번지며 본격적인 프로테스탄트 저지에 나서게 되었고 이윽고 1580년에 이르러서는 영국에 대한 예수회의 선교도 시작되었으나 엘리자베스의 탄압으로 큰 진전은 보지 못했다. 파리에서는 프랑스 칼뱅주의자들이었던 위그노에 대한 가톨릭의 압박이 있었고 네덜란드에서는 칼뱅주의자 오렌지공의 힘을 얻은 프로테스탄트들의 개혁이 본격적으로 전개되어 트렌트 종교회의 이후로 가해진 박해에 맞서 싸웠다. 프랑스와 네덜란드의 프로테스탄트는 공히 장로교체제를 받아들였다.105) 프랑스의 위그노들의 계속된 저항으로 1598년에는 낭트 칙령이 발표되어 위그노들에게도 모든 공직이 개방되고 파리, 랭스, 투로즈, 리용, 디종을 제외하고는 1597년 이전의 공중예배가 허용되었다. 낭트 칙령 이후 위그노는 최고의 번성기를 맞이했으나 1628년부터 왕 루이 13세(1610~1643)와 추기경 리셜리(Richelieu)와 이 껄끄러운 관계를 배경으로 이듬해인 1629년엔, 낭트 칙령을 무효화하는 니므이 칙령(Edict of Nimes)이 발표되어

---

104) Williston Walker, *A History of the Christian Church*, 376-377. 예수회의 모든 활동이 반동종교개혁에 치중되었던 것은 아니다. 그들이 반동종교개혁에 앞장서서 16세기 중반부터는 그 부분에서 선두 주자로 나선 것은 사실이나 남미, 중미, 북미는 물론, 인도, 말라야, 몰루카서 군도, 중국, 파라과이 등에 선교사를 파송하고 선교에 헌신하기도 했다.

105) Williston Walker, *A History of the Christian Church*, 385-388.

17세기 내내 예수회와 여타의 가톨릭 조직의 탄압의 길을 열어놓았다. 그러다가 1685년 루이 14세(1643~1715)에 이르러서는 낭트 칙령의 공식적인 폐기를 선언하기에 이르렀고 위그노에 대한 재박해가 시작되었다.106)

그런가 하면 독일에서는 1555년에 아우구스부르그 평화회의가 열려 영주들에 의한 종교선택권을 인정하고 지역 내의 종교를 자율적으로 정하도록 했다. 그러나 지역 내 주민 개개인의 종교선택 자유권은 보장되지 않아 여전히 불만족스런 결과였다. 이로 인해 체코 슬로바키아의 보헤미아 지방을 중심으로 개신교 신자들의 이른바 '프라하 창문 투척 사건'107)이 발단되어 30년전쟁(1618~1648)이 발발하였다. 30년전쟁으로 독일 곳곳에서 위그노를 대상으로 한 반동종교개혁이 전개되었고 개신교는 엄청난 타격을 받았다. 1648년 10월 27일 베스트팔렌 조약으로 전쟁은 종식되었고 각 개개인은 종교선택의 자유를 회복하기는 했지만 어느 쪽도 만족할 수 없는 결과였다. 전쟁은 독일에게 회복될 수 없는 재앙을 가져다주었다. 한 세대 동안 독일 전역은 불법을 일삼는 군대에 의해 짓밟혔으며 인구는 1,600만에서 600만 명 이하로 1,000만 명이나 줄었다. 지적생활은 침체되었고 도덕성은 땅에 떨어지고 종교는 그 기능을 상실했

---

106) Williston Walker, *A History of the Christian Church*, 388-389. 이 박해로 30만 명이 넘는 위그노들이 잉글랜드, 네덜란드, 프러시아, 미국 등에 망명을 하게 되었고 각 나라들의 종교개혁과 근대사 형성에 형향을 주게 된다.

107) 개신교 불만 귀족세력들이 황제 마티아스를 대표하는 두 명의 가톨릭 섭정을 프라하의 라드카니 성채의 높은 창문 밖으로 내동댕이친 사건으로 보헤미아는 반란을 일으켰고 전쟁이 시작되었다. 보헤미아는 루터와 장 칼뱅 이전의 종교개혁자였던 존 후스(John Huss)의 활동 지역이었으며 종교개혁이 깊숙이 전개되어 있던 지역이었다. 이 전쟁으로 보헤미아는 물론 인근 모라비아 지역까지 개신교 세력이 큰 타격을 입었으며 반동종교개혁이 거세게 일어나게 되었다. 이 전쟁에 스웨덴의 구스타푸스 아돌푸스가 독일 해안에 상륙함으로 참전하게 되었고(1630. 3) 이 구스타푸스의 전쟁 수행을 후에 크롬웰이 연구하여 자신의 혁명에 참고한 것으로 보인다.

다. 종교전쟁이었지만 영적 진보나 영적인 삶 자체는 찾기 어려웠다.108) 독일을 중심으로 벌어진 30년전쟁과 함께 제네바와 폴란드 등지에서 형성된 반 삼위일체를 주장했던 소시니즘(Socinism)과 장 칼뱅의 예정론을 거부하고 예정은 타락상태의 인간에게만 해당되며 하나님의 선택과 유기의 작정은 개인의 행위에 대한 하나님의 예지에 해당한다고 주장했던 알미니안주의가 퍼져 나가기 시작했다.

한편 스위스 제네바에서 장 칼뱅과 베자는 1559년에 제네바 아카데미를 설립하여 제네바를 그리스도인 학교로 만들었으며 성경을 영어로 번역한 제네바 역본을 완결하여 영국에서 이를 출판하게 했다. 그들은 제네바를 국제적인 개신교 선교의 중심지로 만들었으며 '아직 개혁되지 않은 유럽인'들을 개혁신앙으로 변화시키고 '교황주의'와 '우상주의'에서 벗어나게 하려 했다.109) 장 칼뱅과 베자가 유럽 선교를 외치던 제네바에 녹스를 비롯한 청교도들이 300여 명이나 거주하며 칼뱅주의와 개혁주의사상을 전수받게 되고 이들 중 상당수가 영국혁명을 전후로 영국과 스코틀랜드로 돌아가 각국의 칼뱅주의와 개혁사상 전수에 영향을 주게 되었다.

3) 스코틀랜드의 배경

스코틀랜드의 종교개혁을 이끈 이는 존 녹스(John Knox, 1514～1572)이다. 존 녹스는 메리여왕의 박해를 피해 제네바로 피신해 있는 동안에 개혁사상으로 한층 무장을 강화하고 본국 스코틀랜드의

108) Williston Walker, *A History of the Christian Church*, 396.
109) Williston Walker, *A History of the Christian Church*, 381.

개혁을 완수하고자 1559년 귀국을 단행하였다. 이때는 트랜트 종교회의로 반동종교개혁이 시작된 지 4년째이고 예수회가 영국에 상륙하여 가톨릭의 재확산을 시도하기 20년 전쯤이다. 녹스는 이미 스코틀랜드에서 개혁운동을 주도하고 있었던 귀족, 시민, 농민들과 함께 에든버러(Edinbruhg)시에 집결하여 왕의 군대와 일전을 벌였다. 당시 메리여왕(Mary Queen of Scotts, 1542~1567)의 섭정으로 스코틀랜드를 통치했던 그녀의 어머니(Mary of Guise)가 왕군과 프랑스 해군의 지원을 받아 개혁군을 제압하려 했는데 그녀가 프로테스탄트 탄압의 결정적 시기로 잡은 것이 바로 1559년이었다. 섭정의 이러한 의도를 간파한 개혁세력의 간청으로 제네바로부터 귀국한 녹스는 반가톨릭 정서로 선회한 영국여왕 엘리자베스에게 도움을 청해 영국의 지원을 받는 스코틀랜드의 개혁군과 스코틀랜드 왕군을 지원하던 프랑스의 함대가 일전을 벌이는 것이 불가피하게 되었다.[110] 이 당시 스코틀랜드 군대는 불과 4,000명 정도였고 개혁파에 속한 개혁군은 기병 500명과 보병 100명에 지나지 않았다. 이 일전에서 영국전함의 도움을 받은 개혁군은 1559년 12월 13일, 왕군과 프랑스연합군을 물리치고 승리한 후 1560년 1월 27일엔 영국과 '상호방위조약'을 체결하게 되었다. 이 방위조약에 따라 영국은 10,000명의 군대를 스코틀랜드에 투입시킬 것을 약속하고 스코틀랜드 개혁파도 개혁군 9,000명을 모집하여 합세하기로 하였다. 1560년 6월 16일, 프랑스 군대는 완전히 퇴각했고 일주일 전쯤에는 프랑스와 연합으로 스코틀랜드 개혁파를 괴롭혔던 메리

---

110) 권태경, "존 녹스의 개혁사상 연구", (Ph. D. diss, 경희대학교 1995), 11.

의 어머니도 사망하였다.[111] 이로써 개혁의 안전망을 확보한 녹스의 개혁은 1561년 8월 19일 메리가 프랑스로부터 귀국하게 되면서부터 새로운 국면을 맞이하게 되었다.[112] 완고한 가톨릭신자였던 그녀는 가톨릭국가였던 프랑스에 머물다 돌아왔기에 스페인, 이탈리아 등 전통적인 유럽의 가톨릭적 세력을 바탕으로 이미 프로테스탄트 국가가 되어버린 스코틀랜드를 위협하였다.[113]

메리와 녹스는 교회개혁을 두고 대립과 갈등이 시작되었다. 존 녹스는 한 번의 가톨릭 미사를 만 명의 군사보다 더 위협적으로 여겼다. 그리고 하나님께서 가톨릭의 회귀를 추구하는 그들과의 싸움에서 승리할 힘을 주실 것이라고 믿었다.[114] 그러나 녹스는 스코틀랜드의 개혁을 온전히 보지 못하고 세상을 떠났다. 녹스의 사후 제네바에서 귀국한 앤드류 멜빌(Andrew Melville)에 의한 제2의 종교개혁이 진행되면서 스코틀랜드교회는 장로제적 교회체제로 나아가게 된다. 장로교제도의 기원은 장 칼뱅과 제네바였으므로[115] 장 칼뱅에게서 제네바에 머물며 개혁사상의 영향을 받은 이들의 장로교로의 개혁은 당연한 귀결이었다. 스코틀랜드의 종교개혁은 계약(Covenant)을 중심으로 발전해나갔다. 스코틀랜드에서의 계약사상은 멜빌이 신자들에게 하나님과의 계약을 강조한 설교를 행했던

---

111) 홍치모, 『스코틀랜드 종교개혁과 영국혁명』, (서울: 총신대학교 출판부, 1991), 11-12. 스코틀랜드와 영국은 복잡 미묘한 왕족 간 친족관계를 형성하고 있었다. 영국왕 제임스 1세는 스코틀랜드왕 제임스 6세였는데, 제임스 6세는 영국왕 제임스 1세로서 두 왕국을 하나로 통합하였다.

112) 홍치모, 『종교개혁사』, 193-194.

113) Roger A. Mason, *John Knox and the British Reformation*, (Sydney: Ashgate, 1998), 221.

114) William Croft Dickinson, edited, John Knox's History of the Reformation in Scotland, (New York: Philosophical Library, 1950), 12.

115) 심창섭, "장로교 정치제도의 기원은 무엇인가? 1", 『신학지남』, (1997 가을호): 187.

1560년 이후 본격적인 주제가 되어갔다. 스코틀랜드에서의 계약사상이란 하나님과 인간 사이의 종교적인 계약에서 발전하여 이 계약을 무시한 우상숭배와 전제적인 정치에 대처하는 저항사상으로 발전하였다. 이러한 사실은 스코틀랜드의 계약사상이 근대 저항사상과 무관하지 않은 것임을 보여준 것이다.116)

엔드류 멜빌에 의한 제2의 종교개혁은 일종의 정치규정을 담고 있는 「제1치리서」와 「제2치리서」의 발간으로 구체화되어 명실상부한 장로교주의의 기틀을 마련하게 되었다. 1592년부터 스코틀랜드 의회는 장로교제도를 인정하였으나 국왕이 여전히 감독제를 포기하지 않고 있었다. 장로제는 일반 민중들로부터 지지를 받았고 감독제는 귀족중심으로 지지를 받고 있었다. 따라서 양측의 정치적·종교적 긴장은 계속되었다. 1603년 잉글랜드의 엘리자베스 1세가 후사가 없이 죽자 스코틀랜드의 제임스 6세가 영국왕 제임스 1세가 되어 왕위를 계승함으로 두 나라의 왕권은 하나로 통합되었다. 그리고 이 제임스 1세, 즉 스코틀랜드의 제임스 6세는 영국과 스코틀랜드 양국의 정치와 종교가 하나가 되어야 한다는 통치철학을 관철시키려 했다. 그는 1618년에 「퍼스 5조례」(Perth 5 Articles)를 통과시켜 예배의 통합을 통한 스코틀랜드 장로교를 말살하려 하였다. 제임스의 사후 찰스 1세는 제임스의 이러한 통합정책을 물려받고 윌리엄 로드(William Laud)를 통해 새로운 예식서를 스코틀랜드교회에 강압적으로 적용시키려 했다. 1637년 7월 셋째 주 에든버러성의 성 자일스 교회에서 시범적으로 적용된 예배는 성공회적

---

116) 권태경, "존 녹스의 개혁사상 연구", 13.

인 예배였고 신자들은 분개했다. 이윽고 이듬해인 1638년 2월 28일, 에든버러에 있는 그레이프라이어(Greyfriars) 교회에서 스코틀랜드교회의 지도자들이 모여 하나님과의 언약을 상징한 '국가언약(National Covenant)'이라는 문서를 채택하고 서명하는 일이 있었는데 이 일이 찰스 1세에게는 큰 충격이었다.117) 같은 해 11월에는 글라스고우(Glasgow)에서 장로교총회가 개회되었는데 이 회의에서 찰스의 교회법, 예식서, 규정들을 무효화하고 감독제의 폐지를 결의했다.118) 영국에서는 의회를 중심으로 청교도들의 저항이 점점 거세어져 갔고 스코틀랜드에서는 언약도를 중심으로 언약사상에 입각한 교회의 개혁이 찰스를 압박하였다. 스코틀랜드에 잔존하던 주교들이 영국으로 피신하여 찰스를 설득하여 스코틀랜드에 대한 두 번의 전쟁을 벌이지만 이 전쟁은 두 번의 전쟁 다 언약도의 완승으로 끝나면서 이 전쟁수행을 위해 무리한 군사력을 동원하려 했던 찰스와 의회와의 관계는 걷잡을 수 없는 파국으로 치닫게 되었다. 영국에서 크롬웰을 중심으로 한 의회군과 찰스의 왕군이 싸울 때, 스코틀랜드의 장로교와 영국의 청교도 사이에 "엄숙한 동맹과 언약"(The Solemn League and Covenant)119)을 체결하고 양 진영 사이의 세를 결집함으로 찰스를 압박하게 되었다.120)

---

117) 최은수, 『언약도』, (서울: 기독신문사, 2003), 15–17. 이 언약의 내용은 교회의 머리 되신 구세주 그리스도의 왕권에 도전하는 시도들을 비판하면서, 영원하신 하나님과 그의 가장 거룩하신 말씀에 최고의 존귀와 영광을 돌리고 있다. 참으로 신실한 하나님, 교회의 이름으로 말씀의 신실한 선포, 성례의 올바른 실행, 모든 거짓 종교의 척결, 하나님께 드리는 참 예배를 방해하는 모든 이들에 대한 단호한 배척의 내용을 담고 있다.

118) 최은수, 『언약도』, 17.

119) 이 협정의 내용은 영국, 스코틀랜드, 아일랜드, 이 세 왕국의 자유와 권리를 상호 인정하는 가운데 감독제를 거부하고 장로교주의에 기초한 교리, 예식, 정치, 치리, 교리문답서를 만들어 신앙적 일치를 이루고자 하는 것이었다.

120) 최은수, 『언약도』, 18.

영국에서 혁명이 진행되는 동안 크롬웰과 찰스에게 있어서 스코
틀랜드는 혁명의 주요한 변수로 작용했다. 찰스가 스코틀랜드 개혁
군의 포로가 되기도 했었고 크롬웰의 의회군은 장로제의 정착을
조건으로 스코틀랜드와 밀약을 맺기도 했었다. 양국 왕실의 복잡한
역학관계와 더불어 양국의 청교도와 언약도 간의 관계는 영국혁명
에 막강한 영향력으로 작용하게 되었다.

6. 사회 · 경제적 배경

1) 탈봉건주의의 가속화

우선 혁명 직전의 몇 가지 영국사회의 성격을 바꾼 변화들을 보
면 의회권의 강화와 더불어 나타나게 된 왕권의 약화, 1520년부터
1640년까지 배나 증가한 인구로 인한 농업생산의 증가와 경작지의
증가, 목장개척을 위한 인클로저운동의 확대, 젠트리 계층의 증가,
전문직 종사자의 증가 등을 꼽을 수 있겠다.[121] 그러나 경제적 배
경을 단순히 영국 내의 문제들로 국한하는 것은 혁명의 상관성과
총체성을 놓고 볼 때 미흡한 면이 있다. 경제적 배경을 좀 더 거시
적으로 보아 16~18세기의 유럽 전체의 상황으로 확대해보면 우선
인구의 감소, 지속적 전쟁수행, 반란 등으로 인한 경제의 침체가 만
연되었다. 이것이 결국 국가에 대한 사회의 도전, 궁정에 대한 지방

---

121) 최은수, 『언약도』, 434-435.

의 도전으로 발전되어 혁명에 이르게 되었다. 이러한 여러 가지 위기가 경제구조적 측면에서 낡은 봉건주의 체제로부터 새로운 자본주의 경제로의 이행을 촉구했고 국내시장의 창출과 신식민제도에 의한 해외시장의 확보에 성공한 영국이 부르주아혁명의 좋은 배경을 제공했던 것이다.[122]

혁명을 앞둔 영국사회는 이미 봉건시대의 틀을 벗어나기 시작했고 왕이 군중 위에 군림하는 시스템에 대한 저항력을 충분히 갖춘 그런 사회였다. 그런 환경 속에서 찰스 1세가 추진하는 정책들에 대해 청교도들은 물론 온건한 국교도들까지도 절대왕정에 대항하는 세력으로 결집되기 시작했다.

2) 찰스의 과세정책의 위기

그런 와중에 찰스는 왕실재정의 궁핍에도 불구하고 스페인, 프랑스 등과 비록 소규모이기는 하지만 전쟁을 수행해야 하는 내우외환에 직면하게 되었다. 전비조달이 어려워진 찰스는 부유한 신하로부터 강제로 돈을 차용하고 세대주의 비용으로 개인집에 병사들을 숙식하게 했다. 그래도 돈이 부족했던 찰스는 의회를 소집하였는데 의회는 오히려 「권리청원」(Petition of Right, 1628)을 왕에게 제출하였다.[123] 찰스는 이를 승인하지 않을 수 없었다. 그런데 문제는

---

122) 나종일, "英國革命에 대한 한 視覺", 89-90.

123) 민석홍, 『서양사 개론』, 439. 이 권리청원은 영국 역사상 가장 중요한 문서 중의 하나이다. 주요내용으로는 "의회의 승인 없이 과세할 수 없다, 개인집에 병사를 숙식시킬 수 없다, 평화 시에 계엄령을 선포할 수 없다, 자의적인 구속이나 투옥을 할 수 없다" 등이었다. 이 권리청원이 의회의 결의를 거쳤다는 것 그리고 그것을 찰스가 받아들이지 않을 수 없었다는 것은 이미 절대왕정의 벼랑에 서 있었음을 의미하고 있다.

여기서부터 시작되었다. 1년 뒤 찰스는 「권리청원」의 내용을 무시하고 의회를 해산하였으며 의회의 승인 없는 과세남발, 측근에게 각종 독점권 부여, 선박세[124] 징수 등을 자행함으로 권리청원의 내용에 정면으로 도전하였다. 선박세의 경우는 찰스가 취한 징세제도 중 가장 악질적이며 강력한 반발을 초래했던 부분이었다. 특히 선박세를 선박운행이 없는 내륙의 국민에게조차 부과함으로 그 반발은 절정에 달하게 되었다. 그리고 선박세의 징세를 의회의 통과 없이 자의적으로 실시하였다는 점에서 의회와의 충돌을 피할 수 없게 되었다.[125] 세금의 자의적인 징수도 문제였거니와 이것이 사치와 낭비 등 국민들이 수긍할 수 없는 곳에 쓰이고 있는 것은 더 큰 문제였다. 이윽고 젠트리층을 중심으로 광범한 반대세력이 구축되고 강화되어갔다. 설상가상으로 수출 주 종목이었던 모직물 수출도 1620년대 이래로 타격을 받아 격감하였고 30년대에 이르러서는 농산물의 작황도 신통치 않았다.

3) 군 양병(養兵)의 문제점

당시 상황에서 왕이 동원할 수 있는 군대 역시 약군(弱軍)이었다.

---

124) 이에 따라 해당 지역민은 일정 수의 함선을 제공하거나 그에 상당하는 돈을 지불해야 했다. 그 후 찰스 1세가 이를 일반세로 부활·강화하여 내륙의 국민들에게까지 징세하려 하자 거센 반발을 불러일으켰으며 이러한 불만이 결국 혁명을 유발한 주요인이 되었다. 1629년에 의회를 해산하여 의회로부터의 수입이 중단된 찰스로서는 선박세를 재정충당 수단으로 이용할 수밖에 없었다. 1634년 10월부터 6년 동안 매년 고지서가 발부되었다. 찰스가 선박세를 상설(常設) 및 일반적인 과세로 만들려 한다는 의도를 명백히 드러내자 대중의 엄청난 불만과 반발을 일으켰고, 유명한 의회파 의원 존 햄프턴은 3번째 과세에 대해 납부를 거부했다. 그는 1637년 재무법원 앞으로 소송을 제기했고, 이 소송은 6개월을 끌었다. 결국 여러 번의 소송 끝에 1641년 장기의회의 법령으로 선박세는 불법임이 선포되었다.

125) E. L. Woodward, 『영국사 개론』, 128.

제대로 된 군대를 육성하고 군비를 조달하기 위해서는 의회의 동의와 지지가 필요했는데 이도 여의치 않았다. 1637년 이래로 윌리엄 로드가 스코틀랜드에 강제로 적용하기 시작한 기도서로 인하여 스코틀랜드에서는 잉글랜드에 대한 민중봉기가 발생하였고 이윽고 군사적 위협으로 치달았다.126) 그러나 스코틀랜드군의 위협에 대처하기 위한 찰스의 노력은 의회의 비협조로 번번이 수포로 돌아갔다. 1639년 1월 18일, 찰스는 자신의 측근 귀족들과 지지자들에게 서한을 발송하여 군사력을 확충하는 데 지원해줄 것을 요청했다. 몇 주 뒤에는 각 지역별로 일정한 숫자의 병력을 충원해줄 것을 영주의 지휘관들(Lords Lieutenant)에게 특별 요청했다. 찰스의 계획에는 20,000명의 군사가 필요했고 이를 보충하기 위한 조치들을 취하였던 것이다.127) 그러나 왕군으로 모집된 군인들은 잘 훈련된 편이 못되었다. 오합지졸은 면하였다 할지라도 당장 전투에 투입될 병사들은 많지 않았다. 예를 들어 5,000명 정도의 병사가 소집되면 그중 200명 정도만이 총을 적을 향해 쏠 수 있는 준비가 된 정도였다. 왕의 심복이었던 에드먼드 버니 경(Sir Edmund Verney)의 보고에 따르면 요크 지방의 경우 모집된 병사들은 서툴렀고 숙달되지 않았으며 전장에 투입되어 전투하기를 원치 않았다.128) 찰스는 자신이 동원하여 지휘할 수 있는 군사력에 대한 불신 그리고 외국에서 용병129)을 모병해오는 방안에 대해서도 의회로부터 재정이 지원되지

---

126) 박지향, 『영국사』, 316.

127) Trevor Royle, *The Civil War*, (London: Abacus, 2004), 84.

128) Trevor Royle, *The Civil War*, 85.

129) 찰스는 결국 28,000명의 병력을 보유하였는데 그중에는 용병도 포함되었다. 당시 용병은 독일, 노르웨이 등지에서 모집해 왔는데 아이러니하게도 이들 중 상당수는 스코틀랜드 출신이었다. 즉, 이들은 자신의 모국과 싸우기 위해 용병으로 잉글랜드군에 편입되었는데 그들에게는 단지 돈을 받고 계약에

않음으로 차단당한 좌고우면(左顧右眄)의 상황 속에서 의회와 일전을 벌여야 하는 다급한 처지 속으로 빨려 들어가고 있었다.

4) 찰스의 의회해산

이에 궁지에 몰린 찰스는 어쩔 수 없이 1640년에 의회를 소집하였는데 의회는 왕을 지원하기는커녕 그동안의 불만들을 폭발시켰다. 이에 찰스는 다시 의회를 해산하였는데 이 의회를 단기의회(Short Parliament)라고 부른다. 스코틀랜드와의 전쟁을 하기 위한 목적으로 소집한 의회가 왕의 뜻대로 움직여줄 기미를 보이지 않자 즉각 해산하게 된 것이다.[130] 그러나 같은 해 스코틀랜드와의 전투에서 패하자 10월에 다시 의회를 소집하였는데 이 의회는 1653년에 가서야 해산되어 장기의회(Long Parliment)라 불리게 되었다. 장기의회의 선거결과는 왕과 그 측근들의 세력을 크게 약화시키게 되었고 1641년에는 선박세 징수 등 부당한 과세를 폐지시키고 왕권의 특별법정을 해체시켰을 뿐 아니라 강압적인 국교회 정책, 즉 고교회(High Church) 정책을 철회하고 3년마다 의회를 정기적으로 소집할 것을 결의하였다.[131]

영국혁명의 기본적 과제 중의 하나가 바로 봉건제도의 타파에 있었다고 할 때에 앞에 언급한 세금제도 이외에도 경제활동 구조의 근본적인 개혁이 영국혁명의 경제적 원인이었다고 볼 수 있다.

의해 봉급을 지급하는 주인을 위해 싸운다고 하는 의식만이 있었다.

130) 원종천, 『청교도 언약사상: 개혁운동의 힘』, (서울: 대한기독교서회, 1999), 250.

131) 민석홍, 『서양사 개론』, 440.

1450년부터 1640년에 걸쳐 일어난 제1차 인클로저(enclosure)운동을 통해 형성된 지방 젠트리층은 혁명기에 왕당파가 아닌 진영에 서게 되었다는 것[132]은 토지소유 형태와 관련된 이들의 요구가 왕의 조치와는 상반된 입장에 있었음을 알 수 있다. 더구나 젠트리들은 그들의 출신지역 하원의원의 절반 정도를 차지했고 부도 확장되어 젠트리가 소속되어 있는 하원의 부력이 상원의 그것보다 3배나 많았다.[133] 그러므로 왕의 경제정책에 대한 분노와 불만이 혁명의 주체세력 중의 하나였던 의회를 중심으로 형성되었다는 것은 이들 젠트리층의 경제활동에 대한 불만이 고조에 달했음을 보여주는 것이다. 당시 영국의 토지는 형식상 왕의 소유였고 이 왕의 토지를 교회, 귀족, 영주들에게 분여(分與)한 형태로 경작되었다. 그리고 귀족, 영주들은 다시 이 토지를 가신들과 농민들에게 분여함으로 토지를 기축으로 계층사회가 형성되었던 것이다. 혁명을 거치면서 이 봉건적 구조와 왕, 귀족, 영주들의 토지에 대한 특권이 말살되었고 합리성 있는 형태로 전환되었다.[134]

---

132) 나종일, "지방젠트리와 영국혁명", 『역사학보』 40, (1968): 122.

133) 나종일, "지방젠트리와 영국혁명", 124. 인클로저 운동으로 젠트리가 강하게 형성되었던 Northhamptonshire의 경우, 장기의회 의원 10명 중 9명이 의회파였고, Lincolnshire 지역은 의원 9명 중 한 가문을 제외하고 모두 의회파였다. 이를 통해 볼 때 인클로저운동으로 형성된 젠트리와 의회파의 구성은 상관관계가 깊다. 다만 인클로저운동에 관련된 젠트리 출신 의원들이 모두 의회파였다고 하는 것은 아니고 젠트리 출신 중에서도 Yorkshire의 Bellayse家, Leicestershire의 Cave家 등은 의회파가 아닌 왕당파에 소속되어 활동했던 것이다. 그러나 대체로 놓고 볼 때 인클로저운동이 심했던 지역에서는 의회파의 세력이 강대하였다고 볼 수 있다. 반면에 인클로저운동에 깊이 관련되어 있기는 했지만 궁정과 밀접한 연관을 가진 의원도 있었다. 또한 왕당파에 소속되기는 했지만 온건한 왕당파로서 개혁적인 성향을 가졌던 의원도 있었다. 따라서 인클로저운동 지역=진취적 젠트리=의회파의 공식을 절대화하는 것도 무리이고 인클로저 운동약화 지역=반역적 젠트리=왕당파의 도식을 절대화하는 것도 삼가야 할 것이다.

134) 임호수, "청교도 혁명에서 거둔 성과에 대한 연구", 『호서사학』 제7집, 호서사학회, (1979): 84-85.

■■■ **제3장**

영국혁명의 전개과정

제3장
영국혁명의 전개과정

1. 혁명의 발단

영국혁명은 단 하나의 조건으로 시작되었다기보다는 종교적인 위기(Religious Crisis), 정치적인 위기(Political Crisis), 사회경제적 위기(Socioeconomic Crisis) 등이 복합적으로 작용함으로 발단되었다.[1) 혁명의 조건은 이미 무르익었고 도화선에 불만 붙이면 되는 상황에서 3년 법, 즉 3년마다 국왕이 원하지 않아도 의회가 자동적으로 소집되어야 한다는 법을 국왕이 거부한 것이 바로 그런 역할을 하게 되었다.[2) 이 3년 법에 의하면 왕이 선거를 실시하지 않더라도 때가 되면 전 회기에 참석한 의원들이 자동적으로 소집되도록 되

---

1) Harold J. Berman, *Law and Revolution*, 205.
2) 정항희, 『신문화사 개론』, 240.

어 있었다. 또한 의회의 동의 없이는 왕이 의회를 해산할 수 없도록 했고 선박세와 같은 개인적 지배를 위한 재정정책은 불법화하였다.[3] 이제 왕은 절대왕정의 거의 모든 통치의 수단들을 잃거나 통제당하는 입장에 있게 되었다. 당시 찰스를 도와 시대착오적인 절대왕정의 하수인으로 자처했던 윌리엄 로드(William Laud)와 스트래퍼드(Strafford)가 의회의 결의에 따라 파면되었다. 로드는 칼뱅주의에 극단적으로 적대감을 가지고 있었으며 고집스러웠던 데다가 개혁교회의 성직자들이 자유로운 사상을 갖고 국교의 의식과 제복에 순응하지 않는다고 하여 고등법원에서 재판을 받게 하였던 인물이었다.[4] 캔터베리 대주교였던 윌리엄 로드(1573~1645)는 혁명이 시작된 후(1645년) 처형당했고 스트래퍼드도 즉각적인(1641년) 처형[5]을 면하지 못했다. 장기의회가 열리는 도중이었던 1641년 12월 1일, 의회가 마련한 대진정서(Grand Remonstrance)가 왕에게 전달되었다. 진정서의 내용은 감독의 권한을 축소하고 의회에서 이들을 제거해줄 것에 관한 것이었다. 왕은 거절했고 이것이 의회와 국민들의 반감을 사게 되었다. 15,000명의 사람들이 감독의 간섭을 제거해달라고 하는 탄원서에 서명했다. 찰스는 1642년 1월, 국민들의 탄원을 들어주기는커녕 자신을 반대하던 의원 5명을 체포하기 위해 의회로 진입하는 무리수를 두었고 이 일로 인해 의회는 영국 전역으로부터 지지의 함성을 받게 되었을 뿐만 아니라 8월

---

3) 박지향, 『영국사』, 317.

4) 박영호, 『청교도 실천신학』, (서울: 기독교문서선교회, 2002), 85.

5) 스트래퍼드가 정치적으로 위기를 맞이한 시점은 이보다 1년쯤 전인 1640년 11월이었다. 그때 이미 스트래퍼드는 요크 지방에서 런던으로 불려왔고 하원에 의해 그의 운명은 결정될 처지에 있었다. 그를 징벌하고자 한 대표적인 인물은 John Clotorthy 경이었는데 스트래퍼드와는 이미 Londonderry 식민지에서 적대적인 입장에 섰던 자였다.

에 이르러 왕정군대와 의회군대 간의 전쟁이 발발하는 원인이 되었다.[6] 이것이 제1차 혁명이다. 1차 혁명의 도화선이 된 사건 중 하나가 아일랜드에서 발생했는데 1641년 10월 23일, 아일랜드의 가톨릭교도들이 수천 명의 잉글랜드 정착민들을 학살하는 사건이 그것이었다. 일종의 반역사건이었던 이 폭동은 잉글랜드로서는 가히 충격적인 일이었다.[7] 의회의 탄핵에 이은 스트래퍼드의 처형은 아일랜드에 만연되어 있던 가톨릭주의를 복구함으로 찰스의 입지를 공고히 하려던 그의 의도를 차단하기 위한 포석이었다. 즉, 아일랜드와 밀접한 연관이 있었던 스트래퍼드를 제거함으로 영국 내에서의 가톨릭 복귀를 막고 아일랜드에게도 경고의 메시지를 보내야 할 필요를 느꼈던 의회의 조치였다. 1640년 현재 하원의원 240명 가운데 74명만이 가톨릭이었기에 스트래퍼드의 처형과 아일랜드에 대한 진압이 가능했던 것이다.[8] 이제 왕과 의회는 아일랜드를 처벌한다는 의견에는 동의하였으나 군 지휘권을 누가 행사하도록 하느냐에 있어서는 이견이 남아 있었다. 결국 타협에 이르러 양측이 동의할 수 있는 사람들을 군 지휘관으로 임명하였지만 양측 간의 불신은 남아 있었고 이윽고 찰스가 동원한 군대가 의회에 난입하게 됨으로 혁명은 발발하게 되었던 것이다.[9] 크롬웰은 이 5명의 수배자 명단에 포함되지는 않았으나 이미 의회파 내에서 두각을 나타내며 혁명의 구심점이 되어가고 있었다. 왕의 체포를 피해 의회에

---

6) 원종천, 『청교도 언약사상: 개혁운동의 힘』, 251.

7) Trevor Royle, *The Civil War*, (London: Abacus, 2004), 133.

8) Trevor Royle, *The Civil War*, 134–135.

9) 박지향, 『영국사』, 317.

서 런던시청으로 피신했던 5명의 의원에 대해 왕은 신병을 인도할 것을 명했으나 시청 측은 이를 거부했다. 이에 격분한 찰스가 북부로 가서 군대를 소집하자 의회 측 역시 자구책으로 군대를 소집하기에 이르렀다. 찰스를 따르는 왕당파는 주로 가톨릭이나 국교도가 많았고 의회파에는 청교도가 많았다.[10] 왕당파와 의회파, 이 양대 구도로 정치세력이나 군사력이 양분되기까지는 상당한 진통과 시간이 필요했다. 각 지역의 유지들과 정치인들은 자신들이 어느 편에 서야 할 것인지에 대해 판단을 못 내린 상태에서 당혹스러워하기도 하고 자신의 가족에게 미칠 이해관계도 고려하지 않을 수 없었던 처지였다.[11] 그러나 대체로 왕당파는 후진적인 북부와 서부에서 우세하였던 반면 의회파는 동부와 남동부, 중부, 그리고 런던을 비롯한 주요도시에서 우세하였다.

2. 의회군의 승리와 찰스의 체포

아일랜드의 침략을 격퇴하기 위해서라도 군대를 누가 장악하느냐에 따라 혁명의 향배가 결정될 순간에 의회군은 1644년 7월 2일, 해군(the Royal Navy)과 스코틀랜드군의 연합군과 겨루어 마스턴 무어(Marston Moor) 전투에서 승리함으로 북부지역에 대한 찰스의

---

10) 왕당파는 귀족과 젠트리 계층이 주를 이루었고 의회파는 상인과 자작농(yeoman farmers)계층이 대부분이었다. 하지만 주 지지층과 지지지역이 구분되어 있기는 했지만 그것이 절대적이지는 않았다. 남부와 동부에서도 왕을 지지하는 소수의 왕당파가 있었고 의회 지도자들 중에도 왕당파와 못지않은 보수적인 성향을 가진 젠트리들도 있었다.

11) J. T. Cliffe, *Puritans in Conflict*, (London: Routledge, 1988), 15-16.

군에 대한 통제력을 상실케 했다. 그리고 이듬해인 1645년 6월 14일, 런던 근처의 핵심지역인 네이스비(Naseby) 전투에서 크롬웰의 지휘를 받는 의회군은 결정적인 승리를 거두게 되었다.[12] 왕당파가 동부와 남동부 및 런던 등 주요도시를 상실한 것은 경제적으로뿐만 아니라 군사상의 군수, 동원 분야에서의 실패를 가져왔다. 대부분의 세금이 런던에서 징수되고 있던 차에 왕은 세원(稅源)을 상실했고 위기 시에 동원해야 할 국내외 군사력 동원을 위한 군비조달이 막혀버렸던 것이다. 이로 인해 외국군대의 동원이 불가능해졌고 상대적으로 의회군은 유리한 고지에서 인적·재정적 자원을 보유한 채 혁명에 임할 수 있었다. 1644~1645년의 겨울 동안 크롬웰이 의회군을 재편성하고 페어펙스(Fairfax)를 사령관으로 한 신형군(New Model Army)[13]을 창설할 수 있었던 데에도 이와 같은 지원이 가능했기 때문이었다.

그 자신이 젠트리[14] 출신이었던 크롬웰에게 의회는 군대의 조직

---

12) Robert Cowley & Geoffrey Parker ed., *Military History*, (Boston : Houghton Mifflin Company, 1996), 155.

13) 신형군에 대한 평가에는 의견이 엇갈리고 있다. 크리스토퍼 힐 등의 전통적인 학자들의 견해는 신형군이 왕당파의 군대와는 다르게 엄격한 규율이 적용되었고 자유로운 토론을 통해서 전투 목적을 알게 되었고 한 걸음 한 걸음 적이 멸망할 때까지 공격하고 또 공격하는 용감한 군대였다. 따라서 의회파의 전투는 전적으로 신형군에서 조직된 대중의 규율과 단결 그리고 고도의 정치의식 때문에 승리를 얻었다는 것이다(*The English Revolution 1640*, 60). 여기에 대해서 김민제는 키슐란스키 교수의 저서(『신형군의 흥기』, *The Rise of the New Model Army*, 1979)를 근거로 신형군은 반란, 탈영 등이 끊이지 않았던 구태의연한 형태의 군대였다고 주장한다. 그리고 그들은 하나님의 도구도 아니었고 그들이 승리할 수 있었던 것도 풍부한 재정의 확보 때문이었다는 것이다. 또한 신형군은 자원자로 이루어져 있기는 하지만 강제 징집된 자들도 많았고 이념도 신앙도 없었고 천재적인 전과도 없었다고 폄하하고 있다(김민제, 영국혁명의 꿈과 현실, 283~285). 그러나 김민제 자신이 밝히고 있듯이 신형군에 대한 전문적인 연구는 아직 없는 상태이다. 그리고 키슐란스키 교수의 논지가 그동안의 의견에 비추어 예외적인 것임을 볼 때에 보다 조심스런 접근이 필요할 것이다. 그러나 토마스 칼라일은 그의 저서 『영웅의 역사』에서 올리버 크롬웰의 군대는 철기군(Ironside)으로 오직 하나님만을 두려워한, 잉글랜드 땅을 밟았던 군대 중 가장 신성한 군대라고 극찬하고 있으며 이 철기군이야말로 크롬웰의 이상과 통찰력이 녹아난 것으로 보고 있다. 철기군이 신형군의 모체가 되었다고 볼 때에 김민제의 주장이 일방적일 가능성이 높다.

과 지휘를 맡겼고 신실한 자작농으로 구성된 그의 철기군(鐵騎軍, Ironsides)은 1644년에 마스턴 무어(Marston Moor)에서 왕군을 격퇴함으로 초기에 왕당파에 밀렸던 전세를 돌려놓는 데 결정적인 역할을 하였다. 또한 철기군을 기반으로 1645년에는 신형군(New Model Army)을 조직하여 네이스비(Nasby)에서 결정적인 승리[15]를 거두었다. 전반적인 전황을 살펴보면 1642년부터 의회군에게 밀리기 시작한 왕군은 1643년에는 동부연합군에 의해 옥스퍼드 동쪽으로부터 해안까지를 공략당했고 1645년 12월이 되면 주요지역 전반을 의회군에게 내주게 된다. 1646년 12월, 의회군은 거의 전 세력을 차지하였고 왕은 코프 캐슬(Corfe Castle) 일부만 남겨놓고 모두를 의회군에게 빼앗기게 된다.[16] 전란의 와중에서 찰스는 스코틀랜드군에 피신해 있었으나 스코틀랜드군은 국교회와 주교제에 고집스런 찰스를 포기하고 장로제에 대한 호의를 얻기 위할 목적으로 40만 파운드의 돈을 받고 1647년에 왕을 의회군에게 넘겨주었다.[17] 그러나 다시 탈출하여 스코틀랜드에 피신했던 왕을 체포하기 위해 크롬웰은 스코틀랜드군을 격퇴하고 찰스를 압송했다. 전쟁

---

14) "젠트리(Gentilis homo)", 즉 "좋은 가문의 인물(혹은 부자의 차자(次子))"이라는 뜻의 이 용어로 대표되는 계층은 인클로저운동을 통해 부상한 지방지주 세력을 의미한다. 16세기에 이르러 강력한 사회계층으로 대두된 이들은 귀족으로서의 특권은 누리지 못했지만 엄연한 지배계층을 형성하며 중간 상층부를 이루었다. 젠트리 계급은 동시대의 다른 나라에서는 찾아보기 힘든 영국사의 특징적 요소이다. 최초에 이 용어는 지방지주 세력의 차자(次子)에게 붙여진 신분 호칭이었지만 이후 경제적으로 지방의 토지소유를 실현한 계층으로 의미가 전환되었다. 16세기의 인구 유동성의 기류에 힘입어 위아래 계층의 희생을 바탕으로 17세기에 이르러는 영국혁명의 주체로서 활동할 수 있었다.

15) 이 전투에서의 승리는 마지막 남은 왕군의 2개 야전부대로부터 거둔 승리라는 면에서 결정적 승리였다. 크롬웰은 이 전투에서 페어펙스경에 의해 부사령관으로 지명되어 승리를 이끔으로써 다시 한 번 의회군을 대표하는 지휘관으로 명성을 확인하게 되었다. 이듬해 의회는 크롬웰의 공로를 인정하여 연 2,500파운드의 급료를 주기로 하고 임기도 6개월 연장해주고 이후의 전투에 나서도록 배려했다.

16) Martin Gilbert, *The Routledge Atlas of British History*, (London: Routledge, 2003), 56–57.

17) 민석홍, 『서양사 개론』, 443.

에서 승리한 크롬웰의 군대는 의회를 장악했고 수많은 사람들의 피를 흘린 죄로 1649년 1월, 찰스를 참수했다.[18] 찰스의 참수에 대한 후유증은 적지 않았다. 사상 처음으로 왕정이 정지되었고 찰스를 처형할 때까지는 왕에 대한 동정이 일지 않았으나 막상 처형을 하고 보니 영국국민들의 정서상 왕이 없는 국가를 받아들이기에는 너무 이른 감이 있었다. 이런 분위기 속에서 의회파 모두와 개혁교회뿐 아니라 크롬웰에게까지도 반역자라는 비난을 하였고 왕군에 맞서 싸운 크롬웰의 군사행위는 반란으로 규정되기도 했다.

3. 찰스의 참수와 혁명세력의 분열

혁명이 순조롭게 진행된 것만은 아니었다. 의회파가 승리를 거둔 뒤 혁명세력 간 분열양상을 보였기 때문이다. 장로제를 전국적으로 실시하자는 장로파(Presbyterians)와 각 교파의 자유와 독립을 주장하는 독립파(Independants)가 그것이었다. 장로파는 사회전반적인 개혁에 크게 관심이 없었다. 게다가 급진민주주의 범람을 우려했고 국왕제를 옹호하기도 하였다. 장로파에 속한 지휘관들은 왕군 격파에 소극적이었다. 혁명의 주력군이었던 신형군의 해체를 위해 아일랜드로 파병하기도 하였다.[19] 그뿐만이 아니었다. 독립파 안에는

---

18) Robert Cowley & Geoffrey Parker ed., *Military History*, (Boston: Houghton Mifflin Company, 1996), 155. 1642년부터 1652년에 걸쳐 벌어진 영국혁명은 잉글랜드와 아일랜드 그리고 스코틀랜드 세 왕국의 싸움이었다. 이 싸움으로 의회군은 약 34,000명이 왕군은 약 50,000명이 전사했고 전쟁과 관련한 기타 사망자가 약 100,000명 정도가 발생했다. 결국 영국혁명은 약 200,000명의 희생자를 발생시켰다.

19) C. Hill, 『영국혁명 1640』, 홍치모 역, (서울: 새누리, 1998), 57-59.

급진적이고 민주적인 소상점주와 수공업자를 배경으로 하는 수평파(Levellers)[20]가 있어 군대 내의 병사들에게 침투하여 장교단과 대립하게 만들었던 것이다. 당시 장교들과 병사들은 귀족 중심의 공화제를 선호하고 있었다. 바로 이런 틈을 타서 찰스는 스코틀랜드로 피신했었다.[21] 크롬웰은 수평파를 설득하여 의회군 내부의 분열을 막고 1648년에는 왕군이나 다름없던 스코틀랜드군을 격파하여 찰스를 다시 포로로 잡아왔다. 그리고 이듬해 1월 6일, 하원에서 단독으로 「국왕재판법」을 통과시켰다. 왕을 재판하고 처형할 수 있는 법을 만든다는 자체가 모순이라고 주장하는 이들도 있다. 현대정치에서도 성공한 쿠데타는 처벌이 불가능하듯이 크롬웰과 독립파의 법률제정이 받아들여질 수밖에 없는 정치적 배경을 가지고 있었다. 그러나 그 법의 이름은 "잉글랜드의 왕 찰스 스튜어트의 재판과 판결을 위한 의회의 「고등법정설치법」(Act of the Commons of England Assembled in Parliament, for Erecting of High Court of Justice for Trying and Judging of Charles Stuart, King of England)"이었다. 이 국왕 재판법에는 재판관 135명[22]의 이름도 명기가 되어 있었는데 이들 중 군 장교도 29명이 포함되어 있었고 크롬웰도 그중 한 사람이었다. 이렇듯 급진주의자로 구성된 특별재

---

20) 수평파의 침투로 독립파 내의 파벌양상은 복잡하고 다양했다. 의회군의 장교로 3년간 복무하다 전역 후 다시 수평파를 조직하여 독립파 내의 파벌로 성장시킨 사람은 존 릴번(John Lilburne)이라는 사람이었다. 런던의 중소상공업자 사이에서 세력을 확장하고 있던 그가 그 대상으로 지목한 것이 바로 의회군이었던 것이다.

21) 민석홍, 『서양사 개론』, 443.

22) 이렇게 많은 수의 재판관의 이름을 기록하고 천명한 것은 재판을 신적 공의에 기초한 재판임을 과시하기 위한 것으로 보인다. 그러나 135명의 재판관 중 47명은 처음부터 불참하였고 8명은 처음에는 참여했으나 후에 빠졌고 나머지 80명 중 21명도 부분적으로만 참여하였다. 따라서 처음부터 재판에 참여하여 사형집행 명령에 서명한 재판관은 59명이었다.

판소, 즉 고등법정에서 찰스는 국민의 공적으로 사형을 선고받고 공개적으로 처형된 후 공화정이 수립되었다. 이로 인하여 독립파와 분열양상을 보였던 장로파에 대한 기선제압도 이루어졌다. 왜냐하면 장로파 내부에는 국교로의 회복이나 왕에 대한 화의를 주장하는 세력들이 있었기 때문이다. 장로파는 정치형태나 사회개혁 등에는 큰 관심이 없었다. 오직 영국 내 개혁교회의 형태가 장로제로 가야 한다는 것에 큰 비중을 두고 혁명에 가담하였던 것이다. 더구나 스코틀랜드가 장로주의를 거국적으로 받아들인 상황에서 찰스는 스코틀랜드와 자국 내의 장로파를 중심으로 동정을 사야 했을 뿐만 아니라 스코틀랜드로 피신하여 스스로를 보호하지 않으면 안 되었다.

왕에 대한 처형은 영국은 물론 세계사에서도 드문 일이었고 더구나 현직 왕이 반역죄로 처형된 예는 전대미문의 사건이었다. 메리여왕도 폐위되고 처형되었으나 그녀의 경우는 폐위 후 한참이 지난 후 이루어진 처형이었다. 그러나 찰스는 현직국왕을 반역죄라고 하는 새로운 개념의 죄로 사형을 선고하고 처형한 경우여서 엄격히 다르다. 즉, 왕을 향해 군대를 일으켜 전쟁을 하는 것이 반역이었던 고전적 개념이 아닌 고전적 공화주의와 입헌주의적 발상으로 국왕을 인민을 위해 봉사해야 할 한 사람의 관료로밖에 보지 않았기에 가능했던 처형이었다.[23] 그렇게 되면 찰스의 의회군에 대한 도발이야말로 반역이며 대역죄를 범하는 꼴이 되는 것이다. 다시 말해서 새로운 반역법의 관점에서 볼 때 찰스가 행한 의회군에 대

23) 김중락, "국왕 죽이기: 잉글랜드 찰스(Charles) 1세의 재판과 반역법", 『영국연구』 15, (2000년 6월): 62-63.

한 진압은 인민의 자유와 권리를 침해하는 반역적 전쟁을 일으킨 것이 되었다. 공소장에 의하면 국왕이 참전한 모든 전투는 반역적 행위였고 반역의 증거였다.[24] 찰스의 처형을 위한 고등법정은 1649년 1월 8일, 개정되었고 찰스가 출석한 출석재판은 1월 20일부터 시작되었다. 재판 초기에는 당연히 고등법정의 정당성에 대한 논쟁이 일었으나 23일부터 법정은 찰스의 도전을 일축하기 시작했고 찰스는 법정을 인정할 수 없고 재판에 협조할 수 없다는 입장을 고수했다. 24일과 25일에는 증인들을 출석시켜 이미 공소장에 밝힌 왕의 반역행위들, 즉 각종 전투에 참여했던 사실들을 확인했다. 이렇게 해서 국왕은 인민에 대해 전쟁을 수행한 것으로 여겨졌고 인민과 의회의 권한인 전쟁과 평화의 권한을 오용한 죄를 범한 것으로 드러나게 되었다.[25] 일주일 정도 걸린 재판에서 왕은 사형을 선고받았고 그가 평소에 아끼던 화이트 홀 궁전의 연회실 밖에서 처형되었다.

찰스의 처형은 유럽의 왕가에게는 여간 부담스러운 문제가 아닐 수 없었다. 그리고 이것은 공화정부부의 외교적 과제로 떠올랐다. 놀란 유럽의 왕가는 그렇다고 군사적인 원조 등으로 잉글랜드의 왕조복원을 지원하기에는 30년전쟁의 후유증이 너무 컸다.[26] 러시아와 네덜란드 그리고 스페인 등은 영국과 항상 어떤 긴장관계를 유지해오던 차라 공화정부부로서는 보안과 후속조치에 신경을 써야 했다. 우선 공화정부부는 이 참수소식이 대륙으로 넘어가지 않도록

---

24) 김중락, "국왕 죽이기: 잉글랜드 찰스(Charles) 1세의 재판과 반역법", 65.
25) 김중락, "국왕 죽이기: 잉글랜드 찰스(Charles) 1세의 재판과 반역법", 69.
26) Trevor Royle, *The Civil War*, (London: Abacus, 2004), 518.

차단하고자 했다. 최소한 알게 되더라도 지연시켜 뒤늦게 알도록 하였다. 이리하여 네덜란드에 거주하고 있던 찰스의 장남 웨일즈의 왕자(Prince of Wales)는 아버지의 처형소식을 11일이나 늦은 2월 5일에야 접할 수 있었다.[27] 왕의 참수로 인하여 영국에서의 왕당파 (Royalist)의 세력은 급격히 위축되었고 신식군대의 출현에 힘입어 세워진 새로운 왕국으로 인해 구 왕당파는 죽어 묻힌 꼴이 되었다.

왕의 참수로 인해 왕군의 세력이 급퇴하고 의회군을 중심으로 한 공화정이 준비되고 있었던 한편에서는 혁명세력의 분열이 가시적으로 나타나고 있었다. 즉, 독립파와 장로파 간의 혁명의 성격과 공화정의 출범에 대한 인식의 차가 그것이었고, 일반국민들의 왕에 대한 동정, 공위시대의 도래에 대한 막연한 불안감이 그것이었다. 이 불안감과 의견의 불일치는 혁명세력에 대한 우려로 나타날 수밖에 없었고 출범하게 될 공화정과 크롬웰에게 적잖은 부담으로 작용했다.

4. 혁명과 군대

1642년을 전후해 발생한 일련의 사건들에 대해 많은 사가들이 방대한 자료들을 연구하며 과연 폭력이나 시민전쟁의 형태로 발전되지 않고도 해결할 수 있지 않았을까 하는 논쟁이 있어 왔으나 폭력과 전쟁이라고 하는 해결책 이외의 뚜렷한 대안을 제시하지 못

---

27) Trevor Royle, *The Civil War*, 516.

하고 있다.[28] 크롬웰이 군대의 지휘관으로 나서게 된 것은 찰스의 잦은 의회 무시행위와 왕군을 통한 무력통치에 대한 반발로 의회 군이 창설된 것과 밀접한 관련이 있다. 1641년 발생한 아일랜드의 반란을 진압한다는 명분으로 왕은 1642년 1월 4일, 군대의 지휘권을 발동하여 직접 군사를 지휘하여 왕 자신이 병사를 이끌고 의회를 포위하고 그 지도자 5명의 체포를 시도하였다. 5명의 의원은 이미 런던시내로 피신한 후여서 비록 이 시도는 성공하지 못했지만 왕의 무력행사는 결과적으로 의회군의 창설에 동기를 제공한 셈이 되었다. 또한 왕이 의회에 대해 가지고 있던 의회관(議會觀)이 어떤 것이었는지가 백일하에 드러나게 된 것이다. 왕군의 의회침입으로 위기를 경험한 의회는 런던을 중심으로 의용병(義勇兵) 모집에 나섰고 의용병의 호위 속에 의회를 진행하였다. 국왕은 의회의 태도가 심상치 않자 며칠 뒤인 1월 10일 런던의 왕궁을 탈출하여 지방인 요크(York) 지역에 머물며 노팅엄(Nottingham)을 중심으로 왕군을 규합하기에 이르렀다. 동년 3월, 의회는 「민병법안」을 만들어 왕의 재가를 받지 않은 법령을 기초로 의회군을 정식으로 조직하였다. 왕도 동년 8월에 노팅엄에서 왕군의 군기를 게양함으로 영국은 이제 왕군과 의회군의 무력대결이 공식화되었다.[29] 크롬웰의 권력은 군대에 의존한바 컸다. 군대 이외에는 크롬웰에게 충성하는 확보된 집단이 없었다. 군대를 장악함으로 정치적 영향력을 얻기 전까지 크롬웰은 풍자의 대상이었거나 왕에게 대적하는 악마로 묘사되는 정도였다.[30] 크롬웰의 혁명 기반은 의회와 군대였는데 의회

---

28) Alan Marshall, *Oliver Cromwell, Soldier*, (London: Brassey, 2004), 29.
29) 조경래, "영국혁명기 의회 특성에 관한 연구", 34.

조차도 군대에 의존한 바 컸다. 그중에서도 신형군의 역할과 비중은 결정적이었다.[31] 의회군과 신형군은 왕과 왕군과 싸울 수 있었던 막강한 힘이었다. 사실상 군대를 제외하고 이들과 맞서 싸울 조직이 있을 수도 없었다. 젠트리는 무장을 하지 않았고 교회지도자들은 왕과 왕의 군대와 싸우기에는 역부족이었다. 크롬웰이 혁명을 완수하고 의회를 통해 개혁을 시도해보려 했으나 그의 뜻이 정치적 행위만으로는 구현되기 어렵다는 것을 깨닫는 것으로 만족해야 했다. 크롬웰은 지명의회(Nominated Assembly)[32]에서 의회정치를 시도해보려 했으나 이를 포기하고 1653년에는 잔부의회[33]를 해산하고 영국헌정사상 유일한 성문헌법인 「통치헌장」(Instrument of Government)[34]을 제정하여 스스로 호국경(Lord Protector)에 취임

---

30) Laura Lunger Knoppers, *Constructing Cromwell*, (Cambridge: Cambridge University Press, 2000), 10.

31) 이종은, "영국혁명의 의의 및 크롬웰의 역할", 『정치사상 연구』제2집, (2000. 4): 171.

32) 장기의회를 해산하고 공화정이 무너진 후, 이제 남은 것은 이른바 잔부의회(殘部議會, Lump Parliament)였다. 이들은 크롬웰의 개혁에는 관심이 없었고, 자기들의 권력유지에만 집착, 혁명 초기에는 크롬웰의 세력기반이기도 했던 이 잔부의회가 이제는 커다란 짐이 되고 있었다. 그러나 의회 없이 국정을 수행할 수는 없었다. 그래서 만들어낸 것이 이른바 지명의회(指名議會, Little Nominated Parliament)였다. 각 주(州)의 독립파 교회 및 군의 장교회의가 인정하는 성자(聖者)라고 불리는 사람들, 이를테면 신앙이 두텁고, 신을 두려워하며, 탐욕을 싫어하는 사람들을 추천으로 뽑아 의회를 구성하였다.

33) 이른바 찌꺼기라는 뜻의 잔부의회(殘部議會, Rump Parliament)란 공화국(Commonwealth) 시대에 장기의회 의원들 중 의회파 진영에서 받아들이기를 거부한 121명의 의원들을 제명한 후 열린 의회(1648)를 말한다. 독립파의 장교였던 프라이드(Pride) 대령은 병사를 인솔하여 장로파 의원 45명을 체포하고 78명의 등원을 저지하였으며 20여 명은 스스로 등원을 거부하였다. 이 사건을 프라이드의 숙청(Pride's Purge)이라고 하는데 이로 인해 의회 내의 장로파 의원이 일소되고 독립파로 구성된 60명 미만의 의원이 의회를 움직였다. 이때의 의회를 찌꺼기만이 남은 의회라고 해서 잔부의회라고 붙이게 되었다. 제거 대상은 크롬웰의 군대가 실권을 가진 상태에서 남아 있던 약 백여 명의 급진파 의원들이었다. 이 잔부의회는 크롬웰 사후 군사령관이었던 뭉크 장군에 의해 재소집되어 찰스 1세의 장남을 왕으로 추대케 하여 1660년 찰스 2세(1660~1685)는 국민의 환호 속에 프랑스에서 귀국하여 왕정복고가 이루어지게 된다. 찰스 2세는 절대왕정의 회복을 꾀하며 국교를 복구하고 청교도들을 탄압하는 정책으로 또다시 영국을 국교도의 국가로 되돌려놓는 정책을 채택하기에 이른다.

34) 이 헌장에 의하면 호국경 밑에 3년마다 선거로 구성되는 의회가 있고 20명 정도로 구성되는 국무회의도 있었으나 호국경 정치(혹은 호민관정치, Protectorate)는 군대를 배경으로 하는 독재정치였다.

하였다. 호국경이 된 후 크롬웰은 의회를 두 번 소집했으나 호국경에 대한 반감이 일고 충성하지 않자 첫 번째 소집했던 의회를 해산하고 100여 명의 의원들을 축출했다. 크롬웰의 정권은 제한적 군주제 형태였고 그는 호국경이지만 실질적으로는 왕권을 행사했다. 그는 실제로 제왕의 옷을 입고 있었고 의식에는 금홀을 잡고 있었다.[35] 그리고 1655년부터는 풍기단속법[36]을 실시한다는 명분으로 소장제(少將制)를 만들어 전국에 걸쳐 군정(軍政)을 실시하였다.[37] 크롬웰의 군대에 기반을 둔 혁명공화정부는 찰스시대에 젠트리가 거부하였던 세금보다 5배나 많은 세금을 징수할 수 있었다. 이 세금은 해군과 신형군을 강화하는 데 쓰였다.[38] 절대군주시대를 떠올리게 하는 크롬웰의 혁명정부는 소장제의 전면 실시로 그 절정을 보게 된다. 혁명도 군대에 기반을 두었고 호국경 통치도 군대에 기반을 둔 크롬웰은 의회가 왕관 받기를 청했을 때에도 이를 거부했다. 자신이 타도한 왕의 유약함보다는 신형군과 막강한 해군을 장악한 호국경이 오히려 더 강력한 권력을 행사할 수 있을 것으로 보았기 때문이다. 크롬웰의 혁명에 있어서 군대의 역할은 지대한 것이었다. 크롬웰은 의회활동이나 왕과의 대결국면에 있어서도 잘 훈련된 그의 군대 덕을 많이 보았다. 그리고 의회 내의 장로파나 군대 내의 일부 수평파 그리고 왕군의 격파와 견제에 군을 아주 효과적으로 활용했다.

---

35) E. L. Woodward, 『영국사 개론』, 141.
36) 풍기단속법의 골자는 철저한 청교도 정치의 이상을 구현하고자 했던 크롬웰이 일요일에는 극장 문을 닫고 간음, 음주, 주정, 곰과 닭의 투기, 도박 등을 금지하는 것이었다.
37) 민석홍, 『서양사 개론』, 444.
38) 이종은, "영국혁명의 의의 및 크롬웰의 역할", 163.

5. 영국혁명의 의의

1) 정치사적 의의

혁명의 결과로 영국에는 공화정이 선포되었다. 단지 공화정의 선포 정도가 아니라 국교가 폐지되었고 군주제와 귀족원, 즉 상원도 폐지되었다. 국무회의와 하원, 다시 말해서 보통원이 통치하는 전혀 새로운 공화정으로 거듭난 것이다.[39] 영국혁명은 유럽 최초의 대혁명으로 프랑스혁명보다 1세기 이상 앞선다는 의의를 가진다. 프랑스혁명기의 지롱드파나 자코뱅파, 러시아혁명기의 멘셰비키, 볼셰비키 등은 국왕처형 및 공화국 수립이라는 면에서 영국혁명의 패턴을 따랐다고 볼 수 있다.[40] 혁명 이후 프랑스, 스페인, 네덜란드, 포르투갈 등지에서는 작은 규모이기는 하지만 영국과 유사한 운동(Movement)들이 발생했다. 프랑스의 경우 1648~1653년 사이 지주귀족들을 중심으로 왕과 그 측근들에 대한 반란이었던 이른바 반왕당파였던 프롱드(Fronde)당의 반란이 일어났고 1640년에는 스페인의 동북부 지중해 연안지방인 카탈로니아(Catalonia) 지역의 지주들을 중심으로 스페인왕 필립 2세(the Philip 2)에 대한 반역도 있었다. 같은 해 포르투갈에서도 포르투갈의 귀족들에 의한 독립운동이 전개되기도 했다. 러시아와 프랑스의 대혁명 이외에도 유럽제국들에서 영국혁명을 전후로 한 크고 작은 혁명이 있었던 것이

---

39) 이종은, "영국혁명의 의의 및 크롬웰의 역할", 161.

40) C. Hill, *The English Bible and the Seventeenth-Century Revolution*, (England: Penguin, 1994), 8.

다. 그러므로 독일에서 있었던 1517년의 종교개혁과 더불어 영국 혁명은 유럽 전체의 정세변화를 가져온 유럽적 혁명이었다.[41] 다시 말해서 서양의 근대사회를 형성한 일련의 시민혁명에서 영국혁명은 처음으로 발생한 혁명이었으며 동시에 프랑스혁명을 일으키는 데 상당한 영향을 미쳤고 프랑스혁명은 러시아혁명이라는 후계자를 탄생시키게 되었다.[42] 영국혁명은 영국과 전 세계에 위대한 유산을 남겨주었다. 영국혁명에서 제시된 자유, 인권, 국민의 대표로서의 의회, 절대주의에 대한 국민적인 항거, 자연권 사상 등은 명예혁명을 통해 서양근세사를 대표하는 주요이념으로 확고히 자리 잡았다.[43] 혁명 후 크롬웰은 호국경에 취임하였으며 국가의 원수이자 행정수반으로 영국을 통치하였다. 공화정 하에서 호국경 크롬웰의 통치 기반은 「통치헌장」과 「겸손한 청원과 조언」이라는 두 헌법이었다.[44] 17세기의 영국사회는 분열과 혼란으로 인하여 강력한 지도력과 그럴만한 계층의 출현을 요구하고 있었다. 정치적 종교적 혼란기를 안정된 상태로 호전시킬 리더십을 강력히 바라고 있었다.[45] 혁명과 혁명의 결과로 진행된 명예혁명을 통해 의회는 완전히 바뀌었다. 국민주권 사상에 바탕을 둔 대의제(代議制)가 정착되었으며 왕권에 대해서 절대적으로 우월한 위치를 주장하게 되었다.

---

41) Harold J. Berman, 204. 영국혁명에 대한 명칭에 대한 논란이 있었음은 앞에서 언급한 바와 같이 다양하다. 또 하나 눈에 띄는 명칭은 '대반란(The Great Rebellion)'이다. '반란(Revolt, Rebellino)'이라고 하기에는 너무 그 의미가 컸기 때문은 아닐까 하는 해석과 함께 반란에 긍정적인 의미를 부여한 것으로도 보인다.

42) 김민제, 『영국혁명의 꿈과 현실』, 30.

43) 김민제, 『영국혁명의 꿈과 현실』, 176–177.

44) 이종은, "영국혁명의 의의 및 크롬웰의 역할", 162.

45) Alan Marshall, *Oliver Cromwell, Soldier*, 29.

왕군이 복구된 이후인 1714년이 되면 의회는 상시적으로 개회 중이었고 국가재정에 관한 완전한 통제권을 가지게 되었으며 대외정책을 포함한 행정부와 그의 활동을 견제, 통제하게 되었다.[46] 의회제도뿐만 아니라 영국정치사상 처음으로 정당의 출현도 영국혁명이 가져다준 산물이다.[47] 휘그(Whigs)당에 이어 토리(Toris)당이 출현하였고 명예혁명은 이 양당 간의 정치적 합의로 도출된 열매였다. 휘그당은 귀족, 토지소유계층, 부유한 중산층의 이익을 대변했고 토리당은 영국 국교주의자들과 지주계급을 대표했고 왕권신수설에 의해 절대군주보다 입헌군주제를 선호했다. 보수당의 이미지를 가진 토리당과 진보당의 이미지를 가진 휘그당이 양 진영을 이루는 정치적 구심점을 이루었다는 것이 영국 정치사적으로 큰 의미를 지닌다 하겠다. 혁명을 통해 영국의 정치구조는 완전히 바뀌었다. 그러나 영국 전체의 체제에 대한 변혁은 그만큼 기대에 이르지 못했다.[48] 그럼에도 불구하고 18세기 이후에 영국이 크게 발전할 수 있었던 배경은 17세기에 있었던 영국혁명에 기인하고 있다.

2) 사상적·종교적 의의

루터의 개혁과 제네바에서의 장 칼뱅의 개혁 그리고 그간 영국에서 있었던 헨리 8세의 종교개혁과 메리여왕의 박해, 범유럽적으로 종교적 평화를 모색했던 아우구스부르그 평화회의 등은 영국혁

---

46) 박지향, 『영국사』, 55.

47) Kenneth O. Morgan ed., 『옥스포드 영국사』, 영국사연구회 역, (서울: 한울아카데미), 359.

48) Alan Marshall, *Oliver Cromwell*, 29.

명의 종교적 배경을 이루었다. 특히 유럽 전체의 종교분쟁을 종식시킬 것으로 기대했던 아우구스부르그 평화회의가 기대에 못 미쳤고, 회의를 통해 맺어진 협약 자체가 영주들에게만 종교선택의 자유가 주어졌다는 측면에서 미흡하고 불만족스러웠다.[49] 더구나 선택 할 수 있는 종교가 가톨릭과 루터교로 양분된 데다가 교황 바울 4세가 가톨릭의 손해를 염두에 두고 서명을 거부함으로 유명무실한 것이 되고 말았다. 이 같은 대륙에서의 미흡한 종교개혁과 달리, 영국은 젠트리라고 하는 지방 소지주계층에 개혁주의사상이 광범위하게 확산되었고 특히 칼뱅주의와 청교도주의가 결합되면서 종교개혁과 영국혁명의 동력을 형성해갔다. 그러므로 영국혁명의 주도세력은 젠트리층의 청교도였다. 혁명을 통해 형성된 청교도주의 (Puritanism)는 이후 세계역사 발전에 크게 기여하는 하나의 이데올로기로 발전하였다. 청교도들은 자신들의 종교적 이상을 국가 전체에 확산시키려 했으며 이를 군사적으로 제도적으로 뒷받침할 수 있었던 세력들에 의해 영국혁명은 발생했고 전개되었다. 이후 발생한 프랑스혁명과 비교하여 비록 혁명의 완성도에 대해서는 평가들이 분분하고 미흡한 부분들이 있지만 장기적으로 전제왕권에 대한 의회, 즉 국민의 힘을 확인해준 계기가 되었던 것은 분명한 사실이다.[50] 청교도주의가 정치이념으로 발전한 것은 입헌민주주의로 나타났고 경제이념으로 발전한 것은 현대적 의미의 자본주의의 탄생이었다. 특히 뉴잉글랜드지방의 청교도는 근면하게 일하고 검소하게 생활함으로 잉여자본의 발생을 경험했고 이를 다시 재투자함으

---

49) Harold J. Berman, *Law and Revolution* Ⅱ, 201–202.

50) 민석홍·나종일 공저, 『서양문화사』, (서울: 서울대학교 출판부, 2005), 223.

로 부를 형성하게 되었다. 따라서 역사적으로 개개 시민들의 경제 활동을 통해 자본이 조성되고 자본시장이 형성된 것은 청교도로부터 기인하는 것으로 보고 있다.

대륙에서의 개혁주의사상이 존 녹스 등에 의해 개혁에 성공한 스코틀랜드를 통해서, 혹은 토마스 카트라이트, 토마스 크랜머 같은 프로테스탄트들에 의해 영국에서도 영향을 끼치고 있던 즈음 정치적 동기로 불거져 이윽고 교회 지배구조의 변혁이라는 예기치 않았던 사태가 청교도들에 의한 혁명이라는 뜻밖의 결과로 이어졌다. 그러나 영국의 종교개혁은 루터나 칼뱅주의 혹은 교황주의의 어느 한편에 서기보다는 국교회주의와 장로주의, 회중주의(독립파), 침례파, 수평파 등 청교도 안에서도 끊임없이 제3의 길을 모색하는 열린 종교개혁의 모습을 보여주었다. 게다가 청교도주의는 정체된 이론적 형태로서가 아니라 형체가 불분명하지만 하나의 운동성을 가진 역동적 종교개혁운동이었다는 것이 특징이다. 따라서 지금도 청교도와 영국혁명을 연구하는 학자들 사이에서는 청교도주의에 대한 정의를 확고히 내리지 않는 경향도 있다. 어떤 면에서 청교도주의는 그 정신이 너무나도 많아 있다고도 할 수 있으며 어떤 면에서는 없다고도 할 수 있다.[51] 그러나 사상이 분명히 있었기에 2세기 간 양 대륙에 걸쳐서 영향을 미쳤던 것이고 휘그사가들의 주장처럼 혁명이라고 하는 분명한 실체를 도출시켰다고 보아야 할 것이다. 따라서 영국혁명은 대륙의 개혁주의사상이 영국에 영향을 미쳐 영국의 독특한 역사와 문화 그리고 국민성이라고 하는 토양

---

51) M. M. Knappen, *Tudor Puritanism*, (Chicago: University of Chicago Press, 1965), 339.

에서 제3의 모양으로 열매를 맺었고 미국과 영국이라고 하는 양 대륙에서 꽃을 피운 종교적 사상적 운동이었다.

3) 경제적 의의

혁명주도 세력이었던 독립파 내에서 수평파(Levellers)는 '경제적 평등을 주장한다'는 의미에서 붙여진 명칭으로서 이들의 궁극적인 목표는 공화정과 민주정 그리고 경제적 평등이었다. 이들은 산업자본의 입장을 취하지 않았고 소생산자 및 농민의 입장에서 독점을 반대하였다. 아울러 담본토지보유(膽本土地保有)를 폐지하고 농민적 토지소유의 확립을 주장했다.[52] 이들의 주장은 1647년 퍼트니 논쟁을 통해 「인민협정」으로 작성됐고 의회와 군대를 통해 이를 설득하려 했다. 이들의 주장은 성인 남자의 보통선거권, 의석의 재분배, 1~2년마다 의회를 열어 입법기관이 진정한 대의기구가 되어야 한다는 점, 정부의 권한을 지방공동체로 분산할 것 등을 포함하고 있었지만 궁극적으로는 반자본주의의 관철이었고 따라서 반생산력적이었다.[53] 수평파가 혁명의 주도세력을 형성하지는 못했지만 경제의 패러다임을 변화시키려는 시도를 했다는 면에서는 평가될 만했다. 소규모 자산가들의 편에 선 경제개혁안들과 상거래 독점의 폐지, 인클로저운동으로 집중된 토지의 재개방, 등기 소작농에 대한 차지(借地)기한의 보증, 1/10세의 폐지(또한 국교회 십일조의 폐지) 등의 주장은 경제현실에 대한 도전이었다.[54] 그러나

---

52) 임호수, "청교도혁명에서 거둔 성과에 대한 연구", 『호서사학』 제7집: 78.
53) 임호수, "청교도혁명에서 거둔 성과에 대한 연구", 78.

혁명을 전후한 경제환경의 변화는 다양한 측면에서 발생하였다. 1642년에 혁명의 시작과 더불어 그 효력이 일시적으로 정지되었던 「후견재판소」(後見裁判所, Court of Wards)법[55]이 1646년에 폐지되어 1540년 이래로 상위영주권을 강력히 행사하던 왕실의 수입이 급격히 감소하고 중간영주 및 농민의 부담이 줄게 되었다.[56] 상위영주권이란 국왕이 교회, 귀족, 영주들에게 분여(分與)한 토지를 이들이 다시 가신이나 기타 하위 영주와 농민들에게 분여함으로 발생하는 수입을 확보할 수 있는 상위영주들의 권한을 말하는 것으로서 상위영주란 국왕, 귀족, 교회 등을 지칭하는 것이었다. 봉건적 토지 소유형태는 이와 같이 국왕을 비롯한 상위영주들이 또다시 가신이나 하위 영주들에게 분여하고 이를 다시 농민들에게 분여함으로 발생하는 이익을 다시 상위계층으로 상납함으로 유지되는 피라미드형 구조의 형태를 가지고 있었다. 이러한 상위영주들의 토지로 인한 수입을 보장하는 법이 「후견재판소법」이었고 영국종교개혁이 시작되기 전인 헨리 7세에 의해 이 법이 만들어짐으로 15세기 이후로 소멸해가고 있던 상위영주권 제도가 또다시 활성화되기에 이르렀던 것이다.[57] 따라서 이러한 절대왕정시대의 「후견재판소법」을 혁명기간 중에 폐지하고 왕정복고 후에도 복구를 허락하지 않았다는 것은 영국혁명의 합리적이고 근대적인 정신을 반영한 것이라고 볼 수 있다. 이밖에도 혁명기간 중 국왕과 국왕파 인사들

---

54) 민석홍·나종일, 『서양문화사』, 222-224.

55) 후에 왕정복고가 이루어 진 후 찰스 2세는 이 법의 폐지로 인해 발생한 160만 파운드에 달하는 왕실의 손실을 보전해줄 것을 의회에 요청하기도 했다. 그러나 의회는 10만 파운드의 보상으로 이 법을 유지함으로 혁명기간 중 발생한 법의 폐지를 재확인하게 되었다.

56) 임호수, "청교도혁명에서 거둔 성과에 대한 연구", 84.

57) 임호수, "청교도혁명에서 거둔 성과에 대한 연구", 86.

그리고 교회의 소유토지들을 몰수하여 매각함으로 간접적으로 봉
건사회와 그 토지소유 관계에 큰 타격을 주었다. 1643년 3월에는
교회의 토지를 몰수하기 위해 「저명한 내전 책임자의 소령(所領)
을 차압하는 조례」가 성립되었고 1646년에는 「대주교, 주교소령
(主敎所領) 매각조례」가 성립되었다. 이 양 조례의 성립에 의거 매
각된 토지대금의 총액이 242만 파운드에 달했고 하급성직자 소유
의 토지매각 대금 총액도 100만 파운드에 달했는데 이때 모든 교
회령의 토지를 일괄 매각했다. 이어서 국왕령에 관한 토지도 매각
했는데 1649년부터 1653년까지 매각한 대금이 199만 파운드였다.
한편 국왕파 인사들의 토지에 대해서는 장로파 측에서 차압 후 재
분여를 주장했고 독립파와 군에서는 몰수 후 매각하여 군의 급여
를 해결하자는 쪽으로 주장을 폈는데 국왕파 인사들 중 토지를 차
압할 대상이 1,677명에 달했으나 엄중한 차압과 몰수는 이루어지
지 않았다.[58] 한편 토지소유 관계의 변화에 기인한 농민들의 지위
향상으로 이들의 정치운동으로의 발전이 모색되었으나 독립파의
거절로 좌절되었다. 그러나 높아진 생산력과 이로 인해 지위가 향
상된 지방 중소젠트리와 요먼들의 정치권력에의 참여는 증가하게
되었다. 혁명을 통해 농민들이 봉건영주나 기생지주들의 지배를 물
리칠 기회가 제공되었다는 점은 영국 자본주의 성립에 유효하게
작용되었고 농업 개량주의적 의사개진 역시 자본주의적 노력을 대
변한 것으로 볼 수 있다.[59]

혁명으로 인해 영국의 경제구조가 완전히 바뀌지는 않았다. 이는

---

58) 임호수, "청교도혁명에서 거둔 성과에 대한 연구", 85–86.
59) 임호수, "청교도혁명에서 거둔 성과에 대한 연구", 87–88.

프랑스혁명에 버금가는 유럽적 사건이었으나 사회경제적 개혁은 미미했다. 그것은 혁명의 주도세력이 신흥시민계급이 아니라 당시의 지배층이었던 젠트리 계층이었다는 데 그 원인이 있다.[60] 그러나 어떤 면에서는 국왕과 국왕파 귀족 그리고 교회의 토지소유를 효과적으로 통제하지 못하고 각종 관련 법률을 적시에 제정하지 못했기 때문이라는 지적도 가능하다. 당시의 토지문제는 단순히 농사를 위한 것일 뿐만 아니라 양모산업(羊毛産業)의 기반이 되기도 했기 때문이다. 또한 당시 인구의 약 4분의 3이 농촌에 거주하였는데 이들 대부분이 농사나 양모산업 종사자였다. 16세기 중반에는 네덜란드 종교전쟁으로 인한 난민성격의 이민자들이 유입되어 양모산업 종사자로 투입되었고 노폭(Norfolk) 지방을 중심으로 서쪽으로 그 지경이 확대되었다. 농촌에는 석탄산업에 종사하는 인구도 있었는데 1688년, 즉 왕정복고 후 영국왕 그레고리 시대의 발표자료에 따르면 대략적으로는 농업에 4,265,000명 정도가 그리고 무역과 산업분야에 240,000명이, 상업에 246,000명 정도가 종사하였던 것으로 추산되었다.[61] 이를 다시 지역별로 분석해보면 중소도시에 87만 명 정도가, 런던시내에 53만 그리고 농촌과 벽지에 4,110,000명 정도가 거주한 것으로 파악되었다.[62]

영국혁명을 전후한 17세기 중엽 당시 영국민의 인구분포는 산업화 이전단계의 여느 유럽과 유사한 모습을 보여주고 있다. 즉, 농촌과 벽지에서 농업과 목축업에 종사하는 인구가 80% 이상에 달했

60) 민석홍 · 나종일, 『서양문화사』, 223.

61) Eduard Bernstein, *Cromwell and Communism*, (New York: Schocken Books, 1963), 13.

62) Eduard Bernstein, *Cromwell and Communism*, 12.

으며 중소도시 및 런던에 거주하며 상업과 서비스업에 종사하는 인구는 20% 이하였다. 따라서 토지문제와 이의 구조적 재분배는 사회의 존재기축을 뒤흔드는 심대한 사안이었을 것이다. 게다가 토지소유권을 확보한 젠트리 계층에 의해 시도된 혁명의 특성상 여타의 혁명과 달리 경제적 요소에 충격적인 개혁을 시도하기에는 동력이 부족했을 것으로 보인다.

■■■ **제4장**　　영국혁명의 중심으로서의
　　　　　　 청교도

1. 청교도의 정체성
2. 청교도의 분파와 성격
3. 청교도운동의 영향

제4장
영국혁명의 중심으로서의 청교도

1. 청교도의 정체성

1) 기원과 명칭

청교도의 기원을 연구하고 이에 관해 저술한 역사가는 많으나
아직도 그 결론이 분분한 것은 청교도 자체가 하나의 광범위한 신
앙운동이었으며 특정할 수 없는 사람들에 의해 전개된 성격을 가
지고 있기 때문이다. 케임브리지의 트리니티대학교 교수인 제임스
래커에 의하면 영국의 청교도운동에 대한 일반적인 견해는 메리에
의해 추방되었던 영국국교 내의 개혁파 인사들의 귀국시점인 1559
년부터 왕정복고 이후 청교도 목사들에 대한 국교회의 대대적인 추
방이 있었던 1662년 어간에 있었던 운동을 일컫는 것으로 본다.[1)]

즉, 1549년 통일령에 의해 국교회에서 축출된 사람들로 교회를 개혁하고 정화시키며 성경적인 경건한 삶을 추구했던 영국과 북미의 그리스도인들을 주축으로 발생한 교회개혁 실천운동이라고 할 수 있겠다.[2]

청교도[3]라는 용어는 프로테스탄트라는 용어가 독일에서 탄생한 배경과 같이 영국국교도 고교회파(High Church Anglicans)[4]에 의해서 청교도운동을 경멸하는 뜻으로 붙여진 것이었다.[5] 이 말은 '까다로운 사람(Precision)', '엄격한 사람(Puritan)', '장로교도(Presbyterian)' 등의 별칭이 추가되었던 것으로서 비하성 명칭이었다.[6] 국교회주의자들에게 있어서 청교도라는 명칭은 당연히 비하적인 의미로 사용되었다. 이를테면 '자칭 개혁자들(self appointed Reformer)'이라거나, '지옥불의 사람(Gehennian)', 혹은 이와 비슷한 명칭들과 더불어 '경건한 사람들'에 대한 욕설로 사용되었다. 또한 스튜어트 왕가의 통치하에서는 알미니안주의에 반대하는 신학자들을 통칭하는 표현으로도 사용되었고 1642년 혁명 발발 이후로는 장로교도라

---

1) Edward Hindson, 『청교도신학』, 박영호 역, (서울: 기독교문서선교회, 1989), 8.

2) Joel R Beeky, 『개혁주의 청교도 영성』, 김귀탁 역, (서울: 부흥과개혁사, 2009), 251.

3) 청교도에 대한 정의는 학자마다 문헌마다 약간씩 다르기는 하지만 대략 1550년경부터 1700년까지 후기 종교개혁 시대에 영국과 스코틀랜드, 그리고 미국에서의 교육을 받은 교회 지도자들과 경건한 성도들이 주도한 교회와 사회의 청결운동으로 정의할 수 있겠다. 청교도운동은 신앙운동 측면이 강하기 때문에 종교개혁운동과는 달리 신학자보다는 목회자나 설교자가 많은 역할을 하게 되고 사회적 실천성이 강조되고 있다.

4) 영국국교회의 신학적인 조류 중 하나로서 초대교회로부터 계승한 국교회 내의 가톨릭적인 전통 그리고 성직제도(부제, 사제, 주교)를 중요시함으로 고교회라 불렸다. 저교회파(Low Church, 低敎會派)는 복음주의 성격을 갖고 있기 때문에, 그리스도와의 개인적인 사귐, 믿음을 통한 구원과 성서의 하나님의 말씀으로서의 권위강조가 주요특징이다. 18세기 존 웨슬리에 의해 시작된 감리교 운동이 대표적인 성공회 내 복음주의 운동이며, 저교회파에 속한 성공회 사제로서 오늘날까지 활발하게 활동하는 인사로는 존 스토트, 제임스 패커, 앨리스터 맥글라스, 대천덕 신부 등이 있다.

5) Edward Hindson, 『청교도신학』, (서울: 기독교문서선교회, 1989), 18.

6) 박영호, 『청교도 실천신학』, (서울: 기독교문서선교회, 2002), 69.

는 말로 대치되어 사용되기도 했다.7) 청교도는 영국교회의 구성원들이었으나 로마가톨릭의 모든 체제와 영국국교회의 가톨릭주의적 잔재들을 일소하고 정화시키고자 부단하게 노력한 이들을 일컬으며 특히 인간의 신조나 대대로 물려받은 교회 전통들보다는 성경적 진리를 추구하고자 노력하였던 자들이었다.8)

1559년 이전, 영국의 개혁파 인사들은 스위스의 제네바나 화란 등지에서 장 칼뱅, 녹스 등과 교류하며 대륙의 개혁사상을 전수받고 후일을 도모하고 있었다. 이런 상황을 근거로 토마스 칼라일은 녹스를 청교도의 창시자이며 크롬웰 신앙의 대제사장으로 지목하고 있다.9) 뿐만 아니라 녹스로 인해 그의 조국 스코틀랜드와 세계가 빛을 지고 있다10)고 평한 바 있다. 로이드 존스 역시 녹스를 청교도의 창시자로 보고 있다.11) 당시 '그리스도인 학교'로 불렸던 제네바의 성 베드로교회에는 영국출신의 성직자가 300여 명 정도가 예배에 참석하여 장 칼뱅과 녹스의 개혁사상에 큰 관심을 보였다. 그리고 녹스는 1555년부터 1559년까지 4년간 이들을 돌보며 개혁주의 신앙에 대해 교육했다.12) 이들이 메리의 사후 귀국하여 헨리 8세 이후 에드워드 6세에 의해 전개되다 메리에 의해 중단되었던

---

7) Edward Hindson, 『청교도신학』, 7.

8) 윤종훈, "English Puritanism 정의와 그 근원적 배경에 관한 연구사적 고찰", 『신학지남』 (277호, 2003): 261.

9) Thomas Carlyle, 『영웅의 역사』, 박상익 역, (서울: 소나무, 1997), 230.

10) G. D Henderson, 『스코틀랜드교회사』, 홍치모・이은선 공역, (서울: 한국로고스연구원, 1991), 71.

11) M. Lloyd-Johns, 『청교도 신앙 그 기원과 계승자들』, 서문강 역, (서울: 생명의말씀사, 1994), 271.

12) 정준기, 『청교도 인물사』, (서울: 생명의 말씀사, 2001), 32. 물론 녹스 이전의 영국의 개혁파 인물이었던 틴데일을 최초의 퓨리턴으로 보는 견해도 있으나 그의 생존 당시에는 퓨리턴 이라는 용어 자체가 탄생되지 않았을 때이므로 다소 무리가 있으며 어떤 세력으로 형성되지 않았고 운동으로 발현되지도 않았기에 일반적인 견해로는 인정되지 않고 있다.

외형적 개혁의 내용을 채우려는 시도가 있었는데 이를 청교도운동의 시작으로 보는 것이다. 청교도사상의 가장 중요한 요소 중의 하나였던 계약사상의 원천도 존 녹스였다. 녹스는 장 칼뱅의 영향 아래 스코틀랜드의 종교개혁을 성취했는데 그의 정치사상은 저항과 계약사상이 주축이 되어 있었다.[13]

제임스 패커의 정리에 의하면 적어도 1564년과 1642년 사이, 그러니까 역사적 정황으로는 메리여왕의 사후로부터 영국혁명의 발발 사이에 청교도는 다음과 같은 경우에 지칭되었다. 첫째, 영국국교의 기도서 의식들과 어구일부를 꺼렸던 목회자, 두 번째, 토마스 카트라이트와 1572년에 의회에서 발의된 장로교 개혁프로그램의 지지자들, 세 번째, 반드시 비국교도들은 아니나 진지한 칼뱅주의 경건을 실행했던 목회자와 평신도, 네 번째는 도르트 종교회의(Synod of Dort)를 지지하지 않은 다른 영국국교도들에 의해 교리적 청교도라고 불렸던 그 회의를 성원한 '엄격한 칼뱅주의자'들, 다섯 번째로, 하나님의 일들과 영국 법률과 백성의 권리들에 대해 공개적으로 존중을 표시한 하원의원, 치안판사, 그리고 그 밖의 귀족들에 대해 쓰였다.[14] 그리고 내용상으로는 윌리엄 틴데일로 시작된 영국국교도와 대비되는 프로테스탄트적이며 칼뱅주의자였던 자들을 일컫는 말이다[15]

일백여 년에 걸친 영국의 청교도운동을 살필 때 여러 학자들의 공통된 그리고 일관된 전통을 꼽자면 첫째, 전능하신 하나님의 절대

13) 최선, 『존 녹스의 정치사상』, (서울: 그리심, 2008), 155.

14) James I Packer, 『청교도사상』, 박영호 역, (서울: 기독교문서선교회, 1992), 37.

15) Martin Lloyd Jones, 『청교도 신앙 그 기원과 계승자들』, 252-266.

주권을 강조하는 칼뱅주의의 절대신학을 철저히 신봉함, 둘째, 성경의 최고 권위를 인정함, 셋째, 설교를 은혜의 수단으로 굳게 믿음, 넷째, 교회의 순결을 압도적으로 열망함, 다섯째, 엄격하고 엄중한 도덕성, 여섯째, 시민의 자유를 열렬히 주장함, 일곱째, 교육을 일관성 있게 강조함 등이었다.16) 즉, 당시 영국의 종교개혁이 미진하고 가톨릭의 요소들을 계속 내포하는 개혁조치들이 이어지자 그 같은 수준의 종교개혁은 불완전한 것이며 단순히 교리를 바꾸고 거짓된 로마가톨릭 교훈을 제거하는 것만으로는 충분치 못하다고 느끼면서 종교개혁은 실제의 차원에서도 이행되어야 하며 구체화되어야 한다는 생각을 가진 사람들을 청교도라 부르게 된 것이다.17)

2) 청교도의 형성과 확산

누구를 기원자라고 할 수 없는 청교도운동의 형성은 대륙의 종교개혁과 케임브리지대학에서 강의했던 윌리엄 퍼킨스와 같은 개혁주의자들은 물론 스코틀랜드의 종교개혁을 완성시킨 존 녹스와 같은 인물들의 영향이 컸다고 할 수 있다. 특히 존 녹스의 경우 스코틀랜드의 종교개혁의 성과를 잉글랜드 교회와 사회 전반으로 확

---

16) I .D. E Thomas, 『퓨리턴의 힘은 무엇인가』, 총회 신학대학원 출판사 역, (서울: 대한예수교 장로회신학교 대학원 출판부, 1985), 7. 1. A through adherence to Calvinistic theology, underscoring the absolute sovereignity of Almighty God, 2. A recognition of the supreme authority of Scripture, 3. A passionate belief in preaching as a means of grace, 4. An overwhelming desire for church purity, 5. A strict and stingent morality, 6. A fervent advocacy of civil liberty, 7. A Consistent emphasis on education.

17) I. D. Thomas, 『퓨리턴의 힘은 무엇인가』, 253. 1564년경부터 로마가톨릭의 미신적인 요소들과 교황체제를 거부하고자 노력했던 개신교운동을 일컫는 말로 '종교개혁의 개혁'을 꾀하는 영적 청결운동이었다.

산시키기 위한 노력을 끊임없이 시도하였다. 일례로 1643년 스코틀랜드 의회를 통해 가결된 「엄숙한 동맹과 계약」이라고 하는 문서를 영국의회에 제출하였는데 이 문서는 녹스의 핵심 신학사상인 계약사상을 반영한 문서였다. 이 문서를 영국의회에 제출한 시기는 영국이 1년 전부터 혁명전쟁이 진행 중에 있었던 때였다.[18] 당시 혁명의 주도세력이 장로파와 독립파로 불리는 청교도들이었으며 그 핵심 리더 가운데 한 사람이 바로 녹스 본인으로부터 영향을 받은 크롬웰이었기 때문이다. 왕군과 대항해 싸우는 의회파와 손을 잡고 영국의 청교도와 스코틀랜드의 개혁파가 함께 연합하여 교회와 사회를 개혁하자는 정치적 의미를 내포하고 있었다.

청교도운동은 신학이나 사상에 머무르지 않고 하나의 운동으로서 평민들의 삶을 자극했다. 청교도는 종교적인 진리를 매우 아끼고 존중했으며 규율을 존중하는 사람들이었다. 그러나 전통이나 로마가톨릭적 요소들에 대해서는 신랄하게 비판했다. 특히 로마가톨릭의 예배의식에 관해 표현할 때는 그것을 미신이라는 말로 표현하기도 했다. 청교도들이 즐겨 사용했던 표현들을 보면, '개량(개혁)', '경건한', '질서 있는', '학식 있는', '솔직 담백한', '실리적인', '단순한', '근엄한', '고난 받는' 등이었다. 그들은 일에서 놀이에 이르기까지, 예배에서 대정부일에 이르기까지 그들의 활동이 합법적이기를 원했다. 순수함, 청결함, 거룩함, 진실함, 그리고 건전함이 그들이 지닌 특성 중 일부였다.[19] 그들의 이러한 삶의 태도는 일상의 삶 속에서 노동, 결혼과 성, 경제문제, 가정 등에 영향을 미쳤고

18) 권태경. "존 녹스의 개혁사상 연구" 45.
19) Leland Ryken, 『청교도-이 세상의 성자들』, 김성웅 역. (서울: 생명의말씀사, 1995), 54-55.

교회생활, 예배, 성경, 가정교육 및 교회교육, 그리고 학교교육과 사회활동 등에 폭넓게 영향을 미쳤다. 1620년경부터 청교도 이주가 시작되어 플리마우스(Plymouth) 지역에 설치된 청교도 공동체를 시작으로 미국의 뉴잉글랜드를 중심으로 끼친 영향까지를 생각한다면 청교도운동은 2세기에 걸쳐서 영국과 미국에서 지대한 역할을 한 것으로 평가된다.

3) 청교도와 성경

엘리자베스 1세 때에 발생한 이 운동은 영국국교 안에 있는 모든 비성경적 신앙과 생활을 정화하려는 동기에서부터 시작되었지만 청교도들의 유일한 운동의 기준은 언제나 하나님의 말씀과 그 말씀에 대한 복종이었다.[20] 영국의 종교개혁은 한마디로 성경에 의한 개혁운동이었고 성경에 충실한 산물이다. 영국의 개혁세력들에게 있어서 성경은 구세주 예수그리스도의 성육신과 죽으심, 그리고 부활과 재림에 관한 하나님의 말씀을 담고 있는 거룩한 경전(The Holy Scripture)이었다. 믿는 자들에게 새로운 삶을 부여하고 그리스도와 연합하게 하는 믿음의 근원이 바로 성경이었다. 성경으로 인해 우리의 믿음을 유지하기 위해 주교의 힘을 빌리거나 가톨릭교회의 인간 중보자와 사제의 중보행위, 즉 그리스도와 인간 사이를 벌려놓는 고해성사가 필요 없게 되었다. 성경에 의한 개혁이 인간 개개인을 새롭게 탄생시켰고 교회를 재탄생(regeneration)시켰

---

20) 김홍기, 『종교개혁사』, 436.

다.21) 영국의 모든 종교개혁의 역사의 중심에는 왕이나 교황이 아닌 성경이 있었다.22) 청교도들에 의하면 성경이 인정하는 것이 아니면 그 어떤 것도 교회 안에서 용납되어서는 안 되었다.23) 청교도들은 개인적인 믿음보다는 사회적인 합의를 따라야 했으며 미신적인 관습이 아닌 성경적인 교리에 충실해야 했다. 그러므로 교회를 그들은 모든 세례받은 영국국민들의 집합체가 아닌 성경말씀을 중심으로 모인 소수의 선택된 자들의 부름 받은 모임이라고 생각했다.24) 청교도 설교가들의 설교에는 5~10개의 성경구절이 인용되었고 12곳 정도의 성경본문에 대한 언급이 포함되어 있었다. 청교도 설교가들은 수백 개에 달하는 성경구절을 암송했고 어떤 경우에 어떤 성경을 인용해야 하는지를 알고 있었다. 청교도들은 성경대로 살고 성경을 호흡함으로써 말씀에 동반되어 있던 성령의 능력을 맛보았다.25)

1524년 윌리엄 틴데일은 당시로서는 감독의 승인 없이는 할 수 없었던 성경의 번역과 출간을 주도했던 인물이었다. 그는 왕의 승낙 없이 독일로 가서 루터 등의 도움을 얻어 성경을 번역하고 출간하는 위대한 일을 마무리 지었고 이것은 왕과 종교 당국자들에게 큰 비난을 살만한 일이었다. 그러나 당시 대륙에서 일고 있던 개혁의 구호였던 '오직 믿음으로', '오직 성경으로', '오직 하나님의 은

---

21) J. H Merle d'Aubigne, S. M. Houghton, ed., *The Reformation in England* vol. 1, (Carlisle: The Banner of Truth Trust, 1985), 143.

22) J. H Merle d'Aubigne, S. M. Houghton, ed., *The Reformation in England* vol. 1, 349.

23) I. D. E Thomas, 『퓨리턴의 힘은 무엇인가』, 23.

24) 김재성, 『개혁신학의 광맥』, (서울: 이레서원, 2001), 386–387.

25) Joel R Beeky, 『개혁주의 청교도 영성』, 253.

혜로(sola fiede, sola scriptura, sola gratia)'의 구호를 외면할 수도 거부할 수도 없었다. 청교도의 마음 중심에는 절대적으로 권위 있는 성경이 자로 잡고 있었다. 종교개혁의 위대한 변혁은 하나님의 말씀을 성직자의 속박으로부터 해방시켰다는 것이다. 당시 캔터베리 대주교로 임명되어 영국의 종교개혁을 주도했던 토마스 크랜머는 "이 책은 가장 값비싼 진주요, 지구사(史)에 남아 있는 가장 거룩한 유물, 즉 하나님의 말씀이다"라고 외쳤다.26)

또한 종교개혁 당시 뛰어난 청교도였던 존 주엘(John Jewel, 1522~1571)은 영국국교회의 주교로서 청교도 신앙을 표명했던 인물인데 그가 에드워드 6세의 종교개혁 당시 학생들에게 성경의 개혁원리를 가르쳤고 평생 개혁신앙의 변호를 위해 자신을 바쳤다. 그가 개혁신앙의 원리 중 가장 강조한 것이 바로 성경이었다. 그에게 있어서 성경은 바로 '하나님의 말씀'이었다.27) 주엘은 이렇게 고백했다.

> "하나님의 뜻은 참되고 평이하며 하나님의 말씀이 내놓은 권위와 위엄을 단순하게 보여준다. 그러므로 우리는 말씀으로 인해 이익을 얻으며 말씀이 얼마나 필요한 것인지 성경은 잘 가르쳐주고 있다. 또한 즐거움과 환희를 성경 안에서 발견하며, 어둡고 의문 나는 점을 쉽고 평이하게 이해하도록 해준다. 우리가 말씀의 권위와 위엄을 생각할 때, 하나님은 성경으로 우리에게 위로와 이익을 가져다주며 불평하지 않게 하고, 보지 못하는 눈을 뜨게 만들며 경외함과 두려움으로 듣게 하고 우리 안에 열매를 맺게 하고 결코 우리를 헛되게 만들지 않는다."28)

---

26) Edward Hindson, 『청교도신학』, 19.
27) Edward Hindson, 『청교도신학』, 53.
28) Edward Hindson, 『청교도신학』, 52-53.

후에 크롬웰의 군목이며 크롬웰을 도와 옥스퍼드대학을 개혁할 적임자로 선정되어 부총장으로 개혁작업을 진행하게 되는 존 오언도 성경의 권위를 지키는 일과 설교 사역에 심혈을 기울이며 크롬웰의 영적인 동반자로 기여했다. 크롬웰이 오언을 처음 만나게 된 것은 오언의 나이 32세, 그러니까 1649년 찰스가 처형되기 하루 전날 의회에서 설교하는 것을 본 이후였다. 그의 설교를 들은 후 크롬웰은 자신의 혁명과업에 대한 자문을 구하고 군목직을 요청한 후 스코틀랜드와 아일랜드 원정에 두 번이나 동행하게 했다.[29] 영국혁명과 이를 뒷받침한 청교도들의 면면을 살펴볼 때 영국의 종교개혁과 청교도운동 그리고 영국혁명의 기저에는 성경을 중심에 놓고 최고의 권위로 인정하는 태도들이 항상 앞서 이 모든 운동을 이끌었음을 발견하게 된다.

청교도가 전형적으로 취한 태도는 완전한 종교개혁과 이를 뒷받침할 수 있는 교리와 교훈의 제정, 그리고 전 사회적인 개혁을 추진할 구체적인 역량의 제고였다. 그리고 이 모든 것을 뒷받침하는 유일하며 동시에 최종권위를 가지는 것으로 성경을 받아들였다. 성경에 대한 믿음은 이들이 국교도, 혹은 국교도적 청교도와 대립하고 논쟁하는 기준에 있어서 항상 성경을 제시하고 있었던 것을 통해서도 알 수 있다.[30] 성경을 교회가 결정하여 집성한 책이 아니라 인류를 향한 하나님 자신의 계시로 받아들였다. 성경은 모든 권위의 완벽한 근거였다. 따라서 로마가톨릭과 동방정교회가 채택한 유사 묵시문학서들은 청교도들에 의해 완벽히 배제되었다.[31]

---

29) 송삼용, 『영성의 거장들』, (서울: 기독신문사, 2002), 95-96.
30) M Lloyd Jones, 『청교도 신앙 그 기원과 계승자들』, 255.

4) 청교도의 개혁성과

성경을 인간의 최종권위로 인정하는 청교도들은 인습적인 것을 거부하였다. 성찬에 있어서 값비싼 돌로 만들어진 제단에 나가 무릎을 꿇고 빵조각을 받들어서 먹는 제사형식을 거부했다. 성직자들은 어린아이의 이마에 십자가를 놓고 유아세례를 주는 것도 거부했다. 이교도들의 주술적 행위와 유사했기 때문이었다. 대리 부모제도도 받아들이지 않았다.[32] 성찬에 있어서도 이들은 비성경적인 전례에 해당되는 부분들을 거부하며 성경적 의미로의 회복을 주장했다.[33] 예배, 성직자들의 의복, 각종 예식, 절기 준수[34] 등에 있어서도 당시의 단순한 인습으로 교회에 유입된 것이거나 가톨릭적 잔재로 여겨지는 것들은 모두 제거했는데 이 모든 것의 기준은 바로 성경이었다.

영국국교도의 가르침과 달리 로버트 브라운(Robert Brown)이나 헨리 스미스(Henry Smyth)와 같은 분리주의적인 청교도들은 로마가톨릭적인 계급구조적인 교회제도와 미신적인 성찬예식을 성경대로 철저히 개혁할 것을 촉구했다. 이들은 교회의 순결을 유지하는

---

31) 김재성, 『개혁신학의 광맥』, 388-389.

32) 김재성, 『개혁신학의 광맥』, 389-390.

33) Horton Davis, *The Worship of the English Puritans*, 71. 당시 국교회에서 사용하던 성찬예식에 대한 모범이었던 문답 제62항 후반부의 기록에는 다음과 같이 성찬의 의미를 기록하고 있다. "The body of our Lord Jesus Christ which was given for thee, preserve thy body and soul unto everlasting life, and Take and eat this, Whither these versicles…… be the verie pure word of God, or evidently grounded upon the same", 이러한 국교도의 성찬예식의 예사에 대해 청교도들은 못마땅한 반응을 보였던 것이다.

34) 결혼미사, 성탄절 준수, 40여 가지의 로마가톨릭의 축일 준수, 100가지가 넘는 금식일 준수 등을 폐지하고 오로지 주일성수를 철저히 할 것을 주장했다.

것이 교회를 향하신 하나님의 뜻이라고 주장하고 영국국교회로부터 떠나 성경적인 교회를 세워야 한다고 주장했다.[35]

청교도가 가장 중요하게 여겼던 것 중 또 하나는 주일 성수였다. 그들은 평소에 열심히 일하고 주일에 안식하며 예배하는 것을 중시했다. 예배 시의 음악 사용에 있어서도 청교도들은 오르간 사용이나 클래식한 풍보다는 발라드풍과 영성을 강조한 음악을 추구했다.[36] 주일에 드려지는 예배는 사도행전에 등장하는 초대교회처럼 순결성, 단순성 그리고 영성을 강조하는 예배였다. 이전의 예배는 구약적인 제사의 요소를 지닌 불완전한 혹은 무의미한 예배였다. 그러나 이제 구약의 제사제도가 폐지되고 구약에 예표된 인물과 사건의 실체이신 그리스도께서 나타나셔서 십자가에 죽으심으로 단번에 율법의 모든 요구를 이루셨다. 그러므로 신약의 예배는 외형적인 장엄한 의식을 추구하는 것을 배척한다. 왜냐하면 신약의 예배는 그리스도 안에서 이루어진 대속의 사건에 근거하기 때문이다. 그럼에도 불구하고 로마가톨릭이나 그 잔재가 남아 있던 영국국교회의 예배에는 아직도 구약적인 예표와 상징을 통하여 예배드려야 한다는 주장을 펴고 있었다. 이에 대해 청교도들은 예배의 영적인 면을 무엇보다 강조했다. 성화(聖畵)나 성상(聖像)을 제거하고 오르간 사용을 금지하고 성화를 통한 설교가 아닌 성경에 근거한 설교가 시행되었다.[37] 청교도들의 예배는 큰 테두리에서 볼 때, 대륙에서 있었던 개혁교회들의 예배모범을 그대로 따르고 있었고 특히 제

---

35) 오덕교, 『청교도와 교회개혁』, (수원: 합동신학대학원 출판부, 2001), 219-221.

36) 김재성, 『개혁신학의 광맥』, 391.

37) 오덕교, 『청교도와 교회개혁』, 233-235.

네바의 모델이 영향을 미쳤다. 그들은 예배모범을 정립하는 데 있어서 칼뱅, 루터, 멜랑히톤, 베자, 녹스 등을 언급하고 그들의 권위를 존중했다는 측면에서도 개혁교회의 영향을 받은바 크다 하겠다.[38] 물론, 영국 내에서 이러한 예배의 구축으로 인한 갈등과 대립도 있었으나 청교도는 예배의 본질을 향한 발걸음을 늦추지 않았다.

2. 청교도의 분파와 성격

청교도는 운동의 양상과 방향에 따라 여러 분파로 나뉘게 된다. 특히 1640년 이후로는 청교도라는 이름 대신에 장로파, 독립파, 침례파, 재세례파, 퀘이커교도, 제5왕국파, 개간파 등으로 더 많이 불리게 된다. 이들 분파는 영국교회에 남아 있으면서 영국국교를 개혁하고 정화하려는 온건파와 영국국교에서 떠나야 한다는 급진파로 구분되는데 온건파에는 장로파와 독립파, 급진파에는 분리파와 침례파, 수평파가 속한다.[39] 이를 좀 더 자세히 살펴본다면 장로파의 경우 케임브리지대학에서 교회정치학을 강의하던 토마스 카트라이트(Thomas Cartwright, 1535~1603)에 의해 장로정치제도가 영국에 소개됨으로 형성이 시작되었다. 카트라이트는 칼뱅주의를

---

38) Horton Davis, *The Worship of the English Puritans*, (Princeton: Soli Deo Gloria, 1948), 37–38.

39) 김홍기, 『종교개혁사』, 437–438. 장로교 정치제도의 기원을 칼뱅과 부처로 잡는 것에 대해서는 논란이 있다. Robert E. H는 개혁교회의 장로정치제도는 초대교회나 성경적인 원리에서 재발견된 것으로 주장하면서 개혁자들의 전통적인 장로정치제도를 옹호했다. 즉, 부처와 칼뱅은 그들의 개혁파교회의 정치사상을 정당화시키기 위해, 성경적인 근거나 역사성을 도입한 것이 아니고 초대교회 이후에 숨겨진 성경의 장로정치제도가 재발견된 것이라는 주장이다.

영국에 소개한 인물로 이미 제네바에서 부쳐와 함께 장로정치제도를 정착시킨 바 있는 칼뱅의 영향을 크게 받았다. 칼뱅은 목자(Pastor) 외에 교회의 영원한 직분의 필요성에 대해 언급하면서 고린도전서 12:28[40]에 언급된 통치자들을 장로로 인식하고 이의 제도화를 실행했다.[41] 영국교회는 왕과 주교에 의해 다스려지는 국가교회 형태였는데 장로교회제도는 회중이 교회의 목사를 선택하며 목사는 목회의 대상이 될 한 회중을 가지고 있어야 하며 모든 목사들은 계급이 없이 동등하다는 것이다.[42] 그에 의하면 칼뱅이 말한 것처럼 감독, 장로, 목사는 신약성경에 동의어로 기록되어 있기 때문에 각 교회의 치리와 평신도 신앙훈련을 위해 평신도 장로를 세워야 한다는 것이었다. 그리고 목사의 선택이 회중들에 의해서 결정되어야지 영국국교회의 감독이 임명할 수는 없다는 것이다.[43] 카트라이트에 의하면 교회의 부패도 성직의 계급제도에서 오는 것이다. 그러므로 교회는 사도행전에서 보여주고 있는 바와 같이 조직이 축소되어야 한다고 주장하며 장로교 정치의 실현을 촉구하였다. 그가 제시한 당시 교회의 핵심문제와 장로교 정치의 도입 타당성에 대한 주장을 보면, 첫째, 대주교 및 감독제의 명칭과 기능은 성경에 기초하지 않았기에 폐지되어야 한다. 둘째, 교회의 직책은 신약의 모델을 따라 감독과 장로는 설교를 집사는 구제를 해야 한다. 셋째, 모든 교회는 집사와 장로들에 의해 다스려져야 한다. 넷째,

---

40) "하나님이 교회 중에 몇을 세우셨으니 첫째는 사도요, 둘째는 선지자요, 셋째는 교사요, 그다음은 능력을 행하는 자요, 그다음은 병 고치는 은사와 서로 돕는 것과 다스리는 것과 각종 방언을 말하는 것이라."

41) 심창섭, "장로교 정치제도의 기원은 무엇인가?", 『신학지남』, (1997 여름호): 86.

42) 원종천, 『청교도 언약사상—개혁운동의 힘』, (서울: 대한기독교서회, 1999), 132.

43) 김홍기, 『종교개혁사』, 438.

목사는 하나의 교회만 섬겨야 하고 높은 직책을 받으려고 정치를 해서는 안 된다. 다섯째, 교회의 직분은 국가가 아닌 회중에 의해서 공개적이고 공평한 선거에 의해서 선출되어야 한다는 것이었다.[44] 이것은 당시 청교도들에게 큰 반향을 일으켰고 제네바의 영향을 받은 많은 그리스도인들이 동조하기에 충분한 주장이었다. 영국교회는 왕 밑에 대주교(Archbishop), 다시 대주교 밑에 감독(Bishop)이 교회를 다스리며 성직을 임명하던 체제였고 왕으로부터 시작하여 성직자와 일반신자에 이르기까지 완전한 계급주의 정치체제였다.[45] 이러한 체제하에 있는 신자들, 특히 청교도들에게 장로 정치체제는 하나의 돌파구와 같은 것이었다. 그러나 카트라이트의 주장은 감독들에 의해 거부되었고 1570년엔 존 위트기프트(John whitgift) 감독에 의해 케임브리지 강단에서 축출되었다. 그러나 그의 장로 정치사상은 계속해서 분리파와 독립파에 영향을 끼치게 되었다.

분리파(Separatists)는 엘리자베스여왕과 감독이 지배하는 국가교회 혹은 감독교회로 남아 있는 영국국교회를 인정하지 않았던 무리들을 일컫는다. 영국국교회와 교회를 장악하고 있는 영국정부의 체제하에서는 어떤 식의 개혁도 불가능하다고 생각하는 자들이었다. 이들은 로마가톨릭이나 영국국교회를 구분할 필요를 느끼지 못했다. 분리파 성도들에게 있어서 영국국교회나 로마가톨릭은 교회로 인정받을 수 없었다.[46] 그들은 완전히 새로운 교회를 시작해야

---

44) 박영호, 『청교도 실천신학』, 102. 카트라이트의 이 주장은 그가 봉직했던 케임브리지대학의 요청으로 당시 교회개혁의 핵심이슈와 더불어 장로교제도의 도입에 대한 당위성을 담고 있다. 그는 이 조항을 발표한 후, 1570년 12월 교수직에서 해임되었다.

45) 원종천, 『청교도 언약사상—개혁운동의 힘』, 132.

한다고 생각했다. 당시 회중들은 자신의 자발적인 의사나 신앙과는 무관하게 교회와 정부에 의하여 교회의 일원이 되었다. 계급체제하에서 상부(감독과 왕)의 눈치를 보고 있는 성직자들도 안일하고 부패하여 하나님의 말씀을 제대로 공급하지 못했다.[47) 이러한 영국국교회에 대한 반발로 분리파 교회가 형성되었던 것이다.

로버트 브라운 목사(Robert Brown)[48)가 이끈 분리파 교회의 원동력은 하나님과의 그의 백성들이 맺은 영적인 언약사상이었다. 개인이 하나님과 맺는 언약으로부터 출발하여 교회가 공동체로 맺은 교회 언약사상으로 발전한 언약사상이 교회의 정체성을 분명히 하게 만들었다. 이 언약사상은 분리파 교회의 특징적인 신앙노선이었으며 아울러 독립파 교회에서 수용되어졌고 이윽고는 신대륙인 뉴잉글랜드 지역에서 꽃을 피우게 되었다.[49) 그러나 분리파 교회가 결과적으로 영국의 종교개혁에서 승리의 열매를 맺지는 못했다. 튜더 왕조나 스튜어트 왕조로부터의 분리로 비쳐진 분리파 교회의 노선의 한계였다. 결국 분리파를 주장했던 브라운조차도 후에는 자신의 주장을 철회하고 영국국교회의 목사로 봉직하게 되었다.[50)

독립파[51)란 회중파(Independents, Congregations)라고도 하는데 교

---

46) 원종천, 『청교도 언약사상-개혁운동의 힘』, 138.

47) 원종천, 『청교도 언약사상-개혁운동의 힘』, 146-147.

48) 그는 1579부터 케임브리지에서 분리주의 경향의 설교를 했고 아울러 영국국교회의 감독제도에 대해 비판했다. 이로 인해 캔터베리 대주교로부터 설교권 박탈에 대한 경고를 받기도 했다. 1581년에는 브라운 목사를 중심으로 40명의 회중이 모여 교회를 형성했는데 국교제도하에서 이러한 임의적 교회는 불법이었다. 이를 안 감독과 주교들은 분노했고 브라운은 여러 번의 투옥을 경험하게 되었다. 그럼에도 불구하고 분리파 교회는 계속 그 형태를 공고히 해나가는 가운데 영국국교회의 감독제도하에서는 볼 수 없는 생동감 있고 능동적이면서도 거룩하고 질서 있는 모습의 교회를 추구했다.

49) 원종천, 『청교도 언약사상-개혁운동의 힘』, 138-147.

50) Lloyd Jones, 『청교도신앙 그 기원과 계승자들』, 159-160.

51) 독립파 내에도 장로직을 가진 사람이 다수 있었고 독립파라고 장로파의 사상적 기초가 된 칼뱅주의를

회의 구성과 운영에 있어서 영국교회와 달리 회중을 중심으로 완전한 독립을 추구한다는 것이었다. 1599년경부터 헨리 제이콥에 의해 시작된 분파인데 분리파와 다른 점은 영국국교회와의 완전한 분리가 아닌 형제교회를 유지하며 독립적인 운영을 추구한다는 것이었다. 즉, 영국국교회를 교회로 인정하지 않았을 뿐만 아니라 로마가톨릭과 동일한 차원에서 보았던 분리파와 달리 영국국교회를 인정하고 더 나아가 영국국교회에 모든 교회 상납금과 시민 상납금을 바칠 것을 서약했다. 이를 어기는 자는 국법과 교회법에 의해 치리를 받아야 할 것도 천명했다. 다만 교회가 교회에 속한 회중의 신앙양심에 따라 목사, 장로, 집사직을 두고 그들로 하여금 독립적으로 교회를 다스리겠다는 것이었다. 다시 말해서 분리파와 달리 독립파는 영국국교회도 교회로 보았으며 따라서 국교회의 권위에 극심하게 도전하는 분파운동은 아니었다.[52]

장로파의 경우 교회, 노회, 대회, 총회로 상승되는 통제구조를 가지고 있는바, 이런 것들을 용인하지 않고 회중과 정부로만 통제구조를 설정한 것이 회중교회, 즉 독립파 교회의 특징이다. 독립파 교회와 이에 속한 인사들이 크롬웰의 지지기반이 되어주었고 왕군과

배척하지 않았다. 독립파와 장로파 모두 칼뱅주의를 받아들였다. 다만, 개체교회의 특성을 존중하는 차원에서 전국적인 기구들, 이를테면 노회(Presbytery), 대회(Synod) 그리고 총회(General Assembly) 등을 부인하였던 것이다. 후에 독립파는 군대 내의 수평파와 결합되어 급진 세력화하여 2차 혁명의 중추세력으로 재등장한다. Tawney, Hexter, George Yule, Kaplan 등 영국사에 관련된 학자들이 1950년대부터 영국혁명의 주체세력들, 특히 독립파에 대한 의원들의 구성을 연구하고 상호 비교, 비판한 바 있다. 장로파 내의 독립파적 의원, 독립파 의원의 출신 州에 대한 연구, 장기의회가 해산된 후 잔부의회 의원들의 장로파와 독립파의 의원별 인원분석 등도 있었다. 그러나 사료의 부족함, 혹은 불명확함으로 인해 여전히 논쟁 중이고 확실한 결론이 나지 않은 상태이다. 다만, 독립파 내에서도 장로파적 독립파, 즉 우파로 불리는 이들은 주화파(主和派)로 분류되었고 좌파는 主戰派로 그리고 중도파가 있었다. 주화파는 입헌군주제도 좋다는 입장이었던 반면에 주전파는 공화제를 주장함으로 독립파 내에서도 복잡한 양상을 보였다.

52) 원종천, 『청교도 언약사상—개혁운동의 힘』, 156–157.

의 전투에서나 의회 내에서 장로파와의 대결을 벌일 때에도 그의 권력의 기저 역할을 해주었다. 1653년 지명의회의 구성과 통치헌장의 제정, 공화정의 선포 등의 일련의 혁명과정에 있어서 좌측의 수평파와 우측의 장로파 사이에서 혁명의 주체세력으로 기능한 세력이 바로 독립파였던 것이다.

성경의 권위에 관한 문제가 종교개혁세력과 로마가톨릭 사이에 극명하게 대립되었던 신학적 요소였다면 신자의 세례에 관한 문제는 재세례파[53]와 종교개혁세력 사이의 민감한 논쟁거리였다.[54] 재세례파의 일파인 메노파[55]와도 밀접히 관련을 맺으며 세례를 핵심 논점으로 한 또 하나의 분파가 형성되었는데 바로 침례파였다.

침례파가 영국에서 태동하기 시작한 것은 장로파가 정치적으로 보수화되면서부터였다. 존 스미스(John Smyth: ?~1612)와 존 로빈슨(John Robinson: 1575~1625)에 의해 형성된 침례파는 교회의 참된 구성원이 되려면 반드시 신약성경에 기록된 대로 사도시대의 방법대로 침례를 받아야 한다고 주장했다. 이들은 침례는 구원의 필수수단이며 결혼 규례, 발 씻기 의식, 계약의식 등을 행함으로 장로파나 분리파 청교도와 구별 지었다.

침례파는 그 신학적 성향에 따라 특수침례파(the particular baptists)와 일반침례파(the general baptists)로 구별되는데 대략 1660년을 전

---

53) 1525년 1월 21일 바람 불고 추웠던 이날 밤 10여 명의 신자들이 모여 George Blaurock 신부에 의해 집례된 세례로 재세례파가 시작되었다고 본다. 이들은 세례를 받음으로 세상과 구별되어 복음과 참신앙의 길로 들어서게 된다고 믿었으며 유아세례를 인정치 않게 되었다.

54) William R. Estep, *The Anabaptist Story*, (Grand Rapids: Ededmans Publishing Co, 1996), 201.

55) Menno Simons(1469~1561)에 의해 주창된 재세례파의 일파로 그는 화란에서 재세례파를 이끌었고 현재까지 미국 등지에 그의 사상을 따르는 자들이 집단적으로 거주하고 있는데 이들을 메노나이트(Mennonite)라고 부른다.

후로 하여 영국 전역에 약 25,000명(전체인구의 0.5%) 정도의 신자가 형성되어 있었다. 이들의 숫자는 적으나 영향력은 결코 무시할 수 없었다. 그리고 지방마다 독립교회 형태로 존재했지만 연합운동을 활발히 전개하였고 1650년에는 지방협회조직(district associations)을 결성하기도 하였다.56) 침례파 운동은 청교도운동에 있어서 재세례파와 함께 급진적인 운동의 양상을 보였고 메노나이트나 퀘이커교도의 형태로 오늘날까지도 그 명맥을 이어오고 있다.57)

수평파(the Levellers)는 영국혁명 과정에서 형성된 급진적 청교도 분파였다. 이들의 주장이 순수한 경제적 평등과 민주주의를 내세웠다는 면에서 영국의회민주주의 발전에 의미 있는 족적을 남겼다고 할 수 있다. 그러나 다른 분파와 조금 다른 점은 기독교적 테두리 안에 있기는 했지만 세속적인 성격을 지녔다는 것이다.58) 그들은 의회 내의 비판적 소수집단으로 머물면서 「진정한 군대의 진술」(The Case of the Army Truly Stated: 1647.10.15),59) 「인민협정」(An Agreement of the People),60) 「1648년의 청원서」(The petition of

---

56) 임희완, 『청교도, 삶·운동·사상』, 120-121.

57) 미국 펜실베이니아주 스트라스부르그에 있는 아미쉬 마을(Amish Village)이 바로 유럽에서 이주해온 침례파의 후예들이 살고 있는 공동체이다. 아직도 그들은 300년 전과 같은 의복과 전통뿐 아니라 예배형태 교회운영을 유지하고 있으며 전기와 동력 등을 거부하는 탈문명적인 삶을 살고 있기는 하지만 국가와 납세를 거부하였던 재세례파와는 달리 국가와 납세를 인정하여 납세에 적극적이다. 그러나 모든 전쟁을 거부함으로 군 입대는 하지 않고 있다.

58) 임희완, 『청교도, 삶·운동·사상』, 246.

59) 임희완, 『청교도, 삶·운동·사상』, 247. 제1차 인민협정의 기초가 된 문서로서 군대 내부의 문제들을 다루고 있긴 하지만 비중 있게 다룬 내용은 바로 선거권에 관한 문제의 제기였다. 즉, 의회민주주의의 원칙에 따라 범죄로 자유를 박탈당하지 않은 21세 이상의 모든 영국 사람들은 선거권을 보장해야 한다는 내용이다.

60) 인민협정은 모두 3차에 걸쳐 발표되었는데 1차는 1647년 11월 3일에, 2차는 1648년 12월 15일에, 3차는 1649년 1월 15일에 각각 발표되었다. 3차 인민협정은 「16인 위원회」를 구성하여 개정안을 만들었는데 이 위원회에는 군인, 의원, 독립파의 시민, 수평파의 대표 등이 각각 4명씩 대표를 파견하여 구성되었다. 이들 인민협정의 골자는 영국에 있는 사람으로서 그 자신의 자유의지에 의해 정부의 통치를 받고 있는 사람이라면 누구나 빈부의 격차나 지위의 고하를 불문하고 생명을 지닌 인간이라는

January 1648) 등을 작성 발표하여 군대에 대한 그들의 의견과 선거권 등 민주주의의 발전에 관한 내용들을 제시하였다. 특히 선거에 관해서는 범죄로 인해 선거권을 부여할 수 없는 사람들을 제외하고는 '21세 이상의 모든 자유인을 유권자로 해야 할 것과 모든 권력은 국민에게로부터 나온다'고 하는 당시로서는 과격하고 파격적인 제안들을 포함하고 있었다. 뿐만 아니라 기병이나 보병이나 모든 병사는 선거권 행사를 자유롭게 해야 한다고 주장했으며 이것은 병종이나 계급과 상관없이 하나님으로부터 주어진 권리라는 입장이었다.[61] 그들은 대상인인 회사들의 자유로운 경제활동은 물론 소생산자들을 위한 완전히 자유로운 상업활동도 원했다. 또한 국교회의 폐지와 십분의 일세까지도 폐지하려 했다.[62] 수평파는 뚜렷한 정강정책이나 이념을 표방하지는 않았고 다소 세속 정치집단의 성격을 띠기는 했지만 17세기 영국과 유럽의 정치사적 위치에서 볼 때 시대의 민의와 인권 그리고 대의 정치적 성장을 촉진하는 데 적지 않은 기여를 한 것으로 보인다.

3. 청교도운동의 영향

청교도운동은 표면적으로는 로마가톨릭과 영국국교회와의 신학적·신앙적 충돌의 양상으로 나타난 운동이지만, 근본적으로는 성경의 권

점에서 선거권을 가질 수 있다는 것이다.

61) 임희완, 『청교도, 삶·운동·사상』, 257.

62) 임호수, "청교도 혁명에서 거둔 성과에 대한 연구", 77-78.

위를 인정하고 그 말씀대로 살아가기를 원하는, 즉 초대교회의 삶과 사상으로의 회복을 열망한 자들의 내적소망의 분출이었다. 예배의 회복, 말씀의 회복, 각종 제도적 회복이 시도되었고 상당 부분에서 성취를 이루었다. 영국국교회는 로마도 제네바도 아닌 제3의 길을 걸어갔지만 청교도는 성경과 하나님의 뜻을 추구한 또 다른 의미에서의 제3의 길을 택했던 자들이다. 그들은 로마도 영국국교회도 그리고 대륙의 종교개혁도 아닌 영국 특유의 프로테스탄트적 전통을 창출했던 것이다. 청교도주의의 확산에 기여한 계층은 단연 젠트리였다. 소영농인이었던 요먼(yomen)과 귀족 사이를 형성하고 있던 지방중소지주들이었던 젠트리는 청교도주의가 확산되던 당시 하원의석의 75%를 차지하였고 지방행정의 핵심이라 할 수 있는 치안판사(Justice of peace)의 절대다수를 차지하였다. 크롬웰의 아버지 로버트 크롬웰이 바로 치안판사와 하원의원을 역임했던 젠트리였다. 청교도가 다수를 차지하고 있었던 의회에서는 청교도적 혁명을 위한 조치들을 구준히 추진해나갔다. 예컨대 주중설교제도(weekly preachers)가 그 하나였다. 이 제도는 1642년 2월부터 1643년 7월까지 약 1년 반 동안 시행된 제도였는데, 교회개혁을 위한 정책적 결정의 산물이었다. 동 기간에 101개의 교구에 최소한 149명의 설교자들을 임명하여 각 지방에서 교회개혁을 위한 설교자로 활동하도록 했다.[63] 주중설교자로 임명된 자들은 정

---

63) 정영권, "영국혁명에서의 주중설교제도", 한국서양사학회, 『전국서양사 연합 학술 발표회 논문집』, (2007): 2. 이 제도는 각 지방으로부터 추천받은 성직자들을 청교도가 장악하고 있던 의회에서 심의하여 임명함으로 시행되었는데 장기의회 의원일지를 보면 주중설교자를 임명할 수 있는 권한을 각 교구에 부여하는 지시령을 내리기도 했다. 주중설교제도의 채택목적은 첫째, 기존주교 제도하의 성직자들의 교황주의적 행태와 설교에 불만을 가지고 있었던 청교도 성향의 의원들이 청교도적 설교를 행할 수 있는 설교자들을 세움으로 지방이 동시 다발적으로 개혁적 신앙으로 변화되기를 기대하는 것이었고, 둘째, 혁명이 진행되는 중이었던 당시, 지방에 있는 왕을 지지하는 영국국교회파 성직자들의 영향력을 축소하고 대신 청교도사상을 확산시키려는 것이었으며, 세 번째로는, 이미 확산되어 있던 청교도사상에 고무된 지방의 성직자들을 흡수하여 활용함으로 혁명과업을 조기에 완성하고자 하는 의도에서

통파 성직자(orthodox divine), 경건한(Godly) 자, 박식한(learned) 자, 적합한(fit) 자 등의 기준을 설정하여 엄히 선발하여 청교도적 혁명정신을 고양케 했다. 주중설교제도는 청교도 의원들이 하나님의 말씀과 그 말씀이 강단에서 올바르게 전달되는지에 대한 관심이 지대했음을 알 수 있게 해준다.[64] 뿐만 아니라 청교도 중에는 당시 영국 사회에서 가장 유력한 신분집단을 형성하였고 법률가와 의사 같은 전문직에 종사하는 이들도 많았다. 그리고 젠트리의 상당수가 칼뱅주의 계통의 청교도들이었다. 이들 청교도들은 도시의 소시민들의 문자해독과 교육의 기능을 수행했고 영국민의 민도를 높이는데 기여했다.[65] 청교도들에게 있어서 가장 중요한 신학적 토대는 계약사상이었다.[66] 쌍방 간에 이루어지는 창세기의 계약의식은 하나님과 아브라함과의 계약으로 구체화되었다. 개인과 하나님과의 계약관계는 아직 완전한 형태는 아니지만 사회와 하나님 혹은 국가와 하나님과 맺은 사회 계약사상으로 발전하게 되었고 청교도는 바로 이 계약사상에 의해서 자신들을 영적인 이스라엘로 자임하게 되었다.

청교도사상의 속성상 이 운동은 종교적인 부분에서 뿐만 아니고 정치적·사회적·군사적인 면에서도 많은 영향을 미치게 되었다.

였다. 따라서 임명되었던 주중설교자라 할지라도 교황주의적 행태를 보이거나, 윤리적 문제점을 노출하는 자, 그리고 주민들로부터 원성을 사는 자들은 즉각 해임하여 1643년 한 해만 72명이 해임되는 조치를 취했다.

64) 정영권. "영국혁명에서의 주중설교제도". 4-5. 당시 영국에는 교구가 약 8,900개 정도 있었다. 청교도파의 군대가 장악하고 있던 지역의 교구만 해도 약 절반가량인 4,500개 정도였다. 그렇다면 실제적으로 주중설교자로 활동했던 청교도 성직자는 149명보다 더 많았고 교구 수도 100여 개가 훨씬 넘었을 것으로 추정된다.

65) 민석홍·나종일. 『서양문화사』. 220.

66) 권태경. "존 녹스의 개혁사상 연구". 45-90. 녹스의 영향은 영국의 종교개혁뿐 아니라 국가관과 정부관에 영향을 미친 것으로 보고 있다. 크롬웰과 녹스의 상관관계는 멀게는 칼뱅주의에 영향을 받았다는 점에서 가깝게는 퓨리터니즘의 형성에 영향을 주고받았다는 측면에서 입증할 수 있을 것이다.

의회민주주의의 정착, 주권재민의 사상, 성실한 근로의지 찬양, 자녀교육과 가정생활 등에 있어서 초대교회를 지향하는 시대적 대안으로 역할을 했다. 입헌군주제와 상업활동의 자유의 태동과 보장 등은 청교도운동의 영향으로 볼 수 있고 미국의 탄생과 건국 방향에도 지대한 영향을 끼쳤다.[67] 이뿐 아니라 직업에 대한 소명의식(召命意識)과 성실한 삶의 태도는 잉여자산의 축적으로 이어졌고 근대적 의미의 자본이 형성됨에 따라 자본주의의 본격적인 개막을 알리는 역할도 했다.

---

67) 민석홍·나종일, 『서양문화사』, 223.

제5장
영국혁명과 크롬웰

1. 올리버 크롬웰의 생애

1) 유·소년기

크롬웰은 1599년 4월 25일, 영국 헌팅던셔(Huntingdonshire)의 평범한 프로테스탄트신앙을 가진 젠트리 집안에서 전 하원의원이었으며 치안판사였던 아버지 로버트 크롬웰(Robert Cromwell, 1560~1617)과 어머니 엘리자베스 스튜와드(Elizabeth Steward, 1579~1654) 사이에서 세 명의 아들과 일곱 명의 딸이 있는 집안의 둘째아들로 태어났다[1]. 크롬웰의 증조부인 리처드 윌리엄스(Richard Williams)는 헨

---

1) 차남으로 태어난 올리버 크롬웰이지만 그보다 4년 연상인 형 헨리는 어려서 사망했고 남동생 로버트도 탄생 후 얼마 되지 않아 사망함으로 올리버 크롬웰은 차남이자 장남이며 외아들이 되었다. 그의 기록을 단편적으로 기술한 책에는 그를 보통 외아들로 기록하기도 하는데 이는 잘못된 표현이다.

리 8세 시절 정부개혁을 주도했던 토마스 크롬웰(Thomas Cromwell)의 생질로 외삼촌의 성을 따라 개명하였고 토마스가 실각하여 처형 당한 후에는 재산의 상당 부분을 증여받았다. 하지만 크롬웰의 아버지는 둘째였기에 큰 재산을 물려받지는 못했고 그나마 큰 아버지가 재산의 대부분을 탕진하여 명가의 혜택을 전혀 누릴 수 없었다.[2] 크롬웰의 할아버지는 헌팅던(Huntingdon) 근교에 우아한 집을 짓고 살았는데 사냥하기에 적지인 이곳에서 정기적으로 제임스왕과 사냥을 함께하며 왕을 즐겁게 했다. 그러나 아버지 로버트 크롬웰은 작은아들로서 많은 재산도 물려받지 못했고 이마저 가세가 기울어 얼마간의 채무도 발생하여 후에는 미국의 코네티컷주로 이민을 가려했으나 정부의 반대로 뜻을 이루지 못했다.[3] 1599년은 엘리자베스 1세의 장기통치가 끝나기 4년 전이었다. 올리버는 태어난 지 4일째 되던 4월 29일에 생가와 가까이 있던 성 요한 교회에서 세례를 받았는데 이때 삼촌 올리버경(Sir Oliver)이 크롬웰의 대부(代父, God Father)가 되면서 그의 이름을 물려받아 올리버 크롬웰이 되었다.[4] 그는 어릴 때부터 칼뱅주의를 신봉했고 국교주의보다 훨씬 더 엄격하고 철저한 퓨리턴적 교육을 받으면서 성장했다.[5] 그의 집안은 프로테스탄트와 강한 유대를 가지고 있었고 연 300파운드의 수입을 올리

---

2) 박동천. "올리버 크롬웰과 자유주의", 『정치사상 연구』, 한국정치사상학회, (2000): 202.

3) Morrill. http://www.bbc.co.uk/history/british/civil_war_revolution/cromwell_01.html, 1.

4) Antonia Fraser, *Cromwell our Chief of Men*, (London: Phoenix,2002), 18. 기록에 의하면 올리버 크롬웰의 어머니는 전 남편의 사후 재혼한 처지였으며 슬하에 많은 자녀를 두었으나 당시의 형편상 생존한 자녀는 많지 않았다. 크롬웰의 아버지는 의회의원이기는 했으나 두각을 나타내지는 못하였던 것으로 보인다. 사후에도 많은 재산을 남겨 주지는 못했으며 크롬웰의 형제가 모두 죽고 자매들과 어머니만 남게 되었으므로 사실상 크롬웰이 가정사에서 져야 했던 짐은 결코 가볍지 않았고 그로 인하여 아버지의 사후에는 학업을 계속할 수 없었을 것으로 보인다.

5) 이동섭. "Oliver Cromwell의 청교사상 연구", 『한성사학』 2, (1984): 63.

는 비교적 풍요한 형편에서 자랐다. 아버지 토마스 크롬웰은 지방의 관료로서 큰 두각을 나타내지는 못했지만 헌팅턴을 지역구로 한 하원의원을 지냈다는 것과 자식을 당대 존경받는 칼뱅주의자였던 토마스 비어드(Thomas Beard) 박사에게 소개하여 그 영향을 받게 한 점은 주목받을 만하다. 로버트 크롬웰 자신도 신앙적으로 항상 깨어 있어 신실하고 진실한 그리스도인으로 살기 위해 노력했고 또 주변사람들에게도 그와 같은 신뢰를 받는 인물이었다. 아들 올리버하고는 신뢰할만한 부자관계를 형성하였고 청교도적 기독교 신앙의 기초와 유산을 물려주었다고 평가할 만하다.[6] 로버트 크롬웰(Robert Cromwell)은 올리버를 청교도의 영향을 받을 수 있는 학교에 가도록 추천하였다. 올리버가 출생했을 때는 다행스럽게도 메리여왕이 가톨릭으로의 복귀정책을 쓴 지 50년쯤 된 시점이어서 프로테스탄트신앙이 만연해가는 분위기였다.[7] 크롬웰은 이런 시대적 배경 속에서 강력한 퓨리턴적 신앙을 형성하게 되었고 더 이상 교황교도(敎皇敎徒)로서의 의식과 교회생활은 견디기 어렵게 되었다.[8] 그의 두 형제는 어릴 때 이미 죽었고 아버지는 그가 케임브리지에서 마지막 해를 보내고 있었던 막 18세가 되었을 때 세상을 떠났다. 그래서 그는 일찍 가문을 돌보는 위치에 오르게 되었다. 그러나 어머니 엘리자베스 스튜와도는 89세까지 장수하였다.

---

6) Allan Marshall, *Oliver Cromwell, Soldier*, 12.

7) Robert, S Paul, *The Lord Protector*, (Grand Rapids: Eerdmans, 1963), 7-19.

8) Morrill, http://www.bbc.co.uk/history/british/civil_war_revolution/cromwell_01.html, 1.

2) 학교생활과 청교도적 영향

크롬웰은 사립학교와 지금의 초등학교에 해당되는 문법학교를 다니며 공부했고 일찍부터 읽고 쓰기 위한 기초적인 기술을 어머니 혹은 가정교사로부터 습득했다. 이 기간에 롱(Long)이라고 하는 성직자로부터 라틴어를 배우며 대학에 진학하기 위해 준비했다. 이런 배움의 과정을 통해 올리버 크롬웰은 외부세계와 학문의 세계에 눈을 뜨게 되는 유익하면서도 생소한 경험을 하게 되었고 그의 앞으로의 인생에 큰 영향을 주게 되었다. 그가 여러 학교에서 수학하는 동안 토마스 비어드(Thomas Beard) 박사와 신학자 사무엘 워드(Samuel Ward) 등으로부터 많은 영향을 받았는데 이들은 모두 개신교도들로서 퓨리턴들이거나 철저한 칼뱅주의자들이었다.[9] 토마스 비어드 박사의 경우는 잘 알려진 인물은 아니었지만 헌팅던 문법학교의 교장이자 케임브리지대학을 졸업한 성직자였는데 16세기 말부터 진행되고 있었던 영국국교회의 개혁에 깊은 공감을 하고 있던 인물이었다. 비어드 박사는 크롬웰이 학교에 들어오기 7년 전에 이미 『하나님의 심판의 극장』(*The Theatre of God's judgements*)이라는 책을 출판하여 프로테스탄트적인 사상을 천명한바 있다. 올리버 크롬웰도 이 책을 읽었을 것이고 이 책의 영향을 받았을 것이 틀림없다. 왜냐하면 올리버 크롬웰의 아버지인 로버트 크롬웰은 비어드 박사의 이 저서에 큰 감명을 받았고 온 가족이 그 영향을 받도록 했기 때문이

---

9) Morrill, http/www.bbc.co.uk/history/british/civil_war_revolution/cromwell_01.html, 1, , 24-25. Beard 박사와는 거의 30년간 밀접한 관계를 유지하였고 Ward 박사와는 케임브리지에서 교분을 갖게 되었다.

다. 게다가 비어드 박사는 1616년에 올리버 크롬웰에게 그의 저서 『로마가톨릭교로부터의 회피』(*A Retractive from the Romish religion*)이라는 제목의 저서를 소개하였는데 이 책에서 비어드 박사는 교황을 적그리스도와 동등한 인물로 묘사했다.[10] 올리버 크롬웰은 어린 시절 비어드 박사의 여러 저서들과 삶을 통해 많은 도전을 받았을 뿐 아니라 월터 롤리 경(Sir Walter Raleigh)의 『세계의 역사』(*History of the World*)와 같은 저서는 추후 그의 사상형성이나 연설, 그리고 전투수행 과정에 있어서 깊은 영향을 끼치게 된다.[11] 특히 당시 칼뱅주의의 요체로 강조되었던 구원에 있어서의 예정설(Predestination)은 제네바 성경이 영국에서 인쇄되는 과정을 통해 이미 영국전역에 영향을 미쳤다고 볼 때에 크롬웰이 역시 예정설의 영향하에 있었다고 보아야 할 것이다.[12]

고향에서 문법학교를 마친 크롬웰은 1616년 4월 23일 케임브리지의 시드니 서섹스대학(Sidney Sussex College)에 자비학생으로 진학했다. 그날은 세익스피어가 죽은 날이자 올리버의 생일을 이틀 앞둔 날이었다.[13] 시드니 서섹스대학은 프로테스탄트적 기반 위에 세워진 대학으로 이전에는 수도원이었던 자리에 설립된 학교였다. 케임브리지의 시드니 서섹스에서 수학하던 크롬웰은 1617년 6월, 그러니까 시드니 서섹스대학에서 공부를 시작한 지 일 년 남짓 되어 부친의 사망 소식을 듣고 고향으로 복귀하게 된다. 그 이후의

---

10) Antonia Fraser, *Cromwell our Chief of Men*, 20–21.

11) Antonia Fraser, *Cromwell our Chief of Men*, 21.

12) Alan Marshall, *Oliver Cromwell, Soldier*, 19.

13) Frederic Harrison, *Oliver Cromwell*, (London: Macmillan, 1912), 11–12.

수학기록은 남아 있지 않다. 다만 그가 어릴 적 다녔던 문법학교나 케임브리지의 시드니 서섹스 칼리지 등은 칼뱅주의를 받아들인 반 가톨릭 성향이 강했던 교수들이 많이 있었다. 올리버 크롬웰은 가 정과 학교 그리고 사회적 배경 속에서 프로테스탄트적 영향을 강 하게 받았으며 구체적으로는 청교도주의와 칼뱅주의의 영향을 받 으며 성장했다. 크롬웰은 복음이 가감 없이 선포되는 교회에 속하 기를 동경했고 후에는 한 교회에 머물러 당시의 법적으로는 불법 적인 종교집회에서 설교를 하기도 했다. 자연히 그에게 있어서 주 교는 하나님의 적이었고 점차 청교도적 집회에 관심을 갖기 시작 했다.[14] 크롬웰은 그의 아버지의 영향을 받아 젠트리층이 동경하고 지향하던 청교도적 가치를 지니며 성장했다. 결국 크롬웰이 정치적 으로 영향력을 가지고 의회에서 활동할 때, 그의 군사적·정치적 지원세력은 상당수가 젠트리 출신의 청교도였던 것은 그의 배경으 로 볼 때 당연한 것이었다.

3) 결혼과 가정

1620년에는 8월 22일, 크롬웰은 런던에서 엘리자베스(Elizabeth Bourchier)와 결혼했고 1621년에 장남인 로버트(Robert)가 1623년에는 차남인 올리버(Oliver)가 그리고 1624년에는 장녀 브리젯(Bridget)이 각각 출생했다. 그는 이후 1626년과 28년에 3남인 리처드(Richard)와 4남인 헨리(Henry)의 출생을 더 보게 되고 1637년에는 차녀인 메

---

14) http://www.bbc.co.uk/history/british/civil_war_revolution/cromwell_01.html, 1.

리(Mary)가 1938년에는 3녀인 프린세스(Frances)가 출생했다. 그러나 1639년(Robert)과 1644년(Oliver)에 장남과 차남이 각각 사망하는 슬픔을 겪기도 했다. 크롬웰과 엘리자베스는 매우 금실이 좋은 부부로서 31년간 함께했고 서로를 존경하며 침실을 순결하게 지켰는데 이는 올리버 크롬웰이 그리스도인으로서의 삶의 원리에 충실한 결과였다.15) 혁명의 전개과정과 호국경 재직 시에도 그는 여러 편의 서신을 통해 가족에 대한 애정과 관심을 표명하였다. 아내 엘리자베스에게는 최고의 사랑의 표현으로 서신을 보냈을 뿐 아니라 크롬웰의 막내아들이자 1655년부터 의회군의 아일랜드 파병사령관으로 임명되었던 아들 헨리에게 1656년 4월 21일에 보낸 편지에서 크롬웰은 아들이 수행 중에 있는 임무에 대해 격려하면서 "주께서 너와 함께하셔서 그 모든 것을 감당할 수 있게 하시지 않았다면 너는 지금 매우 불안한 상황에 놓여 있었을 것이다"라며 "너 자신을 정결케 하기 위해 그리고 모든 상황에 대응하기 위해 항상 노력해야 하며 하나님 앞에서 자신을 늘 연마하기를 힘쓰라"고 권고했다. 그는 또 "하나님께 항상 소박하고 한결같은 마음을 주시도록 부르짖으라"고 촉구했다.16) 크롬웰은 가족에게 직접 편지를 씀으로 애정과 관심을 표했을 뿐 아니라 주변인들에게 보낸 편지에서도 가족애와 가족을 위해 자신이 기도하고 있음을 표명하곤 했다. 특히 1652년에 플릿우드(Fleetwood) 중장(中將)에게 보낸 서신에서는

---

15) Antonia Fraser, *Cromwell our Chief of Men*, 34.

16) Michael A. G. Haykin, ed., *To honour God—The Spirituality of Oliver Cromwell*, (Dundas: Joshua Press, 1999), 113. "If the Lord be not with you, to enable you to bear it, you are in a very sad condition…… study still to be innocent, and to answer every occasion, roll yourself upon God, which to do needs much grace. Cry to the Lord to give you a plain single heart."

아들 헨리의 앞날과 그리스도에 대한 지식과 사랑으로 충만해지기 위해 기도함도 밝혔다.[17] 1650년 4월 2일, 리처드 크롬웰에게 보낸 편지에서는 베드로후서 1:4와 빌립보서 3:8~10을 인용하면서 우리의 그리스도에 대한 지식이 너무나도 미미함에 대해 안타까워하며(How little of this knowledge of Christ is there among us) 아들을 위해 기도하고 있음[18]도 전했다. 아들들과의 편지의 서두를 보면 이전에 아들이 보낸 편지에 대한 답장형식을 취하고 있는 것으로 보아 가족 간의 서신왕래가 빈번했었음을 보여주고 있다.

4) 종교적 체험과 회심

크롬웰은 1628년, 헌팅던 선거구에서 당선되어 의회(하원)에 진출했으나 1년 뒤에 찰스 1세에 의해 의회는 해산되었다.[19] 1628년의 의회는 찰스 1세가 프랑스와의 전쟁에 필요한 전비마련을 위한 예산청원으로 인해 의회 내에서 논쟁이 일었던 때였다. 크롬웰은 의회가 해산된 후 정치적 야인생활을 하면서 위통으로 인한 신체적인 허약증을 겪기도 하고 데오도어 메이어른(Theodore Mayerne) 등과 교제하면서 왕족과 정치에 대한 견문을 넓혔다. 그가 런던에 거주했던 그즈음 크롬웰은 우울증을 앓는 것과도 같은 심적인 압박을 받았다.[20] 1630년대 중반에는 전염병을 앓아 병상에 누웠을

---

17) Michael A. G. Haykin, ed., *To honour God–The Spirituality of Oliver Cromwell*, 92.

18) Michael A. G. Haykin, ed., *To honour God–The Spirituality of Oliver Cromwell*, 77.

19) Michael A. G. Haykin, ed., *To honour God–The Spirituality of Oliver Cromwell*, 37. 크롬웰의 의정활동은 1628년 그의 나이 29세 때였지만 그가 처음 의회에 참석한 것은 그보다 8년 전이며 결혼 전이었던 1620년이었다. 그는 정식의원으로서는 아니었지만 옵서버 혹은 방청객 자격으로 의정활동을 목격하는 경험을 이때 하게 되었다.

때 친족이었던 의사 심캇(Simcott)의 해독제 투여로 회복되기도 했다. 그럼에도 불구하고 병약해진 크롬웰은 심캇을 한밤중에도 찾아와 넋이 빠진 듯한 모습으로 자신이 죽을 것 같다는 말을 하기도 했다. 뿐만 아니라 마을 한가운데 대형 십자가가 걸려 있는 환영(幻影)을 보기도 했는데 이 환영이 그를 간간이 사로잡았다. 크롬웰은 바로 이 십자가 환상이 자신을 영국에서 위대한 인물로 활동하게 될 것임을 암시하는 것이라고 믿었다. 심캇의 회고에 의하면 이 기간 크롬웰이 겪은 고통은 말라리아 등의 병을 치루기는 했다고 하지만 육체적이기보다는 정신적인 것이었다.[21] 이 시기에 크롬웰은 육체적·정신적 고통은 물론 재정적 곤란까지 겹쳐 있던 터였기에 그의 인생에서 아마도 가장 어둡고 쓸쓸했던 시기를 보냈을 것으로 보인다.[22] 그러나 1628년부터 1630년에 이르는 이 어렵고 쓸쓸했던 시기에 경험한 환영과 신비한 체험이 그가 바로 그 시기를 이겨나가는 결정적 힘이 되었다.[23] 1638년에 그의 조카 존(Mrs St. John)에게 보낸 편지를 통해 그는 자신의 회심에 대해 기술하였다. 회심에 대한 진정한 고백을 담고 있는 이 편지에서 그는 마음속에 예수 그리스도가 살아계심을 표현하고 있다. 이 편지는 크롬웰이 남긴 서신 중에서 가장 먼저 자신의 회심을 고백한 편지임으로 크롬웰은 1638년, 즉 그의 나이 39세 이전에 회심을 경험한 것으로 볼 수 있을 것 같다. 크롬웰은 1611년에 흠정역(欽定譯,

---

20) Alan Marshall, *Oliver Cromwell, Soldier*, 20.
21) Antonia Fraiser, *Cromwell our Chief of Men*, 44-45.
22) Michael A. G. Haykin, *To Honour God-The Spirituality of Oliver Cromwell*, 21.
23) Alan Marshall, *Oliver Cromwell, Soldier*, 20.

King Jams Version) 성경이 출판되었을 때 12세의 소년이었다. 그는 이 탁월한 영역성경을 보면서 자랐고 프로테스탄트 집안에서 배우며 성장했다. 비어드 박사와 같은 개혁주의자들에게 배웠고 제네바의 영향도 받았다. 특히 칼뱅주의와 청교도사상과의 연관성을 두고 볼 때에 크롬웰은 '하나님의 은혜의 방편이 없이는 구원이 없다'라고 하는 칼뱅의 사상에 기반을 둔 회심을 경험했을 것으로 보인다.[24]

2. 정치인으로서의 크롬웰

크롬웰의 중앙무대로의 공식적인 진출은 1628년, 보통원(普通院), 즉 하원의 의원으로 당선됨으로 시작되었다. 당시 의회에서 그의 존재는 미미한 것이었고 그가 한 첫 번째 공식연설도 릴번(John Lilburne) 의원을 대신한 것이었다.[25] 혁명이 시작되면서 크롬웰은 무명의 정치인에서 기병대의 지휘관으로 시작하여 군과 연관을 맺고 이윽고 의회군의 지휘관으로 왕군과 맞섬으로 실질적인 의회파의 지도자가 되었다. 크롬웰은 정치인에서 군인으로, 그리고 다시 군인에서 정치인으로 역할의 변신을 거듭하며 호국경에 이르게 되었다.

---

24) Alan Marshall, *Oliver Cromwell, Soldier*, 47.

25) C. Hill, *God's Englishman*, 75.

1) 의원(議員) 크롬웰

영국 역사상 가장 유명한 영국인 중의 한 명[26]이었던 크롬웰은 군인으로 널리 알려진 인물이지만 그보다 먼저 국가적 주요인사로 알려지기 시작한 것은 의정활동을 통한 정치인으로서였다. 크롬웰이 처음 의원으로서 의회에 진출한 것은 1628년이었지만 이미 그의 아버지를 통해 의원활동에 대한 간접적인 경험을 했었을 것으로 볼 수 있다. 크롬웰의 의원직은 귀족원(상원)이 아닌 보통원(House of Common, 하원)의 의원이었기에 지역의 민심이나 사상적·종교적 갈등요인에 대해 국민들의 현장의식을 그대로 느끼며 의정활동을 하였다. 또 어릴 적 받았던 칼뱅주의와 청교도주의의 가르침에 의해 형성된 개혁자적 의식은 의회에 진출함과 동시에 그 자신이 두각을 나타내는 데 큰 영향을 주었을 것이다. 크롬웰이 감독제도를 근본적으로 반대하면서 독립파적 신앙의식을 가지고 있었던 것이 바로 이러한 그의 기본적인 종교적 경험에 기인한 것이었다. 크롬웰은 종교적 개혁을 위해 공동기도서 등의 폐지를 요구한 반면 웨스트민스터 신앙고백서 등의 작성에는 직간접적으로 영향을 미쳤다. 왕군과 맞서 의회군을 조성하고 지휘관으로서 두각을 나타냈던 것도 그의 의정활동의 결과였다. 의회가 신형군의 해산을 결의하고

---

26) Morrill John, *Oliver's Army*, *History Today* May 99, Vol. 49 Issue 5: 4. 영국인들에게 있어서 크롬웰은 애증이 교차하는 양가(兩價)감정의 대상이다. 왕정을 중단시키고 국교를 유린한 반역자로부터 혁명을 통해 종교적 관용정책을 수립하고 최초의 공화정을 이끈 개혁자로 그 평가가 여전히 엇갈리고 있다. 1999년 4월 25일, 그의 탄생 400주년을 맞이하여 영국에서는 옥스퍼드와 케임브리지 등 주요 대학에서 그와 관련된 전시회와 강연회가 열렸고 그의 할아버지와 영국왕 제임스 1세 사이의 일화들을 소개하는 소품들이 전시되기도 했다. 이러한 전시회와 강연들은 전국에 걸쳐서 여러 곳에서 열렸고 많은 작품들이 공연되고 9~14세들을 위한 교육용 CD-Rom 등이 출시되기도 했다. 이러한 관심과 여러 산물들은 크롬웰에 대한 영국 역사 속에서 차지하는 비중의 현대적인 반영이라 할 수 있겠다.

크롬웰을 견제하고자 했을 때도 탁월한 정치력을 발휘하여 제2차 내전을 승리로 이끌었던 것도 의회 내에서의 장로파와의 대립구도에서 정치적 승리를 얻었기 때문이었다.[27] 1647년, 신형군 해체의 위기를 의회 내에서 극복하고 정치적 승리를 거둠으로 이후 혁명을 지속적으로 추진할 수 있는 동력을 얻게 되었다.[28] 뿐만 아니라 장로파와 스코틀랜드군과의 내통으로 왕을 스코틀랜드로 피신시켜 스코틀랜드군의 통수권자로서 신형군을 무력화하려 했던 시도에 대해 크롬웰은 그해 5월 29일 런던으로 돌아와 의원들과의 회동을 통해 이를 저지하고 왕의 체포를 결정하게 되었다.[29] 그러나 의회를 중시했고 그 자신이 의회를 통해 혁명과업을 완수했던 그도 1차 내전이 끝난 후 찰스를 참수한 후에는 공화정을 선포했으나 그가 호국경이 된 뒤로는 의회를 두 번이나 해산하고 완전한 공화제가 아닌 제한군주제의 형태로 돌아갔다.[30] 이로 인해 의회민주주의를 흠집 낸 인물로 비판을 받기도 했다.

2) 호국경(護國卿) 크롬웰

1653년 12월 16일, 크롬웰은 의회로부터 모든 권력을 넘겨받고 3년마다 열리는 의회와 국무회의의 자문을 받으며 잉글랜드, 스코틀랜드, 아일랜드 세 나라를 통치하는 호국경에 오르게 되었다. 이

---

27) C. Hill, *God's Englishman*, 71-2, 77.
28) C. Hill, *God's Englishman*, 81-2.
29) C. Hill, *God's Englishman*, 84.
30) E. L. Woodward, 『영국사 개론』, 141.

같은 사실은 며칠 뒤인 12월 23일 털러에(Thurloe) 외교장관이 스웨덴 주재 영국대사였던 위틀락(Bulstrode Whitelocke)에게 보낸 서신을 통해 대외에 천명되었다. 이 서신은 광범위하게 받아들여지고 있는 호국경제도와 이제는 다시 영국이 '전제적 회의체(Arbitrary Committee)'에 의하지 않고 국가의 법에 의해 통치될 것임을 담고 있다.[31]

크롬웰은 호국경으로 재직할 때 거의 런던을 떠나지 않고 영국을 통치했으며 잔부의회와 「41인회」(41-man Council of State)를 통해 호국경으로서의 영향력을 행사했다. 1653년에는 군대를 동원해 의회를 해산하고 이른바 「성자들의 의회」(parliment of saints)에 소속된 경건한 141명의 의원들과 함께 복음적 가치를 반영할 헌법적 체계를 세우고자 했을 뿐 아니라 국민들에게 자유의 책임(responsibilities of freedom)을 가르치는 일에도 몰두했다.[32] 크롬웰은 민주주의를 어리석은 제도라고 생각했다. 혁명이 마무리되어가는 시점에서는 군사독재가 영국인뿐만 아니라 영국에 사는 모든 양민들을 지키기 위해 마지못해 시행되어져야 할 제도로 생각하고 자신을 양민들을 지킬 치안관으로 이해하였다.[33] 크롬웰은 왕이 되는 것은 거부했지만 왕처럼 호국경의 지위를 지켰고 오락이나 술집, 도박, 연극 등을 금지시켰다.[34] 크롬웰은 호국경 취임 후 「통치헌장」(Instrument of Government)에 근거하여 군주제를 시행할 것을 종용받았지만 그

---

31) C. Hill, *God's Englishman*, 143.
32) Morrill, http://www.bbc.co.uk/history/british/civil_war_revolution/cromwell_01.html, 3.
33) C. Hill, 『영국혁명 1640』, 95–96.
34) 박지향, 『영국사』, 323.

자신이 군주제에 대해서는 반감을 가졌기에 이를 받아들이지는 않았다. 뿐만 아니라 그의 지지기반이자 집권의 토대가 되었던 군부가 이를 용납하지 않을 것을 알고 있었다.[35] 1651년과 1652년 사이에 크롬웰은 그의 혁명동지들과 함께 스튜어트 왕가(House of Stuart)의 복원에 대해 논의하기도 했으나 앞서 언급된 이유로 그 자신이 왕의 자리를 차지하는 것은 주저했다. 크롬웰은 경건하고 기독교적인 공화국을 세우기를 원했다. 그러기 위해 동의를 구하지 않은 과세를 시행했고 전 왕당파 인사들을 징계하거나 재판 없이 구속할 수 없도록 했던 1651년의 법률안을 번복함으로 공화정 정권을 전복할 그들의 기도를 무산시켰다.[36] 크롬웰은 특히 아일랜드에 대한 통치에 있어서 신중을 기하지 않을 수 없었는데 이 지방의 거주민 상당수가 가톨릭신자이며 교황주의자였기 때문이다. 마치 뉴잉글랜드에서의 아메리카 인디언처럼 새로운 영국에 있어서 함께하기에는 너무나 부담스러운 지역이었다. 크롬웰은 아일랜드의 교황주의자들과 가톨릭신자들을 중화시키기 위해 뉴잉글랜드의 경건한 그리스도인들과 성직자들에게 아일랜드로 다시 이민 와 정착해줄 것을 요청하기도 했지만 정착 지원금의 소요가 막대한 이유 등으로 인해 실현될 수 없었다.[37] 따라서 그 자신의 호국경으로서의 영향력에도 제한이 따르지 않을 수 없었던 것이다. 정치인으로서의 크롬웰이 항상 가지고 있었던 정치적인 이상은 기독교정신에 입각한 공화정(Commonwealth) 정부였다. 그가 잔부의회를 해산한

---

35) 박지향, 『영국사』, 323.

36) Morrill, http://www.bbc.co.uk/history/british/civil_war_revolution/cromwell_01.html, 4.

37) C. Hill, *God's Englishman*, 146.

것도, 성자들의 의회를 재구성한 것도 그와 같은 정치철학을 구현할 헌법적 토대를 구현하기 위해서였다. 크롬웰은 당시로서는 영국사회가 한 번도 경험해보지 못했던 이상사회, 그것도 기독교 이상국가를 건설하고자 하는 꿈이 있었다. 그의 이상국가는 성도(The Godly, 聖徒)가 성인(The Saints, 聖人)에 의해 통치되는 그런 사회였다. 그가 말하는 성도란 장로파, 독립파 그리고 침례파가 포함된 복음주의자들이며 가톨릭과 국교도 그리고 분파주의자들과 같은 극단주의자들은 당연히 배제된 형태였다. 그에 의하면 성도란 "예수 그리스도를 믿는 사람, 그의 피를 통해 죄 용서를 받는 것과 그의 은총으로 사는 것을 믿는 존재"로 정의되고 있다.[38] 그리고 이들 성도를 통치하는 성인이란 하나님이 섭리대로 성도들을 올바로 이끌어야 할 책임을 가진 자들로 의회의원들, 경건한 관료들, 군인들 그리고 성직자들이었다.[39] 크롬웰은 영국국민들을 성도로 보았고 이 성도들을 성인들이 잘 이끄는 기독교 이상사회를 호국경의 지위를 통해 실현시키려 했다. 이를 위해 크롬웰은 호국경으로서 양 의회에 한결같이 요구한 것이 하나님의 통치에 합당한 행동이었다.[40] 1653년 7월 14일 성자들의 의회에서 행한 연설에서 크롬웰은 로마서 12장을 인용하며 의회의원들 모두가 "하나님께 드려지는 산 제물이 되어야 하며 겸손히 깨어 있는 마음으로 자신들이 지켜야 할 선을 넘지 않아야 한다"[41]고 주장했다. 그의 연설은 하

---

38) 김중락·김호연, "크롬웰의 이상사회 정책과 그 성격", 『대구사학』 76, (2004): 대구사학회, 366.

39) 김중락·김호연, "크롬웰의 이상사회 정책과 그 성격", 368.

40) 김중락·김호연, "크롬웰의 이상사회 정책과 그 성격", 146.

41) Michael A. G. Haykin, To Honour God-The Spirituality of Oliver Cromwell, 95.

나님의 자비와 하나님의 선하심 그리고 하나님의 복음의 기초 위에서 하나님의 의를 구하기를 촉구하는 것으로 일관하고 있다.[42]

계속해서 왕당파의 지속적인 모반이 있었지만 크롬웰의 정치적 기반이었던 군대의 강력한 지원이 이를 용납하지 않았다. 하지만 그의 아들에게로 이어진 권력의 세습과 아들이 그와 같은 정치철학을 계승해주기를 바랐던 그의 기대는 왕정복고를 통해 수포로 돌아가고 말았지만 권력의 세습이라고 하는 정치적인 결단은 반(半)군주제로의 회귀였으며 혁명의 정신에서 멀어진 것이었다. 또한 그 자신이 젠트리 출신의 의원으로서 혁명의 초기부터 의정활동을 통해 힘을 모으고 군대를 개혁하여 혁명을 승리로 이끈 의회 민주주의 산물임에도 불구하고 호국경 재임기간 중 두 번이나 의회를 해산하였다는 것은 호국경의 권한을 남용한 면도 없지 않다.

그는 국교는 반대하되 종교적 관용정책을 채택했고 왕은 참수했지만 군주제로 회귀했으며 신앙은 보수적이었지만 개혁은 급진적이었고 정치인으로보다는 군인으로서 정치적 목적을 달성한 군대를 기반으로 한 정치인이었다. 크롬웰의 정치적 이상은 청교도 국가였다. 그러나 그의 통치내용에 있어서는 이상보다는 현실에 충실하였다는 한계를 지적받기도 한다.

---

42) Michael A. G. Haykin, *To Honour God—The Spirituality of Oliver Cromwell*, 95.

3. 군인으로서의 크롬웰

1) 신식군대의 창설자

크롬웰은 의정활동을 통해 국가적으로 주요인사로 알려지기 시작했지만 그의 정치적 세력기반은 군대였다. 그는 성공적인 지휘관이었고 여러 전투에서 승전을 기록하였다. 이를 통해 그는 군대의 지휘관은 물론 국가재건의 지도자로서도 인정을 받게 되었다.[43] 물론 그가 처음부터 군인은 아니었다. 왕군에 맞서기 위해 군대를 조직하고 탁월한 리더십으로 군대를 지휘했었다. 그리고 그 군대는 혁명세력의 세력기반이 되었던 것이다. 17세기, 튜더시대의 군대라고 하는 것과 군 지휘관의 형편이라고 하는 것은 21세기의 기준에 본다면 아마추어에 해당하는 미숙한 수준의 것이었다. 자기의 출생지역, 즉 향토를 방위하는 것으로 만족해야 했고 장군들의 지휘권도 여건상 제한적일 수밖에 없었다. 지휘관은 말을 타고 직접 전장에 가서 때론 병사들을 격려하고 적군에게 위협을 주어야 했으며 구두나 문서로 전달되는 작전명령서조차도 왜곡되거나 변질되는 경우가 종종 발생했다.[44] 이런 와중에 크롬웰이 구성한 철기군과 이를 토대로 의회군을 개편하여 창설한 신형군은 1645년 네이스비전투에서 왕군을 물리치고 혁명의 분수령이 되는 결정적인 승리를 거두게 되었다.[45] 이로 인해 크롬웰의 입지는 굳혀졌고 공화정 수

---

43) Morrill, http://www.bbc.co.uk/history/british/civil_war_revolution/cromwell_01.html, 27-8.

44) Alan Marshall, *Oliver Cromwell, Soldier,* (Havertown: Brassey's, 2004), 44-46.

45) 민석홍 · 나종일, 『서양문화사』, 222.

립으로 이어지는 데 있어서 군 지휘관으로서의 크롬웰의 역할은 혁명과업의 수행과정에 있어서 절대적이었다. 토마스 칼라일의 언급대로 영국혁명은 영국에서 있었던 내란과 전쟁 중에서 어떤 전쟁도 가져보지 못한 의의를 가지고 있었던 '세계적인 큰 전쟁' 혹은 '불신앙에 대한 신앙의 전쟁'이었다.46) 그러므로 전쟁으로 묘사되기도 하는 영국혁명과 군대 그리고 이를 지휘한 군사지휘관으로서의 크롬웰의 면모는 혁명의 성격과도 깊은 관련이 있다. 혁명의 시기에 크롬웰은 한마디로 탁월한 군인이었고 위대한 지휘관이었다. 크롬웰에 대한 평가에 있어서 논란이 되고 있는 부분은 여전히 존재하고 있으나 군인으로서의 그의 명성에 대해서는 논란의 여지가 없다. 그의 군사적인 승리와 일련의 혁명과업에 대한 성취가 없이 그러한 명성은 얻을 수가 없기에 그렇다.47)

크롬웰은 지휘관으로 임무를 수행할 때마다 군대의 목적과 쓰임새에 대해 늘 고민하며 성경적인 가치를 지상에 구현하는 수단으로서의 군사력이 되어야 함을 분명히 했다. 전장에서 그는 늘 기도했으며 야전지휘관에게 보내는 서신이나 연설문을 통해 군대가 하나님의 임재를 무시하고자 한다면 결코 승리할 수 없을 것임을 선포했다.48) 크롬웰은 지휘관들에게 보낸 서신을 통해 그리스도 안에서 두려움을 쫓고 주어진 소임에 최선을 다해줄 것을 촉구했다. 그리고 지금 "그들이 주둔하고 전투하고 있는 그곳이 그곳으로 부르신 소명의 자리"49)임을 알아야 함도 강조했다.

---

46) Thomas Carlyle, 『영웅의 역사』, 315.

47) Alan Marshall, *Oliver Cromwell, Soldier*, 8.

48) Ivan Roots, ed., *Speeches of Oliver Cromwell*, (London: Everyman, 2002), 3.

2) 탁월한 지휘관 크롬웰

지휘관으로서 탁월한 재능을 보인 크롬웰은 사실 전문적인 군사교육을 받지는 못하였다. 크롬웰은 어릴 때부터 청교도 가정에서 칼뱅주의의 영향하에 성장하였으므로 성경과 청교도들의 작품 이외에는 접할 기회가 없었거나 접할 여건에 놓여 있지 않았던 것으로 보인다. 그리고 그가 군대에 관여하여 기병대를 창설하고 처음으로 지휘를 시작한 때 그의 나이는 이미 43세였던 것으로 보아 지휘관의 역할은 그 이전에는 생각해보지 못했던 것이었으나 시대적으로 주어진 과업이었다고 보는 것이 옳다. 그러나 크롬웰은 지휘관의 임무를 수행하기 이전에도 역사서적을 접하면서 유럽의 분쟁들, 군인들과 그들이 수행한 전투들, 전략과 전술 등에 대해 선지식을 가졌을 것으로 보이는 정황은 있다. 특히 그 당시 스웨덴의 유명한 프로테스탄트 영웅이었던 구스타부스 아돌푸스(Gustavus Adolphus)가 쓴 가장 최신의 전술을 담은 저술들을 접했을 것으로 보는데 이는 1655년에 스웨덴에서 온 대사를 면담하는 자리에서 크롬웰이 구스타부스의 명성에 대해 언급하고 영향을 받았음을 암시했던 것으로 보아 알 수 있다.[50] 또한 1642년에 그가 만든 「전쟁규칙」(Rules of war) 등을 보면 이미 크롬웰은 말 타기와 사냥 등

---

49) Michael A. G. Haykin, *To Honour God-The Spirituality of Oliver Cromwell*, 92. This is our high calling Rest we here, and here only. 1652년 Fleet 중장에게 보낸 서신.

50) Alan Marshall, *Oliver Cromwell, Soldier*, 27. 크롬웰에게 있어서 군과 혁명이란 떼어서 생각할 수가 없는 것이었다. 1642~1651년 어간의 그의 영국혁명에서의 전장지휘관으로서의 역할은 거의 절대적이었다고 할 수 있다. 1642년의 중대장, 1643년의 기병연대장과 철기군의 창설, 동부연합군의 실질적인 지휘관, 이어진 신형군의 창설은 영국혁명의 핵심 에너지원이었다. 따라서 1658년 9월 그의 사후에 제기된 많은 논란들에도 불구하고 군 경력과 지휘관으로서 업적에 대해서는 거의 논란거리가 제기되지 않았다.

을 통해 천부적인 군인으로서의 역량을 보였고 이를 통해 기병대를 창설하고 지휘할 수 있는 능력을 구비하게 되었다.

크롬웰의 탁월한 군 지휘관의 면모는 전술학이나 지휘 통솔학을 통해 얻어진 것이 아니고 군인들을 성도(시민)들을 이끌어야 할 성인으로 인식하고 있었다는 것에서 나왔다고 할 수 있겠다.[51] 크롬웰에게 있어서 군대란 이상국가 건설을 위해 하나님께 택함 받은 봉사체였다. 하나님의 봉사체를 지휘하는 것에 있어서 가장 중요한 것은 하나님 편에서 그 부대를 지휘하고 통솔하는 것이었다. 크롬웰은 왕을 제거한 후 의회에서 한 연설에서 하나님께서 자신을 이끄셨으며 언제나 하나님께서 그 자신의 영적내면의 삶을 통해 만족을 얻게 되시기를 구하는 삶을 살아야 할 것[52]임을 천명하곤 했었는데 이러한 분명한 신앙관이 지휘관으로서의 크롬웰의 리더십 근간이었다. 혁명을 진행하는 과정에서의 왕군과의 전투에서 대승을 거두었던 힘도 그의 분명한 신앙관에서 비롯되었다. 그는 1643년 동부연합군이 한참 전투 중일 때 게인스부로(Gainsborough)의 전황을 전하며 다른 지휘관들에게 쓴 서신에서 다음과 같이 자신의 심정을 표했다.

> "이 와중에도 나는 하나님(그에게 모든 찬양이 드려질지어다)의 영광을 구합니다. 여러분도 큰 격려가 될 몇몇의 충성스런 부하들이 있음을 알기 바랍니다. 나는 어서 속히 승전의 소식이 지역민들에게 전해지기를 간절히 바랍니다. 이것은 하나님의 도우심에 대한 위대한 증거입니다. 여러분의 일이 곤궁에 처하지 않도록 하십시오. 만약 여러분이 온전한 마음을 가지고

---

51) 김중락 · 김호연, "크롬웰의 이상사회 정책과 그 성격", 382.
52) Ivan Roots, ed., *Speeches of Oliver Cromwell*, 3.

있다면 명예로운 귀환이 있을 것입니다."53)

　이 전투에서 크롬웰은 자신의 말이 총상을 입고 쓰러지는 위협 속에서 목숨을 잃을 뻔하기도 했다. 1643년 11월쯤에 이르게 되면 의회군의 사령관이었던 토마스 페어펙스(Thomas Fairfex) 장군의 휘하에서 전투를 수행했던 크롬웰은 의회군과 왕군 모두에게 그간의 전과로 인하여 언론의 집중적인 주목을 받기 시작했다. 같은 해 12월에 크롬웰은 중장으로 진급되었고 1644년에는 맨체스터의 얼 (the Earl of Manchester) 장군 밑에서 동부연합군의 부지휘관으로 임무를 수행하게 되었다. 이 해에 치러진 결정적인 두 전투였던 7월 2일의 마스턴 무어(Marston Moore) 전투와 10월 27일에 벌어진 뉴버리(Newbury) 전투에서 크롬웰은 괄목한 만한 전과를 올리는데 이때 마스턴 무어 전투에서 목 부위에 부상을 입기도 했다.54) 지휘관으로서 크롬웰은 장병들을 항상 최신의 무기로 무장시키고 엄격한 군기확립을 통해 잘 훈련된 군사력 유지에 최선을 다하였다. 그는 예하 지휘관들의 사명감 결여나 자신의 소명에 대해 이해가 부족한 경우에는 이들을 질책하였고 지역주의나 개별 부대 이기주의 등을 경계했다. 뿐만 아니라 1644년에는 의회에서 윌로우그비 (Willoughby) 장군 등 무능하고 실패한 지휘관들에 대해서는 비판을 서슴지 않았다. 특히 윌로우그비 장군의 경우, 크롬웰이 수집한 몇몇의 근거에 의해 장군의 게인스부로우 전투에서의 패배와 단정치 못하고 이단적인 장교들을 임관시킨 경솔한 조치들에 대해 질

---

53) Thomas Carlyle ed., *Oliver Cromwell's Letters and Speeches*, 81.
54) Peter Grount, *Oliver Cromwell*, (Oxford: Blackwell, 1999), 52-53.

타했다. 장병들의 복지에 있어서도 봉급지급을 엄격히 지키는 등 신경을 썼다. 특히 복지에 있어서 크롬웰은 초급장교들과 그 부하들에 대해 깊은 관심을 가지고 있었는데 예를 들면 군복이나 군화 등 기초물품들의 부족과 급여의 원활한 지급이 어려웠던 부분들에 대해 지방과 중앙정부 차원에서 지원되도록 지속적으로 조치하였다.55) 이같이 탁월한 지휘관으로서의 면모를 보여줌으로 크롬웰은 영국 역사상 말보로우(Marlborough), 웰링턴(Wellington), 몽고메리(Montgomery)와 함께 주목받는 장군의 반열에 오르게 되었다.56) 크롬웰은 군 지휘관으로 임무를 수행하는 과정에서 신앙으로 자기 자신을 통제하는 것과 자신의 병사들을 이해하고 통솔하는 법을 습득하게 되었는데 이러한 요소들이 전투에서의 승리를 가져왔다. 그의 천성에 가까운 청교도적 신앙심과 하나님이 함께하신다는 믿음이 그를 군인으로 만들어간 요소였던 것이다.57)

4. 종교개혁가 크롬웰

크롬웰은 정치가이자 군인이었지만 근본적으로는 신앙인이었다. 영국혁명의 근인(近因)과 원인(遠因)이 모두 종교개혁사상에 근거하였다는 것을 볼 때에 칼뱅주의에 크게 영향을 받았던 크롬웰이 혁명을 완성해가는 과정에서 조치한 내용들은 필연적으로 영국의

---

55) Peter Grount, *Oliver Cromwell*, 47-48.
56) Peter Grount, *Oliver Cromwell*, 227.
57) Peter Grount, *Oliver Cromwell*, 28.

종교개혁과 관계가 있는 것들이었다.

1) 교황주의에 대한 개혁

청교도는 영국국교회 내에 남아 있던 교황주의의 잔재인 주교제도, 성직자의 제복과 각종 성구(聖具), 예전(禮典)에 대해 폐기를 요구했다. 그들은 영국교회의 사도적 계승권자라고 칭하던 주교직을 불필요한 것으로 여겼다. 교회의 부패와 비성경적 요소들을 제거하여야 한다고 주장하는 데 있어서 발단이 된 것은 1559년판 기도서였다. 이 기도서의 지침에 나와 있는 세례식 때 십자가를 세례 받는 자의 이마에 그리는 일, 견진 받을 때 주교의 안수, 영성체 시 무릎을 꿇는 일 등을 문제 삼았다. 그 외에도 예배 시 오르간 사용, 성직자의 법의(cassock)와 제복, 장백의(alb), 대례복(cope) 사용과 성가대원들의 중백의 착용도 반대했다. 그 밖에도 주교직의 폐지, 장로제의 도입, 예전의 폐지와 자유로운 예배실시, 미사나 공중기도 시 기도서 사용의 중지 등을 주장했다. 이에 대해 영국의회는 이러한 일련의 청교도운동을 저지하기 위해 「선동적 분열파에 대한 법령」(The Act against Seditions Seteries)을 제정하여 교회예배에 참석하기를 거절하거나 국교회에서 금지한 소위 불법기도회에 참석하는 사람들을 투옥에서 사형까지 처하도록 조치했다.[58]

우선 무엇보다도 크롬웰은 교황주의에 대해 반감이 강했고 교황주의로의 회귀는 허용할 수 없었다. 크롬웰은 1641년 5월 3일, 하

---

58) 최철희, 『세계 성공회사』, (서울: 대한기독교서회, 1996), 125-128.

원에서 한 연설에서 "로마가톨릭을 공고히 하려는 사제단과 예수 회파의 구상에 대해 경계하고 이들의 참된 종교개혁을 파괴하려는 시도를 저지해야 할 것"을 역설했다.[59] 아울러 크롬웰 자신도 온 힘을 다해 전능하신 하나님을 예배하고 교황주의와 교황주의자들의 변신에 저항해야 한다고 주장했다.[60] 교황주의와 가톨릭에 대한 경계는 호국경이 된 후에도 변하지 않았다. 1656년 9월 17일, 의회 에서 한 연설에서 크롬웰은,

> "진실로 스페인은 위협적인 적입니다. 그들은 자연적인(natural) 적입니다. 본인이 이전부터 지적해왔던 것처럼 그들 안에 하나님에 대해 적대감을 가 진 자들입니다. 그들은 미신과 맹목적인 추종에 있어서 로마의 눈에 복종 하는 자들입니다."[61]

라고 말함으로 교황주의와 로마에 대한 경계를 늦추지 않았다. 크 롬웰과 그 동료들은 공동의 명의로 동부연합군 지역의 노폭 (Norfolk) 지역에서 재기의 조짐이 보이는 교황주의자들의 유혹에 맞서야 할 것을 천명했다. 당시 교황주의자(Papist)들은 옥스퍼드로 부터 노폭에 이르기까지 재확산을 기도했다.[62] 이에 대하여 크롬웰 을 비롯한 톰 마틴(Thom Martyn) 등 여러 명이 서신을 작성하여

---

59) Thomas Carlyle ed., *Oliver Cromwell's Letters and Speeches*, 71–72., "We the knights, Citizens and Burgesses of the Commons House, in Paliament, finding, to the grief of our hearts, that the designs of the Priests and Jesuits, and other Adherents to the See of Rome, have been of late more boldly and frequently put in practice than formerly, to the undermining, and danger of ruin, of the True Reformed Religion in his Majesty's Dominions established.

60) Thomas Carlyle ed., *Oliver Cromwell's Letters and Speeches*, 71.

61) Ivan Roots ed., *Speeches of Oliver Cromwell*, 81.

62) Thomas Carlyle ed., *Oliver Cromwell's Letters and Speeches*, 74–75.

지역의 지도자들에게 발송했다. 서신에서 이들은,

> "루퍼트(Rupert)63)의 군대가 웰링브로우(Wellingborough)와 노쓰햄턴셔 (Northamtonshire) 인근까지 접근해 있고 노폭(Norfolk) 지방의 교황주의 자들이 원조를 요청하려는 정보가 있는바 기병과 보병들을 합세시켜 평화 를 파괴하려는 적들로부터 나라를 지켜내자."64)

고 독려했다. 이 같은 노력들은 적어도 1621년부터 1641년까지의 영국종교개혁의 기반이 청교도와 청교도주의에 있었다는 사실을 감안해볼 때 당연한 조치였던 셈이다.

2) 청교도주의에 근거한 종교개혁

사실상 영국혁명은 주지의 사실과 같이 청교도주의의 사상과 제 도 그리고 리더십이 없이는 불가능했다. 중산층에 광범위하게 확산 되었던 청교도주의가 가장 중요하게 여겼던 정치행위는 궁극적으 로 교회의 개혁이었다.65) 교회의 개혁을 위한 청교도주의의 형성과 청교도주의의 운동성이 사회개혁과 제도의 개혁으로 확산되기는 했지만 우선적인 관심사는 여전히 교회개혁이었던 것이다. 크롬웰 은 교황주의와 국교에 대하여는 선명하고도 단호한 선을 그었고 교황주의와 국교회의 제도들을 개혁했다. 크롬웰은 호국경이 된 이 후에도 왕당파의 모반이 수그러들지 않는 것을 깊이 우려했다. 가

---

63) 독일에서 태어나 혁명기간 중 왕군에서 활약한 인물(1619~1682).

64) Thomas Carlyle ed., *Oliver Cromwell's Letters and Speeches*, 75.

65) Michael G. Finlayson, *Historians, Puritanism, and the English Revolution*, (Toronto: University of Toronto Press), 79-80.

톨릭과 교황주의자들의 본산격이었던 아일랜드의 인구분포에 변화를 주기 위해 뉴잉글랜드 지방의 경건한 그리스도인과 성직자들을 아일랜드로 이주시켜 지배세력의 변화를 꾀하기도 했었다. 크롬웰의 생각 속에는 가톨릭과 국교주의 모두가 배격의 대상이었으며 청교도주의와 독립파 그리고 회중교회의 체계로서 이를 달성하려 했다. 먼저 크롬웰은 성직제도에 대한 개혁을 단행했다. 로마가톨릭의 교황제와 영국국교회의 주교제도는 모두 수용할 수 없었다. 그리고 장로제도 또한 받아들일 수 없었다. 왜냐하면 당시 장로파는 교황주의와 국교주의에 대한 온건한 입장이었으며 심지어 국왕과의 화해를 통해 국교주의로 나아가려고 하는 모습까지 보였기 때문이다. 따라서 독립교회 성격의 성직제도를 추구하였고 개별 교회의 회중들의 의사를 존중하는 회중주의를 지지하였다. 영국에서의 종교개혁의 힘은 청교도주의를 통해 형성된 독립파 혹은 회중파교회와 이를 뒷받침한 신학과 사상이었던 것이다.

3) 웨스트민스터 신앙고백서와 크롬웰의 개혁

「공동기도서」와 「39 신조」(39 Articles)[66] 등을 대체할 새로운 신앙고백문의 출현을 기대하며 의회는 1643년에 회의를 소집하여 신앙고백서의 작성을 결의했고 마침내 1648년에 「웨스트민스터 신앙고백서」[67]가 의회의 승인으로 확정되었다. 이 신앙고백서는 1년 뒤

---

66) 1571년에 제정된 영국국교회의 교리.

67) 웨스트민스터 신앙고백서가 만들어지기 시작한 시점은 1643년 7월 1일이었다. 런던에 있는 웨스트민스터 교회의 '헨리 7세 예배실(Henry VII Chapel)'에서 첫 모임이 있었다. 몇 개월 후에는 예루살렘실(Jerusalem Chamber)로 자리를 옮겨 정기적으로 모임이 진행되었다. 1649년 2월 22일까지 5년 7

인 1649년에는 스코틀랜드 장로교회의 고백서로 채택되었다. 존 녹스의 종교개혁을 통해 영향을 받은 영국교회가 스코틀랜드 대표로 참석한 6명의 대표들이 실질적으로 역할을 다한 결과로 채택된 웨스트민스터 신앙고백서를 역으로 도입하여 스코틀랜드의 신앙고백서로 받아들인 것은 존 녹스의 개혁사상이 영국에 영향을 주고 영국의 개혁적 신앙고백서가 다시 스코틀랜드에 영향을 주는 개혁주의사상의 선순환(善循環)이 이루어진 결과로 볼 수 있다.68) 더구나 올리버 크롬웰과 이 신앙고백서의 출현과는 직접적인 관련이 없었다 할지라도 이 신앙고백서가 의회에서 확정 공포되었을 당시 크롬웰은 이미 영국정계의 핵심에 서 있었고 의회군의 수장으로 왕군과의 전투에 몰두하고 있을 때였다. 여기서 웨스트민스터 신앙고백서와 올리버 크롬웰과의 간접적인 연관성을 입증하는 예를 제시하고자 한다. 리처드 백스터, 존 번연 등과 함께 대표적인 청교도신학자였던 존 오언의 경우인데 오언과 크롬웰과의 공식적인 관계는 1648년에 처음으로 맺어진 것으로 나타난다. 목사의 아들로 태어나 옥스퍼드대학교 퀸즈대학에서 석사학위까지 받은 그가 크롬웰과 관련을 맺은 것은 1648년부터 에섹스 주(州)의 코게샬(Coggeshall) 지역에서 청교도사상에 근거한 회중교회를 세우고 목회를 시작할 때였다. 이때 크롬웰의 의회군 군목으로 차출되어 아일랜드와 스코틀랜드 전투에 종군하게 되면서 오언은 크롬웰의 고문으로 크롬웰의 사망

개월에 걸쳐 159명의 회원(목사 126명, 평신도 33명)이 1,163회나 모임을 가졌다. 이 회의는 주로 장로교를 배경으로 한 인물들이 주도했고 감독교회의 회원들은 왕에 대한 충성심을 이유로 불참했다. 따라서 웨스트민스터 신앙고백서는 처음부터 칼뱅주의적 전통에 서 있던 사람들이 중심이 되어 작성된 신앙고백서였다.

68) 권태경, "존 녹스의 개혁사상 연구", 36.

시까지 활동했다.69) 오언은 후에 사보이 신앙고백서를 작성하게 되는데 이 사보이 신앙고백서는 오언 자신이 웨스트민스터 신앙고백서를 조금 수정한 것이었다.70) 회중교회파였던 오언이 장로파가 작성하고 의회가 인준한 웨스트민스터 신앙고백서를 그대로 받아들였던 것이다. 크롬웰은 오언이 군목으로 종군이 끝나자 곧바로 옥스퍼드로 보내어 대학개혁을 추진토록 하였다. 옥스퍼드대학을 개혁하고 경건과 질서와 학문을 회복시키기 위한 조치였다. 크롬웰을 도운 오언은 대학개혁뿐 아니라 국사에도 관여하였고 회중교회파와 장로파 중에서도 경건하고 학식 있는 인물들을 중심으로 교회개혁과 복음전파의 꿈을 펼치고 있었다.71) 크롬웰이 웨스트민스터 신앙고백서가 공포된 후 이 고백서가 자신이 못마땅해 하던 의회와 장로파가 작성한 것이라는 이유로 거부감을 가졌을지는 모르지만 그 내용과 사상에 대해서는 수용적이었을 것으로 짐작된다. 왜냐하면 크롬웰은 웨스트민스터 신앙고백서를 거의 그대로 받아들인 오언을 신뢰하고 기용하여 자신의 고문으로 활용했기 때문이다. 뿐만 아니라 웨스트민스터 신앙고백서는 청교도신학의 정수로서 평가되고 있기 때문이기도 하다. 종교적으로 크롬웰은 성실하고 신실한 독립파 신자였으며 애국적인 영국인이었으며 타협을 모르는 고집스런 측면도 있었지만72) 청교도적 순결함과 교회개혁의 열정으로 이 모든 부정적 견해들을 돌파하였다.

---

69) John Woodbridge 엮음, 『인물로 본 기독교회사』 하, 박용규 역, (서울: 햇불, 2000), 136.

70) James Pecker, 『청교도사상』, 267.

71) John Woodbridge, 『인물로 본 기독교회사』 하, 136.

72) Winks/Brinton/Christopher/Wolff, *A History of Civilization*, (New Jersey: Prentice Hall, 1988), 413.

크롬웰은 단순히 교황주의에 대한 반발을 신학이나 교회정치에만 적용한 것이 아니고 사회윤리의 확립, 풍기단속법 등의 제정을 통한 기독교 이상사회의 구현을 위한 노력, 성직제도의 개혁, 공동기도서의 폐기와 웨스트민스터 신앙고백서의 채택 등에 직간접적으로 간여한 것으로 볼 때 영국에서의 종교개혁[73]에 광범위하게 기여했다고 볼 수 있다.

5. 혁명가 크롬웰

1) 의회의 개혁과 장로파의 숙청

청교도와 영국교회와의 갈등과 대립은 이미 대화와 타협을 통한 해결이 어려운 상황이었고 어느 일방이 상대방을 제압하지 않으면 안 되는 지경에 이르게 되었다. 이러던 차에 국왕 찰스의 심복이었으며 옥스퍼드대학교의 총장을 역임한 캔터베리 대주교 윌리엄 로드(William Laud, 1573~1644)는 찰스의 전제정치에 호흡을 맞추며 청교도의 탄압과 영국교회를 국민교회화하려 했다. 로드는 청교도가 가장 거북스럽게 생각하며 반대하였던 주교제도와 공동기도서에 복종하도록 강요했고 이를 반대하는 청교도들을 인간쓰레기

---

73) 영국에서의 종교개혁은 유럽 여타의 나라와는 달리 왕정복고를 통한 개혁의 중단과 국교로의 환원 등으로 인하여 체코의 후스, 스코틀랜드의 존 녹스, 제네바의 칼뱅 등과 같이 대표할 만한 지도자가 없이 진행된 특징을 갖고 있다. 존 위클리프, 존 오언, 존 번연 등이 있지만 청교도신학자 혹은 작가였지 운동가, 개혁가는 아니었다. 오히려 신대륙의 뉴잉글랜드를 중심으로 조나단 에드워드, 조지 휘필드 등의 활동이 두드러졌다. 찰스 스펄전처럼 부흥운동을 일으킨 청교도는 19세기에 들어서야 등장하게 되었다.

에 비유하였다.74) 찰스와 로드의 전제정치는 그가 1642년에 노팅엄에서 군대를 동원함으로 절정에 달하게 되었다. 결국 영국내전의 시작이 된 이 사건으로 인해 찰스의 왕군에 맞서는 의회파에 소속된 군대가 일어서게 되었고 이들은 필연적으로 영국교회와 왕군을 상대로 싸울 수밖에 없었다. 이 과정에서 크롬웰은 1644년 마스톤 무어에서 왕군을 궤멸하고 승리함으로 영국내전의 결정적 승기를 잡았고 독립파의 입지를 강화시켜주었다. 1년 뒤인 1645년에는 네이스비(Naseby)에서 승리하고 옥스퍼드를 점령함으로 1차 내전을 종식시키게 되고 찰스와의 협상에 돌입하였다. 그러나 국왕 찰스의 지연전술과 도주행각에 분노한 크롬웰은 찰스를 제거하기로 결심하고 의회 내의 반대자들을 대거 숙청하였다. 독립파와 신형군 내의 급진파와 달리, 장로파는 스코틀랜드와 찰스의 밀약에 고무되어 군주제의 존속을 양해하려 했다. 장로파는 교리상으로는 개혁적인 입장에 있었지만 정치적인 좌표는 온건한 왕당파와 다름이 없었다. 따라서 왕과 장로파는 상호교섭적이고 타협적인 입장을 유지했으며 혁명의 진전에 큰 장애로 작용되었다. 장로파의 왕과의 타협과 교섭이 혁명에 해가 될 것임을 가장 먼저 자각한 그룹은 평등파였고 그다음이 독립파 중의 평화파, 그리고 마지막으로 독립파 전체 순이었다. 그리고 크롬웰이 이를 자각하고 행동으로 옮기기 시작한 것은 1648년 12월이었다. 의회 내 장로파의 온건하고도 비개혁적인 태도에 대해 용인하게 될 경우, 혁명의 후퇴가 있을 것을 우려한 크롬웰은 12월 6일, 프라이드 대령을 지휘관으로 하여 군대를

---

74) J. 무어만 저, 김진만 역, 「잉글랜드 교회사」(서울: 성공회 대학교 신학연구소, 2003), pp. 33-35

의회로 파견하여 장로파로 지목된 의원 140명을 추방하거나 혹은 구금하도록 하였다. 이어 60여 명 남짓한 독립파 의원을 남겨 독립파로만 형성된 의회를 유지하였는데 후에 이를 잔부의회(殘部議會, Rump Parliament)라고 부르게 되었다.[75] 잔부의회와 군의회(軍議會) 그리고 사관, 의원, 독립파의 시민, 평등파의 대표 등 4자로 구성된 이른바 '16인 위원회'가 이후 혁명을 위한 법안개정 등을 주도하게 되었다. 이 잔부의회에서 이에 앞서 1647년에는 크롬웰에 대한 의회의 견제가 혁명의 일등공신이었던 신형군에 대한 해체결의로 나타나자 신형군의 대표격으로 이들의 요구를 충족시키고 군대를 유지함으로 혁명을 마무리할 기반을 지속적으로 확보했다.

2) 왕정의 중단

장로파를 중심으로 한 의회 내에서의 분열과 스코틀랜드의 찰스에 대한 분명치 않은 태도로 인해 크롬웰은 찰스에 대한 모종의 조치가 필요하다는 판단을 하지 않으면 안 되게 되었다. 크롬웰의 판단으로는 찰스가 살아 있는 한 평화는 유지될 수 없었고 교회와 사회의 개혁도 요원했다. 스코틀랜드군에 포로로 잡혀 있던 찰스가 스코틀랜드군과 협상을 시도하여 영국 내에 장로파교회를 세울 것을 밀약으로 체결하려 한다는 첩보를 접한 후에는 스코틀랜드군을 공격하여 왕을 체포하여 특별위원회의 재판을 거쳐 사형시켰다. 찰스의 처형소식이 영국국민들에게는 충격이 아닐 수 없었다. 전제군

---

75) 임호수, "청교도 혁명에서 거둔 성과에 대한 연구", 79.

주는 싫어했지만 왕정의 폐지로 인한 공백을 메울 새로운 레짐 (Regime)에 대해서 의혹을 가졌기 때문이었다. 뿐만 아니라 이 소식을 접한 러시아황제도 당황했고 최혜국 대우를 철회했다. 유럽에서의 최초의 혁명을 바라보는 주변국의 시선은 매우 놀랍고도 불안했다. 따라서 국내의 국교도나 교황주의자들 혹은 가톨릭신자들은 크롬웰에 대해 저항하거나 외국으로 도피하거나 혹은 죽거나 하는 선택을 하지 않으면 안 되게 되었다.[76] 그러나 혁명가로서의 크롬웰의 조치는 단호했다. 그는 왕의 전격적인 참수를 전후해, 아일랜드 가톨릭교도들의 청교도들에 대한 폭동을 진압하였다. 아일랜드 가톨릭교도들은 청교도와 개혁파교회 신자들에 대해 지속적으로 공격해왔는데 이에 대해 크롬웰은 왕의 참수 이후 전열을 정비하고 과감히 원정길에 올라 제압하였다.[77]

3) 사회개혁의 단행

혁명 후에도 크롬웰은 호국경의 지위를 이용하여 각종 사회개혁 조치들을 단행했다. 이러한 조치들은 단순한 종교적 영역의 것을 뛰어넘어 청교도사상에 바탕을 둔 사회개혁적 요소가 강한 측면이 있었다는 면에서 혁명정부만이 처리할 수 있었던 조치들이었다. 이를 정리하면 국회 의석의 재분배, 새로운 도시들에게 부여한 자치권, 의회 내 위원회(Parliamentery Committees)를 통한 국가통치,

---

76) C. Hill, *Puritan & Revolution*, (London: Secker & Warburg), 112-114.

77) 아일랜드의 가톨릭교도와 교황주의자들은 계속해서 반란을 꾀했으며 이에 대한 호국경 크롬웰의 정책은 개혁교회 성직자와 신자들의 이주를 통한 인구구성의 변화였다. 이 시도가 성공하지는 못했지만 이주를 통한 아일랜드의 변화를 시도했었을 만큼 이들의 가톨릭적 배경과 뿌리는 깊었다.

성직자의 종교의식이 없이도 신고만으로 결혼이 성립되는 신고 결혼법, 옥스퍼드와 케임브리지, 이튼(Eton) 스쿨, 웨스트민스터, 머천트 테일러(Merchant Taylor) 등 공립학교의 개혁을 위한 위원회의 설립, 우체국 개편, 정신지체장애자들을 위한 보호제도 실시, 빚으로 인하여 피소된 자들에 대한 구제법안 제정, 도로의 개선 등이다. 이 밖에도 극장의 폐쇄 시도, 가면무도회의 금지, 교회에서의 오르간 사용금지 등도 있었다.[78]

혁명은 이로써 완성된 것이 아니었다. 크롬웰은 호국경이자 국가원수(Head of State)로서 그리고 행정수반으로 국무회의를 주관하며 영국을 통치해야 했다. 이를 위한 영국통치의 법률적 기반도 조성되었는데 군사위원회가 1653~1657년, 이 기간에 공포한 「통치헌장」(Instrument of Government)과 의회가 1658년에 작성한 「겸손한 청원과 조언」(Humble Petition and Advice)을 헌법 삼아 「풍기단속법」 제정, 「오락의 책」의 폐지, '소장제'의 실시, 그리고 찰스의 참수에 이어 선포된 공화정의 출범으로 크롬웰은 영국 내 국가원수인 '호국경'으로서 사회개혁을 통한 혁명과업을 지속적으로 추진했다. 「겸손한 청원과 조언」은 통치헌장에 뒤이은 헌법적 성격의 조문으로 전문(前文)과 총 18개 조항으로 이루어진 문서이다. 이 문서는 의회군에 대한 과거의 도발을 죄악시하고 반대로 왕군에 대한 협조와 사주 혹은 동조행위에 대한 적대감을 표현하고 있다. 더 나아가 앞에 기술한 대로 강력한 사회개혁의 의지를 곳곳에서 강조하고 있다.

---

78) E. L. Woodward, 『영국사 개론』, 145-146.

6. 청교도 크롬웰

크롬웰은 엄격한 칼뱅주의적 교육을 통해 어릴 적부터 교황주의의 폐해를 목격하며 성장했다. 젠트리 출신으로 혁명의 주체세력이었던 독립파 교인이었으며 의회의원이었다. 그러나 크롬웰을 정의할 수 있는 가장 근본적인 요소는 그가 청교도였다는 것이다. 일반적으로 그 당시 청교도라 함은 '뜨거운 프로테스탄트'(The hotter kind of Protestants)를 의미했다.

1) 개인적 회심을 강조하는 청교도주의와 크롬웰

청교도 대부분은 에덴에서의 아담과 하와 이래로 인간은 죄인으로 출생하고 전적인 타락으로 인해 복구가 불가능한 죄의 심각성을 가지고 있다고 믿었다. 따라서 인간에게 있어서 이를 극복할 유일한 길인 하나님의 은혜로 말미암아 진정으로 회개한 그리스도인들은 이를 통해 비로소 새로운 인격으로 거듭 태어나게 된다. 그러나 죄로부터 벗어나 구원의 경지에 이르렀다고 말할 수 있는 사람들도 여전히 죄의 유혹에는 노출되어 있음을 인정했다.[79] 인간에 대한 성경적인 이해와 이를 개인적으로 수용하고 끊임없이 깨끗하고 강한 하나님의 일꾼들로 충성하기를 원했던 신앙이 독특한 청교도적 삶의 형태를 창출했다. 특히 개인의 회심을 강조했던 칼뱅주의와 청교도적 태도는 이 운동에 참여했던 모든 인물들의 특징

---

79) Maurice Ashley, *Charles 1 and Oliver Cromwell,* (London: Methuen, 1987), 31.

이었고 독일 경건주의에 이어 복음주의의 전통으로 자리 잡게 되는 역사적 의미를 가진다. 크롬웰도 그의 회심에 대해서는 분명하게 고백하고 있는데 젊은 시절의 그의 회심에 대한 고백은 전형적인 청교도적 분위기를 전해준다. 1646년 3월 2일, 찰스가 헨리라고 하는 지인에게 보낸 편지에서 찰스는 다음과 같이 청교도 신앙적인 특징을 묘사하고 있다.

> "청교도들의 첫 번째 관심은 회심하지 못한 자들의 원죄에 대해 일깨우는 것이었고, 그 이후에는 그들이 하나님 앞에서 그들 자신의 죄, 즉 자범죄를 가지고 있다는 것을 확신하게 하는 데 있었다. 그리고 죽을 정도로 오염된 죄에 대해 깨닫고 이로 인해 하나님 앞에서의 겸손을 가지게 함으로 복음의 약속 안에서 위로받을 수 있도록 격려하였다."[80]

이 편지는 청교도들이 죄의 문제와 개인의 구원과 이로 인해 거듭난 새 인격이라고 하는 구원의 역동에 대해 얼마나 일반화된 행동을 보였는가를 보여준다. 크롬웰의 혁명추진과정의 확신과 군대를 지휘하면서 보여준 용맹성은 청교도적 신앙패턴과 밀접한 연관성이 있다고 보인다. 개인의 회심과 공동체의 신앙고백 등이 전제되지 않으면 보여줄 수 없는 결단과 용기를 보여주고 있기 때문이다.

2) 존 녹스의 영향

한편, 크롬웰에게 있어서 제네바에서 칼뱅에게 영향을 받아 개혁

---

80) Maurice Ashley, *Charles 1 and Oliver Cromwell*, 31. "The Puritan's procedure was first to enlighten the ungenerate man about the nature of sin, then to lead him to the conviction of his own guilt before God. Only when throughly roused and humbled by the deadly pollution of sin…… was he encouraged to find promise of the gospel."

사상에 심취하여 스코틀랜드 종교개혁을 주도한 존 녹스의 비중은 매우 컸다. 칼라일의 평가에 의하면 녹스와 크롬웰은 제사장과 신자와 같았다.[81] 청교도라는 용어 자체가 국교와 비교되어 '까다롭고', '엄격한' 의미를 가진 비하성 명칭이었는데 크롬웰의 삶과 공인으로서 취한 조치는 이 모든 내용을 포함하고 있다. 그러나 크롬웰은 이와 같은 청교도사상에 영향을 받아 엄격하고 까다로운 제도의 정착에 힘을 기울여 공화정과 민주주의, 종교적 관용정신에 입각한 청교도 국가설립을 이상으로 삼았다. 청교도라는 말 자체가 가지고 있는 다양한 의미만큼이나 청교도주의(puritanism) 역시 그 정의에 있어서 많은 논란을 일으켜온 것은 사실이다. 그러나 크롬웰이 특정한 교단(denomination)에 속하지 않았고 독립파적 교회의 배경에 속하였다는 것과 칼뱅주의에 영향을 받았다는 것을 종합해볼 때 국교주의가 아니며 정치적으로는 왕당파가 아니고 의회파의 일원으로 주교제의 폐지, 기도서의 폐지 등을 주장한 종교개혁적 성격으로 볼 때 청교도 이외에 달리 그 배경을 설정할 수 없다.[82] 크롬웰은 정치적으로 어떤 주의(-ism)에 경도된 바 없었다. 그리고 하나님의 섭리와 뜻에 충실하려 했다. 그리고 그의 행동하는 바가 하나님의 뜻에 적합한 것이었는가를 언제나 확인하고자 했다.[83] 존 녹스로부터 온 광범위한 영향이 크롬웰의 사상형성과 공직수행에 있어서 그대로 나타났다고 볼 수 있겠다. 이 모든 청교도적 영향은 후에 혁명에 성공하고 개혁정책을 펼칠 때에 여실히 드러났다.

---

81) Thomas Carlyle, 『영웅의 역사』, 230.

82) Alan Marshall, *Oliver Cromwell, Soldier*, 17.

83) C. Hill, *God's Englishman*, 196.

3) 청교도와의 연대(連帶)

크롬웰은 어릴 적 영향을 받았던 청교도나 칼뱅주의자뿐만 아니라 그가 혁명을 전개하고 호국경으로 국가를 통치하고 개혁을 전개할 때에도 신실한 청교도와 연대하기를 주저하지 않았다. 청교도 사상가 존 오언(John Owen, 1616~1683)은 일찍이 아일랜드와 스코틀랜드와의 전쟁에서 크롬웰 군대의 군목으로 종군했었으며 후에는 옥스퍼드대학의 부총장으로 대학개혁의 임무를 수행하게 된다.[84] 존 호웨(John Howae) 역시 청교도적 칼뱅주의자였는데 크롬웰과 그 아들 리처드 크롬웰의 종군목사로 일했다. 청교도 문필가였던 존 밀턴과 존 번연도 크롬웰과 깊은 관련을 맺고 있었다. 존 밀턴의 경우 크롬웰의 공화정에 참여하여 청교도 정신을 구현하는 데 큰 공을 세웠다. 그의 저서 『실락원』, 『복락원』, 『투사 삼손』 그리고 『기독교 교리』(Christian Doctrine) 등은 교리적·복음적 청교도로서 그의 사상이 잘 투영된 작품이다. 그 외에도 1641년에 쓴 소논문인 "영국에 있어서의 개혁(Of Reformation in England)"은 영국의 감독제도와 주교들을 공격한 내용이었다. 1642년에는 "감독제에 반대하는 이유"라는 논문에서 이상적 교회제도는 감독제가 아니고 사도시대같이 민주적 단순성과 순수성을 보유한 장로제도라고 조리 있게 설명하였다.[85] 밀턴의 이러한 신학과 정치사상은 그가 크롬웰의 혁명정부였던 공화정에 참여하여 10년간 활동하는 동안 크롬웰과 그 정부에 어느 정도 영향을 끼쳤다고 보아야 할 것

---

84) 김재성, 『개혁신학의 광맥』, 428.

85) 정준기, 『청교도 인물사』, (서울: 생명의말씀사, 2001), 67.

이다. 밀턴은 왕권신수설에 근거한 통치자의 절대성을 인정하지 않았다. 존 녹스가 밝힌 바가 있듯이 권력의 근원은 하나님께 있다고 주장했다. 따라서 만약에 군주가 권력을 남용한다면 국민은 권력을 되찾고 폭군을 폐위시키거나 처형할 수 있다는 것이다.[86] 크롬웰은 국왕 찰스의 처형을 합리화해준 이론가였을 뿐 아니라 명문장가였던 밀턴을 외국어 담당비서로 발탁하여 공화정의 변증가로 활동하도록 배려했다. 밀턴은 크롬웰의 기대에 부응하듯 찰스 1세의 궁정 목사였던 존 고든이 찰스의 참수는 성자에 대한 살인임으로 찰스는 순교자라는 주장을 펴자, "우상파괴자(*Eikonoklastes*, 1649)"라는 글을 써서 찰스가 거룩한 순교자로 죽은 것이 아니고 시민의 권리파괴로 처형당한 것이라고 반박했다. 이외에도 찰스 2세의 왕정복고가 이루어지기 며칠 전까지도 「자유공화국을 세우는 쉽고도 적절한 길」(*The Ready and Easy Way to Establish a Free Commonwealth*)이라는 글을 발표하고 정직하고 참된 정치지도자에 의해 헛된 망상, 전염병적 광기, 에굽의 노예상태에서 민중은 깨어나야 한다면서 하나님이 원하시는 참된 역사는 폭군을 축출하고 자유를 쟁취하는 것이라고 역설했다.[87]

또 다른 청교도 문필가 존 번연은 크롬웰과 직접적인 접촉이 있지는 않았지만 크롬웰의 신형군 소속으로 3년간 복무하며 크롬웰의 군대에 크게 감명을 받았다. 존 번연이 본 신형군은 전장에나 막사에서 고도로 엄격한 훈련을 받았으며 노름도 하지 않고 술도 마시지 않았으며 당시에는 흔히 있었던 민간인들에 대한 민폐도

---

86) 정준기, 『청교도 인물사』, 84-85.
87) 정준기, 『청교도 인물사』, 87.

끼치지 않았다. 후에 그는 신형군의 경험을 토대로 『거룩한 전쟁』 (*The Holy War*)을 집필하였다.[88] 존 번연은 크롬웰시대에 교회로 사용했던 베드퍼드 성의 요한 침례교회에서 설교자로 섬겼는데 1660년, 왕정복고 이후에는 설교금지령을 위반했다는 죄로 12년간 의 옥고를 치르다 1672년에 출옥하여 5년간 베드퍼드 침례교회의 목사로 임직되어 시무하였는데 이즈음에 『천로역정』(1684)과 『거 룩한 전쟁』(*The Holy War*)(1682)을 구상하고 마무리 짓게 되었 다.[89] 1688년에 심한 열병을 앓다 사망하기까지 국교도와 왕의 회 유에도 불구하고 침례교의 목사로서 그리고 청교도 작가로서의 삶 을 포기하지 않았다. 존 밀턴과 크롬웰은 공화정을 함께 꾸려나갔 던 청교도들이었으며 존 번연은 크롬웰에게 영향을 받아 청교도 문필가로, 정치적 저항자로, 그리고 목회자로 헌신했던 인물이다. 토마스 굿윈(Thomas Goodwin, 1600~1680)의 경우는 케임브리지 의 성 캐더린대학의 연구원으로 재직할 때부터 비국교적 성향으로 주의를 끌고 있다가 1634년에는 당국자들의 압력에 못 이겨 사임 하게 되었다. 그러나 그 이후에도 그는 회중교회 목사로서, 회중교 회 제도에 대한 신념을 굳혔고 웨스트민스터 회의 회원으로 임명 되어 활동하기도 하였고 1650년에는 의회의 결정에 따라 옥스퍼드 대학교 막달렌대학의 총장으로 임명되기도 했다. 그는 또 회중교회 의 교회정치강령이라고 할 수 있는 사보이선언을 입안하는 데 있 어서 오언, 브리지, 카일 등의 청교도들과 함께 주도적인 역할을 하 였다.[90] 사보이회의와 사보이선언은 크롬웰의 절대적인 지지와 보

---

88) 정준기, 『청교도 인물사』, 121.
89) 정준기, 『청교도 인물사』, 125.

호 아래 진행된 반 국교도 및 회중교회 건설을 위해 마련된 조직체
였다.

7. 크롬웰에 대한 다양한 평가들

찰스 2세의 복귀 후 웨스트민스터에 있던 크롬웰의 시신은 끄집
어내어져 찰스의 통치가 끝날 때까지 목이 매달려 효수(梟首)되었
다. 17세기에 크롬웰은 용감한 악인으로, 18세기에는 메스꺼운 위
선자로, 19세기에 와서 칼라일에 의해 찰스 1세의 절대왕정을 타파
한 헌정의 개혁자로 평가되었다.[91] 크롬웰은 토마스 칼라일[92]이
그의 저서 『영웅의 역사』에서 소개하기 전까지 서양 인물사에서
두각을 나타낸 인물이 아니었다. 칼라일은 많은 청교도들이 역사의
심판대 위에서 교수목에 매달려 있다가 내려왔는데 크롬웰만은 아
직도 교수목에 매달린 채로 있으며 아무도 그를 옹호하지도 않고
대역죄(大逆罪)로부터 사면해주지 않으려 한다고 안타까워했다. 더
나아가 크롬웰을 유능하고 지혜가 충만하며 용기 있는 사람이며
헌법상에 보장된 자유를 얻고자 고상하게 투쟁한 인물로 평가하고
있다.[93] 우드워드(Woodward)도 유사한 평가들을 소개하고 있다.

---

90) Peter Lewis, 『청교도 목회와 설교』, 50.

91) 이종은, "영국혁명의 의의 및 크롬웰의 역할". 『정치사상 연구』 2, (2000. 4): 171.

92) 칼라일은 유럽혁명의 발단을 루터의 종교개혁으로 보았다. 프랑스혁명도 종교개혁의 영향으로 평가했
다. 종교개혁 당시, 그리스도의 교회라고 자처하던 것이 거짓으로 전락하고, 뻔뻔스럽게도 쇠붙이로 만
든 돈을 받고 사람들의 죄를 용서한다고 사칭하며 자연의 진리에 위배되는 거짓말이 그 모든 것의 발
단이었음을 지적하고 있다.

93) Thomas Carlyle, 『영웅의 역사』, 319-320.

크롬웰의 호국경으로서의 통치가 찰스 1세는 물론 찰스 2세보다도 뛰어났다고 하는 평가도 있다. 적어도 크롬웰 전후의 왕들이 가졌던 애국심보다는 강한 애국심을 가졌고 외교정책은 가히 예언적이기까지 하다는 것이다. 예를 들면 프랑스보다는 스페인이 영국에는 항상 위협적이었다고 말해왔는데 실제로 스페인은 네덜란드와 함께 무역팽창에 있어서 가장 큰 장애물이었으며 호국경 재직 시에도 빈번한 전투가 스페인 사이에서 치러졌다.[94]

반면에 크롬웰을 오직 군대에 의존하여 무력으로 권력을 장악한 후에는 자신을 호국경이라고 칭하며 영국을 제한군주제 형태로 되돌려놓았다는 평가도 있다. 찰스 1세는 의회의원들 중 겨우 5명 정도를 제거하려 했지만 크롬웰은 두 번 소집했던 의회 중 1, 2기 의회를 모두 해산시켜버렸고 무려 100명에 가까운 의원들을 2차 의회가 소집되기 전에 축출해버렸다는 점은 독재자의 이미지로 묘사되고 있다. 게다가 그가 호국경으로 있는 동안 그는 거의 왕이나 다름이 없었다. 제왕의 의복을 입었고 의식이 있는 날에는 금홀을 쥐고 있었다. 이런 일로 인해 왕정복고가 이루어진 이후 스페인의 필립 2세처럼 화려했던 그의 장례식과는 달리 1661년 1월 30일 찰스 1세의 처형기념일에 그의 무덤은 파헤쳐져서 목이 잘려졌고 그 목은 1684년까지 웨스트민스턴 홀에 창에 꽂혀진 채 전시되었다.[95] 당시 왕당파의 평가는 더 가혹하다. 그들은 크롬웰을 마키아벨리(Machiavellian)와 같은 인물로 풍자했다. 마키아벨리는 원래 청교도 내 수평파(the Levellers)를 풍자하는 표현이었으나 점차 왕

---

94) E. L. Woodward, 『영국사 개론』, 142-143.
95) E. L. Woodward, 『영국사 개론』, 141-142.

당파가 의회파를 묘사할 때 자주 사용하는 표현이 되었다.[96) 크롬웰에 대한 평가가 이렇듯 대조를 이루는 것은 평가자의 입장이나 견해의 차이에 기인한 바 크다. 왕당파나 보수파 혹은 국교도와 로마가톨릭의 입장에서 본다면 대역죄를 저지른 반란군의 수괴(首魁)로, 국교도와 로마가톨릭의 입장에서 본다면 입헌군주제를 몰락시킨 반역자이자 전통적인 교회를 몰락시킨 이단아였던 것이다.

앞에서 언급된 것처럼 크롬웰에 대한 평가는 대체로 국교도 입장에서 냉정한 편이다. 성공회 주교를 지냈으며 성공회 역사가인 최철희는 찰스 1세는 그의 죽음으로 오히려 민중의 지지를 되찾았고 반대로 크롬웰의 사망으로 청교도 세력은 쇠퇴했다고 보았다. 결과적으로 크롬웰이 죽고 찰스 2세가 복귀한 1660년 이후로는 기도서가 다시 사용되었고 주교직도 복구되었고 성직수행에 제한을 받았던 국교회 성직자 1천 명이 교회로 돌아와 영국국교회의 재건을 이루었다고 평가했다.[97) 또한 크롬웰은 농촌 젠트리이면서도 직업군인이고, 종교적으로는 급진적이면서도 사회적으로는 보수적이며, 정치적으로는 이상주의자이며 헌정구조를 만들어내는 데는 현실주의자의 모습을 보여주고, 사람됨이 고결하면서도 참을 수 없을 만큼 독선적이기도 했던 이중적인 면을 아울러 지닌 특이한 인물로[98) 평가되기도 했다. 더 나아가 영국교회를 지키려고 했던 찰스를 오히려 영웅시함으로 크롬웰의 무자비함과 대조시키는 평가도 있다. 존 무어만은 찰스는 잉글랜드 교회사에서 로마교회의 시성에

---

96) Laura Lunger Knoppers, *Constructing Cromwell*, (Cambridge : Cambridge Press, 2000), 16.
97) 최철희, 『세계 성공회사』, (서울: 대한기독교서회, 1996), 140-141.
98) Kennth O. Morgan ed, 『옥스포드 영국사』, 361.

가까운 경지에 이르렀다며 그를 "자신의 신조와 교회를 위해 목숨을 바친 수난의 상징"으로 묘사했다. 계속해서 "찰스는 확실히 좋은 사람이었고 그는 자신이 옳다고 믿는 대로 행동했다"고 확신했다. 그의 아버지는 그에게 "왕의 신성한 권한은 하나님의 뜻에 속한다"고 가르쳤으며 그는 "죽음을 무릅쓰고 이 교리를 지킨 것"으로 보았다. 그러므로 크롬웰의 죽음과 함께 청교도의 운명도 막을 내린 것으로 평가했다.[99] 그도 그럴 것이 찰스 2세의 복귀로 인하여 왕정만 복귀된 것이 아니고 영국국교회와 가톨릭의 복구도 겸하여 이루어졌기 때문이다. 지도자의 무덤이 파헤쳐지고 그 머리가 벽에 매달리게 되는 효수형에 처해진 상태에서 더 이상 청교도의 확산을 추진하기는 어려웠던 것이다.

이 밖에도 크롬웰에 대해서는 '보수적 독재자', '최초의 파시스트', '혁명은 이끌 수 있었으나 적극적인 정치관이나 수완도 없이 몰락하고 있던 젠틀맨', '촌뜨기 급진주의자', '천부적인 평의원', '하나님의 뜻을 세상에 펴기 위해 노력하면서도 종교적 이상과 정치적 조치의 필요 사이에서 고민하던 기독교인'[100] 등 다양한 평가가 있다.

---

99) John Moorman, 『잉글랜드 교회사』 하, 김진만 역, (서울: 성공회대학교 신학연구소, 2003), 48-49.

100) C. Hill, 『영국혁명 1640』, 85.

■■■ **제6장**

크롬웰의 신앙이 영국혁명에 미친 영향

제6장
크롬웰의 신앙이 영국혁명에 미친 영향

1. 정치적 이상으로서의 신앙

크롬웰의 가정환경 및 그가 다녔던 학교와 스승들의 사상은 크롬 웰을 자연스럽게 독실한 청교도의 일원으로 인도하였다. 특히 비어 드에 의해 획득된 하나님의 섭리에 대한 분명한 가르침과 칼뱅의 예정설은 하나님께서는 역사에 개입하시고 당신의 목적대로 역사의 발전을 이끌어 가신다는 확신을 갖게 하였다. 따라서 크롬웰은 모든 역사적 사건은 하나님의 영원하신 계획을 구현하는 과정일 뿐이며 인간은 그 과정에서 하나님의 도구로써 하나님의 뜻을 이루는 데 쓰임 받을 뿐이라고 하는 생각을 견지하게 되었다. 이러한 생각이 크롬웰로 하여금 무엇을 하던지 과연 그것이 하나님의 뜻을 제대로 구현하고 있는 것인가를 항상 질문하게 하였다.[1] 본 절에서는 크롬웰이 칼뱅주의에서 받은 영향과 그의 섭리사상, 성경관, 하나님의 나라에 대한 이해, 종교적 관용에 대해 알아보고자 한다.

1) 청교도주의와 칼뱅주의의 영향

크롬웰의 어린 시절은 메리의 영향이 퇴색되고 퓨리턴과 칼뱅주의적 프로테스탄티즘이 확산되어가는 때였다. 그가 받은 초등교육(문법학교)부터 대학에 이르기까지 주변의 교육환경은 충분히 개혁적이었고 특별히 충실한 퓨리턴적 삶을 설계하기에 적절한 것이었다. 그가 영향을 받은 청교도주의와 칼뱅주의와의 관계를 살펴보기로 한다.

이미 1552년을 전후로 하여 캔터베리 대주교로 있던 토마스 크랜머와 칼뱅은 서신을 주고받으며 개혁사상에 대한 공감대를 넓혀나갔다. 크랜머는 1552년 3월, 칼뱅에게 보낸 편지에서 대대로 지킬 예배모범을 수립하고 교리적인 토론을 벌일 복음적인 회의체(evangelical council) 구성을 제안했는데 크랜머는 이 제안을 멜랑히톤(Philipp Melanchthon)과 하인리히 불링거(Heinrich Bullinger)에게도 편지로 전했다. 그러나 뒤의 두 사람한테는 답신을 받지 못했고 칼뱅에게는 한 달 뒤인 4월에 답신을 받게 되는데 이 답신에서 칼뱅은 참여하는 것을 약속하기는 어렵지만 좋은 제안이라는 호의적인 의사를 전달했다.[2] 크랜머는 칼뱅의 이중예정론(二重豫

---

1) 이동섭, "Oliver Cromwell의 청교사상 연구", 『한성사학』 2, (1984): 68.

2) W. de Greef, Lyle D. Bierma translation, *The Writings of John Calvin*, (Grand Rapids: Baker, 1993), 218.

定論, double predestitatio)을 수용했다. 이중예정론이란 하나님께서는 구원받을 사람과 유기될 사람들 모두를 예정하셨다는 교리인데 이러한 선택과 유기의 권한은 오직 전능하신 하나님께만 있다고 하는 칼뱅주의 교리의 핵심 중의 하나이다.[3] 칼뱅의 이중예정론을 영국국교회 주교였던 크랜머가 수용했다고 하는 것은 칼뱅의 영향력이 얼마나 강력했었던가를 짐작케 할 뿐만 아니라 영국국교 자체가 얼마나 성경기반에 멀리 있었고 허약한 교리체계를 가지고 유지되고 있었는가를 여실히 보여준다. 칼뱅과 크랜머의 서신교환은 그 이후에도 계속되었고 크랜머가 주로 개혁조치들을 구상하며 질문과 도움을 구하면 칼뱅이 이에 조언과 지지를 하는 형식이었다. 칼뱅과 크랜머의 서신교환은 크랜머가 개혁적인 조치들을 취하는 데 있어서 많은 영향을 끼쳤을 것으로 보인다.

크랜머는 이미 헨리 8세의 재위시절, 그의 지지를 바탕으로, 그리고 왕 자신이 개신교와 가톨릭 어디에도 서고 싶지 않았던 입장을 간파하고 영국교회에서 가톨릭적 요소를 상당히 감소시키는 조치를 취하게 된다. 크랜머는 헨리로 하여금 영어로 된 기도서를 채택할 수 있도록 승낙을 받은 일과 교구사제들이 교회 내의 편리한 장소에 영어로 된 성경을 비치하여 누구든지 쉽게 읽도록 하는 조치를 취하는 것으로 칼뱅주의의 정착을 위한 토대를 마련했다. 헨리 8세가 크랜머의 반대에도 불구하고 가톨릭적 요소를 포함하고 있는 「6개 조항」(the Six Articles)[4]을 의회에서 통과시켰으나 1547년에 헨

---

3) Maurice Ashley, *Charles 1 and Oliver Cromwell*, (London: Methuen, 1987), 36.

4) 헨리는 이 조항에서 성찬 시 화체설을 부인하는 자나 이종(異種)성찬을 주장하는 자는 이단이며 사형에 처할 것이며 그 재산을 몰수한다고 선언하였다. 또한 성직자의 독신을 다시 한 번 강조하며 이미 결혼한 성직자도 부인을 버릴 것을 지시했다.

리가 죽고 에드워드 6세가 왕위에 오르자 크랜머는 자신의 직권으로 영국국교회를 개신교 쪽으로 방향을 틀려는 시도를 끊임없이 감행했다. 여기에는 「6개 조항」의 폐지를 비롯하여 예배시간에 영어 성경 사용하기, 올바른 교리의 선포, 떡과 포도주를 함께 분배한 이종(異種)성찬의 허용, 성직자의 결혼 등이 있었다. 가장 중요한 그의 시도는 1548년에 발행된 「공동예배서」(Order of Communion)와 이듬해에 나온, 영어로 작성된 「공동기도서」(the Book of Common Prayer)의 발행이었다. 1549년에 초판이 발행된 이 예배모범의 일종인 「공동기도서」는 3년 뒤에는 더욱 개혁된 형태로 개정판이 출판되었고 여기에 칼뱅과 유사한 견해들을 포함시켰던 것이다.[5] 한편 크랜머는 「42 신조」를 작성했는데 이 조항은 가톨릭주의와 재세례주의를 배제하면서 칼뱅주의와 루터주의를 균형 있게 정립하고자 했던 일종의 신앙고백서였다. 엘리자베스 통치기간에 영국개혁자들의 신학의 종합이라고도 불릴 수 있는 「39 신조」(Thirty nine Articles of Religion)가 1571년에 반포되는데 이것이 바로 크랜머가 작성한 「42 신조」를 바탕으로 약간의 수정을 가한 것이었다.[6] 칼뱅은 1553년을 전후하여 영국왕 에드워드 6세를 비롯한 많은 개혁자들에게 편지를 보내 개혁전선에 합류할 것을 권면하기도 했다.[7] 칼뱅의 기독교 강요는 영국에서 영어로 번역되어 15판이나 판매되었고 1600년까지 무려 90여 종에 달하는 칼뱅 관련저서들이 영국에서 출판되

---

5) Justo L. Gonzales, 『기독교사상사』 Ⅲ, 이형기·차종순 역, (서울: 한국장로교출판사, 1988, 243-245.

6) Justo L. Gonzales, 『기독교사상사』 Ⅲ, 247.

7) Stanford Reed ed, 『칼뱅이 서양에 끼친 영향』, 홍치모·이훈영 역, (서울: 크리스천 다이제스트, 1993), 225-227. 칼뱅은 에드워드 6세와 서신을 교환하고 이사야서 주석을 헌정했다. 그의 섭정이었던 서머셋 공작에게도 디모데전서 주석을 헌정하기도 하였다.

었다. 특히 기독교 강요는 옥스퍼드와 케임브리지대학의 신학도들에게는 표준적인 신학독본 역할을 하였다.[8] 제네바에서 돌아온 성직자와 신학자가 가장 많이 정착하여 영향력 있게 칼뱅주의를 설파한 곳은 그중에서도 케임브리지대학교였다.[9] 엘리자베스 시대의 청교도는 상당수가 칼뱅주의자였고 그 발원지는 단연 케임브리지였다. 그중에서도 윌리엄 퍼킨스(William Perkins, 1558~1602)는 케임브리지의 칼뱅이라는 별명으로 불렸을 정도로 칼뱅주의의 확산에 주력했던 인물이었다.[10] 윌리엄 퍼킨스와 함께 케임브리지의 청교도운동을 이끈 인물은 토마스 카트라이트(Thomas Cartwright)였다. 1567년 가을 헨리 8세가 세운 Trinity 대학의 설교자로 임명된 그는 교회의 개혁과 영국국교회에 잔존하고 있는 로마가톨릭적 유풍에 대해 지적하고 불철저한 종교개혁을 비판하는 내용의 설교를 했다. 그는 6개 조항[11]의 개혁 견해를 밝혔고 성직복장의 폐지를 요구하는 의복논쟁(衣服論爭)[12]을 촉발시키기도 했는데 이 모든 것은 당시 케임브리지에 영향을 끼치고 있던 칼뱅의 사상과 맥을 같이하고

---

8) Stanford Reed, ed, 『칼뱅이 서양에 끼친 영향』, 245.

9) 당시 영국의 거의 모든 대학과 교회에 가장 많은 영향을 끼친 인물은 단연 칼뱅이었다. 칼뱅의 저술은 거의 모든 대학교에서 교과서로 읽혀졌으며 제네바에서 망명생활을 접고 귀국한 거의 모든 인물들이 이 대학에서 가르쳤다. 이 대학은 칼뱅주의가 부활하기에 매우 적합한 곳이었고 이 학교를 통해 정부나 교회나 학교에서 일하는 사람들이 영향을 받았다.

10) 김재성, 『개혁신학의 광맥』, 405-413.

11) 홍치모, 『종교개혁사』, (서울: 성광문화사, 1977), 177. 카트라이트의 영향으로 당시 트리니티대학에서 드려지는 저녁예배 때 불과 두세 명 정도의 학생을 제외한 나머지 학생은 모두 제복(백상의)을 착용하지 않고 참석했는데 이것은 그 당시만 해도 국가정책에 대한 공공연한 반항에 해당되었다. 트리니티대학의 학생은 전체 케임브리지대학교 학생의 25%를 차지했으므로 영향력은 상당했을 것이다.

12) 홍치모, 『종교개혁사』, 179. 6개 조항이라 함은, 1) 대주교와 주교의 명칭 및 직제는 폐지되어야 한다. 2) 신약성경에 기록되어 있는 감독과 집사직을 두어야 한다. 3) 감독은 순수하게 영적 기능만을 발휘해야 하며 집사는 빈자의 구제에만 종사해야 한다. 4) 목사는 자기가 목회하는 지교회에 소속되어야 하며 해당 신도가 있어야 한다. 5) 목사의 인사나 주교의 임명에 있어서 주교 한 개인의 청원에 의해서가 아니라 각 지교회의 선거에 의해서 결정되어야 한다. 6) 교회 법정의 권위를 목사와 장로회에 두어야 한다 등이다. 내용이 전반적으로 칼뱅의 사상에 바탕을 둔 것임을 알 수 있다.

있는 것이다. 특히 카트라이트는 1570년 봄, 케임브리지에서 사도행전 2장의 설교를 통해 대주교와 주교, 집사직을 폐지하고 지역의 교회들이 장로의 통치를 받아야 한다고 역설했다.[13] 곧 카트라이트는 제네바로 추방되어 그의 칼뱅주의와 장로주의적 주장을 더 이상 펼칠 수 없었다.

메리의 등장과 함께 수많은 개혁신학자와 목회자가 제네바로 망명하여 존 녹스 등과 함께 영국의 종교개혁을 모색하며 지냈다. 제네바의 성 베드로 교회에서는 칼뱅의 가르침을 듣기 위해 모인 영국 신자들이 귀국하여 상당수가 케임브리지대학교에서 가르쳤던 것이다.[14] 엘리사 콜스(Elisha Coles, 1608~1688)는 후에 회중교회적인 칼뱅주의자로 이름을 떨친 토마스 굳윈(Thomas Goodwin)과 철저한 칼뱅주의자였던 존 오언에게 영향을 준 칼뱅주의자였다. 그리고 굳윈은 웨스트민스터 신앙고백서 작성에 참여하였고 올리버 크롬웰 통치시기에는 옥스퍼드대학교 막달린대학의 학장으로 존 오언과 함께 대학개혁을 주도했다. 존 오언은 올리버 크롬웰 군대의 군목을 거쳐 고문이 되어 옥스퍼드대학의 부총장으로 대학개혁의 책임을 맡게 되었다.[15] 오언은 아버지의 신앙을 따라 칼뱅주의자가 되었지만 무엇보다 성령의 중생의 체험을 통해 확고한 칼뱅주의자가 된 인물이다. 그의 모든 신학 작업은 칼뱅주의를 수호하고 발전시키는 것이었고 그의 신학체계가 방대하다 할지라도 칼

---

13) Peter Toon, *Puritans and Calvinism*, (Swengel Pennsylvania: Reiner Publications, 1973), 15.
14) 김재성, 『개혁신학의 광맥』, 405-413.
15) 김재성, 『개혁신학의 광맥』, 428-429. 존 오언은 탁월한 경건과 뛰어난 학문으로 청교도 신앙과 신학의 정수를 보여준 인물이다. 영국 청교도라는 산맥은 본래 개혁파 정통주의라는 더 큰 산맥으로부터 뻗어 나온 것이라 할 때 존 오언은 윌리엄 에임스(William Ames), 그리고 윌리엄 퍼킨스(William Perkins)와 함께 청교도 산맥의 최고봉이다.

뱅주의라는 전제와 내용상의 일관성을 유지하고 있다.16) 존 오언과 함께 17세기에 가장 뛰어난 칼뱅주의자로 꼽히던 존 호웨(John Howe, 1630~1705)는 토마스 굳윈에게 영향을 받아서 칼뱅주의자가 되었다.17) 크롬웰과 존 밀턴이 속해 있었던 독립교회파는 1658년 런던의 사보이에서 '사보이선언'을 발표하게 되는데 이 사보이선언은 칼뱅주의 신학의 근본원리에서 출발한 것이었다.18) 여기에 주도적인 역할을 한 인물이 바로 존 오언이다. 그리고 사보이선언은 청교도신학의 결정체라고 할 수 있는 웨스트민스터 신앙고백서를 바탕으로 한 것이어서 청교도사상과 칼뱅주의와의 관계가 얼마나 사상적으로 밀접해 있는지를 알 수 있다.

한편, 영국의 청교도주의 형성에 지대한 영향을 끼친 인물 중의 하나는 스코틀랜드의 종교개혁을 완성했던 존 녹스(John Knox, 1514~1572)였다. 존 녹스는 일반적으로 칼뱅의 사상의 계승자로 평가하는데 이견이 없다.19) 존 녹스가 메리여왕의 박해를 피해 망명길에 노예선에 감금되어 있을 때 서머셋 공작이 그의 석방을 위해 애를 쓴 영향으로 인해 녹스는 영국으로 망명하게 되었다.20) 이미 서머셋 공작과 칼뱅의 관계는 교회의 개혁을 두고 깊은 소통이 있었던 것으로 보아 칼뱅과 서머셋 그리고 존 녹스는 상호소통관계에 있었음을 알 수 있다. 뿐만 아니라 17세기 영국 청교도주의의 주요사상 중의 하나가 계약사상이었는데 이것 또한 존 녹스의 영

---

16) 박대남, "존 오언의 성령론 연구", (Ph. D. diss, 총신대학교, 2006), 49.
17) 김재성, 『개혁신학의 광맥』, 420-421.
18) 김재성, 『개혁신학의 광맥』, 397.
19) 홍치모, 『종교개혁사』, 200.
20) 권태경, 『하나님 마음에 합한 사람』, (서울: 그리심, 2002), 113.

향이었다.[21) 칼라일은 녹스를 "개인적으로도 용감하고 탁월한 인물이지만, 그보다는 스코틀랜드, 뉴잉글랜드, 올리버 크롬웰의 신앙을 창시해준 대제사장으로서 더욱 중요한 인물"로 평가했다.[22) 또한 크롬웰은 혁명이 진행되고 군사적 승리를 통한 자신의 정치적 입지를 확고히 해나가면서 젠틀맨들을 향해 자신과 함께할 것을 설득했고 자신은 하나님께로부터 보내심 받은 자로 인식하고 있었다.[23) 칼뱅주의의 하나님의 주권사상과 섭리사상에 영향을 받은 바 크다 할 수 있는 대목이다.

그렇다면 영국의 칼뱅주의자들이 칼뱅에게서 무엇을 배웠기에 청교도운동으로 발전시켰고, 영국혁명의 단초를 제공했는가? 칼뱅은 제네바에서 가히 신정정치(神政政治)라 할 만큼 성경에 기초한 도시건설에 애착을 보였고 많은 개혁자들의 입을 통해 제네바는 '그리스도인 학교'로 불렸다. 영국의 많은 개혁 사상가, 성직자들이 제네바에 와서 칼뱅의 사상에 영향을 받았다는 사실은 전술한 바와 같다. 칼뱅은 일방적인 민주주의나 또한 일방적인 군주제 어느 것에도 기울지 않았다. 칼뱅은 군주제를 옹호하기도 했고 군주제의 폐해를 지적하면서 민주제도를 주장하기도 했다. 칼뱅은 정당하게 임무를 수행하는 군주들에게는 오히려 찬사를 보내면서 자신의 주석들을 헌정하였다. 영국왕 에드워드 6세에게는 이사야서 주석을, 엘리자베스여왕에게는 그 수정본을, 스웨덴왕 구스타부스에게는 소선지서 주석을, 영국의 서머셋 공작에게는 디모데전서 주석을,

---

21) 권태경, "존 녹스의 계약사상 연구", 41.
22) Thomas Carlyle, 『영웅의 역사』, 230.
23) C. Hill, *God's Englishman*, 197.

폴란드의 지기스문트 아우구스투스(Zigismund Augustus)에게는 히 브리서 주석을 각각 헌정했다.[24] 이러한 헌정작업이 의미하는 바는 군주제와 군주라 할지라도 그 직을 하나님의 위임받은 자답게 사용하면 전혀 나쁠 것이 없다는 뜻으로 해석된다. 칼뱅은 관직 자체와 관직에 임명되어 그 직을 수행하는 사람을 구별하였다. 관직은 가치중립적인 경우가 많고, 관직에 임명된 사람에 의해 선한 관직이 될 수도 있으며 악한 관직이 될 수도 있다는 것이다. 즉, 용례(Usage)에 관한 문제이지, 군주제는 나쁘고, 민주제는 좋다는 식의 단순 비교는 하지 않았다. 단, 절대군주는 타락할 가능성이 많으므로 경계해야 한다고 보았고 이에 대한 주장과 가르침들이 영국의 개혁자들과 청교도들에게는 영향력 있는 주장이 되었을 것이다.[25] 칼뱅주의의 가장 큰 영향력 가운데 하나는 단연 성경중심의 사상이었다. 칼뱅은 설교에 있어서도 가장 중요한 요소는 준비성이라고 주장했고, 그 준비란 다름 아닌 성경에 대한 연구였다. 칼뱅에게 있어서 설교란 하나님의 말씀에 대한 증거이므로 설교가 지나치게 청중에게 초점을 맞추거나 헛된 수다에 몰두하는 것 등을 금하였다. 설교란 오직 좋은 양식을 전달하는 것이 되어야 하는데 그 양식이란 오직 성경에서만 얻을 수 있다는 것이다.[26] 칼뱅은 성경의

---

24) 이은선, "칼뱅의 신학적 정치 윤리에 관한 연구", (Ph. D. diss, 총신대학교, 1996), 113.

25) 이은선, "칼뱅의 신학적 정치 윤리에 관한 연구", 116~117. 칼뱅의 영향력은 단지 영국뿐이 아니었다. 1533에서 1633년까지는 프랑스에서 칼뱅주의는 황금기를 지냈고, 네덜란드, 그리고 비록 소수이기는 했지만 독일, 헝가리 등에서도 영향을 끼쳤다. 특히 스위스에서는 제네바를 비롯한 스위스의 모델이 적용되어 개혁운동의 기반으로 작용했고 영국과 스코틀랜드에 이르러서는 청교도 영성으로 꽃을 피웠다. 신대륙에서는 뉴잉글랜드를 중심으로 새로운 기독교 국가의 탄생에 기여했다. 이외에도 캐나다, 호주와 남아프리카 공화국 등에도 영향을 미쳤다. 이들 칼뱅주의에 영향을 받았던 제국들 중 한국선교에 헌신한 나라는 미국, 캐나다, 호주 등을 주축으로 했고 한국교회도 결국 그로 인해 칼뱅주의의 영향을 받게 되었다.

26) 박건택 편저, 『칼뱅과 설교』, (서울: 나비, 1988), 66~67.

권위를 하나님의 영감에서 찾았다. 성경은 성경의 저자들이 전달한 문서가 아니라 하나님께서 우리에게 말씀하신 것이며 오직 기록자들은 하나님께서 선언하도록 위임하신 것들만을 발설하도록 하셨다. 이것이 바로 기독교를 다른 종교와 구별 짓는 요소였던 것이다.[27] 청교도가 가진 두드러진 특징 중의 하나가 성경을 가장 권위 있는 절대적인 진리로 여기는 것이라고 한다면 크롬웰은 그 누구보다도 청교도였다. 존 오언과 존 호웨 등은 성경이 말씀하고 있는 것은 곧 하나님 자신께서 말씀하시는 것이라고 하는 믿음이 있었다.[28] 칼뱅주의의 출현은 17세기 지성의 흐름을 뒤바꾼 역사적인 사건이었다. 칼뱅주의 교리는 세기를 이끌고 세상을 바꾼 사상적 힘을 가지고 있었다. 그리고 크롬웰과 영국혁명의 이데올로기 형성에 있어서 칼뱅주의가 기여한 부분은 크다.[29] 크롬웰은 칼뱅주의와 청교도의 오랜 대화의 산물인 제반 개혁사상에 심취했고 이를 토대로 형성된 인맥을 활용하여 혁명과업을 수행해나갔다.

2) 장로파와 크롬웰의 입장

칼뱅주의와 장로주의에 대한 영향은 혁명이 한참 진행되던 때인 1642년을 전후로 하여 스코틀랜드 장로교제도를 영국의회가 심도 있게 논의하여 영국의 새로운 국교로 삼고자 하는 시도로 나타났다. 결국 실현되지는 않았지만 이에 대한 시도는 매우 구체적으로

---

27) John Calvin, 「디모데 후서 주석」, 『존 칼빈 성경주석』 Vol. 20. (서울: 성서원, 2001). 593.
28) James Paker, 『청교도 신앙』. 117.
29) C. Hill, *God's Englishman*. 206–207.

진행된 바 있다. 스코틀랜드의 장로교제도를 도입하기 위해 6명의 대표단을 지명하고 연 2회 지방의회에 참석하게 한 후 다시 이들을 중앙의회의 요청에 의해 참석케 하는 것으로 이에 대한 의견을 개진하도록 하였다. 그리고 영국 장로교제도는 스코틀랜드와 달리 교회가 의회 위에 전권을 행사하지는 못하도록 할 방침이었다.[30] 그러나 당시 영국의 복잡한 교회 분파들과 또 그 분파들의 교리 및 정치적 이해관계와 맞물려 장로교에 대한 반감도 만만치 않았다. 주로 분리파와 독립파 청교도들은 교회언약을 중시여기며 장로교적 교회제도에 반감을 표시하였다.[31] 개혁교회들의 교구 목사들과 평신도 지식인층에서도 장로교 정치제도에 대해서는 호의적이지 않았다. 따라서 독립파의 핵심인물이었던 크롬웰과 독립파가 차지하고 있던 의회에 의해 장로교제도의 도입은 거부될 수밖에 없는 운명에 처해지고 말았다.[32] 그러나 이러한 지방의회와 중앙의회의 시도가 의미하는 바는 청교도주의와 칼뱅주의가 개혁사상의 교류와 공유라고 하는 측면에서뿐만이 아니고 제도적인 측면에서도 교감이 있었으며 상당한 차원에까지 의견의 일치가 이루어졌다는 것이다. 크롬웰 같은 경우도 칼뱅주의와 장로교체제 자체를 거부했다기보다는 더 언약사상에 가까운 교회관을 가지고 있었던 독립파와 분리파적 교회관에 더 큰 비중을 두고 있었던 것으로 보인다. 장로파는 교구 내의 모든 시민을 교인으로 인정하고 있는 것과 달리 회중파 또는 분리파는 개인 언약사상에 근거한 구원받은 하나님의

---

30) Peter Toon, *Puritans and Calvinism*, (Pennsylvania: Reiner Publications, 1973), 62-63.
31) 원종천, 『청교도 언약사상: 개혁운동의 힘』, 127.
32) Peter Toon, *Puritans and Calvinism*, 63.

백성들만을 교회의 일원으로 받아들여야 한다는 철저한 언약사항에 근거하고 있었기 때문이다.[33) 크롬웰이 장로교체제 자체를 부정하거나 폄하하지 않았다는 것은 그가 한참 내전이 막바지에 다다랐을 1648년 11월 6일 조카 로빈(Robin)에게 보낸 서신에서 수평파에 대한 적대감을 표명함과 아울러 온건한 감독주의보다는 장로체제를 더 선호하고 있음을 밝힌 데서도 알 수 있다.[34) 크롬웰은 비록 장로교회 체제는 받아들이지 않았고 심지어는 찰스와 타협하려 했던 장로파를 의회에서 축출하기도 했지만 그에게 영향을 주었거나 동지로서 혁명을 이끌도록 협조한 칼뱅주의자들과는 지속적으로 교감했던 것으로 보인다.

3) 구원과 섭리사상

섭리사상은 루터의 예정론(Predestination)이 발전되어 칼뱅에 이르러 정립된 사상이다. 루터에 의하면 구원에 대한 하나님의 예정교리는 개신교의 핵심이며 하나님의 예정만이 우리의 구원의 유일한 보증이다. 루터의 예정론이 칼뱅에 이르러서는 섭리사상으로 발전되는데, 칼뱅에 의하면 하나님의 섭리에 대한 무지는 가장 큰 재앙이고 섭리에 대한 지식은 가장 큰 행복이었다.[35) 루터보다는 직접적으로 칼뱅의 사상에 더 영향을 받은 크롬웰은 구원에 있어서의 하나님의 예정과 섭리가 행위에 있어서는 어떻게 적용될 수 있

---

33) 원종천, 『청교도 언약사상: 개혁운동의 힘』, 127.

34) A. Fraser, *Cromwell*, 329-330.

35) C. Hill, *God's Englishman*, 211. Ignorance of Providence is the greatest of all miseries, and the knowledge of it the highest happiness.

는가에 대해서 고민하였다. 크롬웰은 그의 혁명과업이 마무리되고 그 모든 과정들을 회상하며 1654년 1월 27일, 의회에서의 연설을 이렇게 시작했다.

> "주께서 지난 수천 년 동안 이 세상에 알게 하지 않으셨던 일들을 우리 안에서 행하셨다."[36]

크롬웰의 신앙관과 하나님의 섭리에 대한 일단을 보게 하는 대목이다. 찰스의 처형이라는 역사적인 결단 앞에서도 그는 고민했다. 군 지휘관으로서의 결단이 요구될 때에도 그랬다. 크롬웰은 하나님의 '섭리를 기다리는 것(waiting on providences)'은 어떤 정치적 상황 속에서 그 일을 강력하게 추진해나가는 데 있어서 확신을 갖게 하는 절대적인 요소였다.[37] 청교도에게 있어서 하나님의 목적은 성경을 통해 이미 계시되고 있었다. 하나님의 섭리는 회심 후 신자들의 영적인 경험 그리고 그들의 간증과 증언을 통해 사람들에게 전달된다고 믿었다. 크롬웰도 이 같은 사상에 입각해, 그가 군사적으로 승리했을 때에는 언제나 전능하신 하나님의 뜻, 즉 그분의 섭리가 승리의 원천임을 강조하고 하나님께 영광을 돌렸다.[38] 청교도사상은 사람들을 수동적이고 소극적인 상태에 머물지 못하

---

36) C. Hill, *God's Englishman*, 243. The Lord hath done such things amongst us as have not been known in the world these thousand years.

37) C. Hill, *God's Englishman*, 224-225.

38) Maurice Ashley, *Charles 1 and Oliver Cromwell*, 37. 크롬웰은 1645년 적군이었던 Bletchington House를 포로로 잡은 후 그에게 이렇게 말했다. "만약 내가 하나님 한 분으로 충분치 못하다고 말하면 나를 용서해주시오. 그것은 곧 승리를 방해하는 말이 되고 말 것이오." 같은 해 하원의장에게 Naseby에서의 전공을 보고 하면서도 "경(卿)이시여, 이번 승리는 다름 아닌 하나님의 손이 이루신 승리입니다. 그분께만 영광이 돌려져야 합니다. 다른 누구도 이 영광을 나눌 수가 없습니다."

도록 일깨워주었다. '일어나 행하라. 내가 너의 옆에 서서 너를 도와주리라'고 하시는 하나님의 말씀처럼 그렇게 행동하도록 촉구했다. 이러한 사상에 영향 받은 크롬웰은 1643년 부사령관 서폭(Suffolk)에게 쓴 편지에서 "우리가 두려워해야 할 것은 나태함과 죄 외에는 아무것도 없다"고 격려했다. 청교도사상은 사람을 운명론으로 밀어넣지 않는다. 어떤 일에든지 승리할 수 있다고 하는 마음을 심어주었고 용기를 가르쳤다. 이것은 미신적인 것이 아니었다. 올리버와 청교도들에게 하나님에 대한 믿음은 승리의 근본적인 요소였다.[39] 크롬웰의 신앙의 성격에 대한 여러 논의가 있을 수 있겠지만 크리스토퍼 힐의 견해에 의하면 그는 무엇보다도 하나님의 섭리에 사로잡혔던 인물이었다. 우선 그가 낮은 지위와 연약한 심신에도 불구하고 괄목할 만한 인물로 급부상되어 활동하였다는 것이 세속적 관점에서 본다면 단순한 기적처럼 보일 수도 있겠지만 이 모든 것이 크롬웰 자신에게는 전능하신 하나님의 손에 붙잡힌 바 된 것이라고 하는 것으로밖에는 설명할 수 없는 요소였다. 개인의 경험과 역사적 환경이 크롬웰로 하여금 하나님의 섭리에 대해 묵상하게 했고 이 섭리에 대한 믿음이 크롬웰의 영적생활에 지대한 영향을 미쳤다. 크롬웰은 1640년대와 1650년대에 걸쳐 군사적·정치적 진보는 오직 하나님께서 그 해답을 가지고 계신다고 믿었고 심지어는 구름의 이동조차도 하나님께서 관장하신다고 하는 확신을 가지고 있었다.[40] 크롬웰은 자신의 군대를 모집하거나 훈련을 시킬 때 경건(Godly)과 신실함(Honesty)을 특히 강조 하였고 그의 군대는

---

39) Maurice Ashley, *Charles 1 and Oliver Cromwell*, 227.

40) Peter Gaunt, *Oliver Cromwell*, 234.

하나님의 섭리의 도구(to be the instruments of His providences)로 사용되어야 함을 역설했다.[41] 혁명의 혼란기에도 크롬웰은 하나님을 위해 살 것을 추구했고 신앙의 생명력과 역동성에 대한 열망을 가지고 있었다. 크롬웰은 항상 앞서 가시는 "하나님을 따라 가는 자세(We follow the Lord who goeth before)"를 취했다. 이것은 그가 섭리적 영성(A providentialist spirituality)을 소유했고 그의 신앙의 핵심이 바로 섭리에 대한 믿음이었음을 알 수 있는 대목이다. 하나님의 섭리에 대한 신뢰는 리처드 십스(Richard Sibbs, 1577~1635) 등의 사상에 영향을 입어 비단 크롬웰뿐만 아니라 크롬웰 시대의 청교도들에게는 마치 버터 바른 빵과 같이 자연스러운 것이었다. 이것을 크롬웰이 깊이 받아들였을 뿐만 아니라 그가 혁명을 완수한 후 정부를 책임지는 위치에 있을 때 해군 주요지휘관이었던 로버트 블레이크(Robert Blake, 1598~1657)와 에드워드 몬태규(Edward Montagu, 1625~1672) 등에게도 이 섭리사상에 대해 영향을 주어 하나님의 섭리적 도우심을 힘입도록 했다.[42] 혁명의 진전이 더디자 의회를 해산하고 성자들의 의회, 즉 베어본즈(Barebones) 의회를 소집한 후 크롬웰은 의회를 그 소집한 분은 이전에도 놀라운 섭리를 보여주신 하나님이시라고 했다. 뿐만 아니라 그의 호국경직의 수행도 역시 하나님의 섭리에 의한 것으로 해석했다. 청교도주의에 있어서 섭리에 관한 교리적 논쟁에 있어서 생각(Ideas)과 사회적 태도(social attitudes)에 대한 비교가 중시되어

---

41) Peter Gaunt, *Oliver Cromwell*, 227.

42) Michael A. G Haykin, *To Honour God, The Spirituality of Oliver Cromwell*, (Dundas: Joshua, 1999), 21-23.

왔다. 그러나 청교도주의는 신적으로 제정된 확고한 권위에 대한 수동적인 복종을 거부했다. 그들에게 있어서 하나님의 섭리란 인간의 의지력과 이성을 초월한 무자비한 하나님의 개입을 의미하는 것은 아니었다.[43] 그러나 당시가 아직 산업혁명 이전의 시대였고 인간의 능력이 아직 과학이라는 형태로 역사 속에서 입증되기 어려웠던 때였기에 행동에 있어서 저항할 수 없는 섭리와 수동적인 순종이라고 하는 전통적인 개념이 아직은 필요했다. 청교도주의는 그 스스로의 신비적인 요소들을 포기함으로 율법을 강조하고 하나님과의 직접적이고도 개인적인 교제와 협동을 강조했다. 뿐만 아니라 하나님과의 협동을 위해서 사람들은 하나님에 대해 더 많이 알아야만 함을 강조했다. 왜냐하면 사람들이 가진 역사적, 과학적 지식의 양만큼 하나님과 협동할 수 있다고 보았기 때문이다.[44]

크롬웰은 아일랜드와의 전쟁 중이었던 어느 시기에 사돈 중의 하나였던 리처드 메이저(Richard Maijor, 1604~1660)에게 보낸 편지에서,

"진정으로 나의 임무수행은 나의 두뇌나 용기 그리고 힘에서 나오는 것이 아니고 우리보다 앞서 가시며 모으시고 흩으시는 하나님을 따르는 것으로 부터입니다"

라고 기록했다. 크롬웰은 전투 수행 중 하나님의 섭리적 계시가 승리의 현장에서 나타나는 것을 경험했고 이를 또한 많은 사람들에게 말과 글로 전파했다. 예를 들면 1644년에 있었던 마스턴(Marston)

---

43) C. Hill, *God's Englishman*, 228.
44) C. Hill, *God's Englishman*, 228-229.

전투에서 그의 매형인 발렌타인 월턴(Valentine Walton, 1661년 사망)에게 쓴 편지에서 그 전투에서의 승리가 "하나님의 위대한 은혜(A great favor from the Lord)"의 결과였음을 전하며 월턴에게 "모든 영광을 하나님께 돌리자(Give glory, all the Glory to God)"고 독려했다. 뿐만 아니라 의회군 승리에 있어서 중요한 분수령이 되었던 1645년 6월의 네이스비 전투(the Battle of Naseby)에서 승리를 거둔 후에는 당시 하원의장이었던 윌리엄 렌틀(William Lenthall, 1591~1662)에게 "이번 승리는 오직 하나님의 손에 의한 것이었고 따라서 오직 하나님께만 이 영광이 있을 뿐입니다"라고 말했다. 그이후에 치렀던 1648년으로부터 1651년까지 전투의 승리를 놓고도 그것이 인간의 설계와 노력에 의한 것이 아닌 하나님의 섭리의 결과라고 확신했다.[45] 1647년 11월 1일, 신형군의 해산을 결정한 의회에 맞서 군대 내부의 동요가 일어 퍼트니(Putney) 교회에서 관련 집회가 열렸을 때 크롬웰은 자신은 하나님께서 오랜 기다림 속에 보여주신 비범한 섭리 속에서 그분의 약속을 따랐다고 고백했다. 하나님께서는 후에 그 약속을 이루어주셨으며 그것은 그가 할 수 있는 일이 아니었지만 하나님께서 시작하신 일들이었다.[46] 1648년 11월 25일 부하 하몬드(Hammond)에게 보낸 서신에서도 하나님의 뜻을 알 수 있는 실마리로서의 하나님의 섭리의 중요성을 강조하고 하나님의 섭리와 하나님의 현현(顯現)에 대한 간구 없이 우리는

---

45) C. Hill, *God's Englishman*, 23.

46) C. Hill, *God's Englishman*, 209. I am one of those whose heart God hath drawn out to wait for some extraordinary dispansations, according to those promises that he hath held forth of things to be accomplished in the later time, and I cannot but thinks that God os beginning of them.

존재할 수 없음을 피력했다. 아울러, 하나님께서 우리 중에 임재하심과 하나님의 지지의 빛으로 인해 우리는 승리할 것임을 천명했다.[47] 그리고 이러한 크롬웰의 영적인 조언으로 인해 한때 전역을 결심했던 하몬드(Hammond)는 마음을 달리 먹고 새로운 임무수행에 임하게 되었다.[48]

당시의 모든 칼뱅주의자들이 그랬던 것처럼 크롬웰도 칼뱅의 예정론(predestination)에서 파생된 선택(chosen)과 유기(damned) 교리는 크롬웰에게도 여전한 질문거리가 되었을 수는 있다.[49] 그럼에도 불구하고 크롬웰의 하나님의 전능하심과 섭리에 대한 확신은 성경적이며 동시에 경탄할 만한 것이었다. 그가 1628년부터 1638년 사이에 경험한 회심, 그 이전부터 실시된 토마스 비어드와 같은 청교도 인사들에게 받은 교육 등은 그의 나머지 생애에 절대적인 영향을 미치게 되었다. 앞에서도 언급한 대로 1638년에 그의 사촌 엘리자베스에게 보낸 편지에게 그는 자신의 회심의 충격에 대해 잔잔히 기술하고 있다.

"내 영혼에 행하신 하나님께 영광을 돌립니다. 진실로 내가 깨달은 것은 그는 나의 마르고 황량한 영혼에 물을 대셨습니다. 그리고 나를 그의 성소와 쉴만한 장소로 인도하셨습니다…… 내 영혼은 이제 막 태어난 자들의 회중과 함께하고 있습니다. 나의 몸은 희망 가운데 안식하고 있으며, 내가 고통가운데 있게 되던 어떤 일을 하게 되던 하나님께 영광을 돌리며 기쁨 가운데 있을 것입니다…… 하나님께서는 나를 아들로 맞이해주셨고 빛 가운데로 걷도록 하셨습니다. 그분은 나의 암흑 같은 삶 속에 빛을 주셨습니

47) A. Fraiser, *Cromwell*, 331. His presense hath been amongst us, and by the light of His countenance we have prevailed.

48) A. Fraiser, *Cromwell*, 331.

49) Alan Marshall, *Oliver Cromwell, Soldier*, 19.

다. 그는 그의 얼굴을 드러내시지는 않았지만 그의 빛으로 빛을 볼 수 있
는 능력을 주셨습니다. 어둠 속에 비친 한 줄기의 빛이 그 어둠을 신선하
게 바꾸었습니다. 당신은 지금까지의 나의 삶을 아십니다. 나는 그동안 어
둠을 사랑하며 그 속에서 거하였습니다. 빛을 저주했습니다. 나는 죄인 중
의 우두머리였습니다. 이것은 사실인즉 나는 독실한 신앙을 싫어했습니
다. 하나님께서는 저에게 자비를 베푸셨기 때문입니다. 어두운 마음을 밝혀
주신 하나님을 송축합니다."50)

크롬웰에게 있어서 회심은 너무나도 분명한 구원의 사건이었으
며 창조이시며 구원자이신 하나님의 섭리만이 세상을 바꾸는 힘이
될 수 있다는 사실을 믿었다. 그것은 칼뱅주의의 하나님의 주권사
상과 청교도주의와 존 녹스의 언약사상을 통해 구체적인 영향을
받았을 것으로 보인다. 칼뱅주의의 구원은 구체적이고 개인적인 특
징을 가지고 있다. 끝없는 기도와 경건한 설교자들의 설교 그리고
하나님 앞에서 구도자로 서는 결단 등이 요구되었다.51) 섭리주의로
인해 자신을 이스라엘 백성을 인도해낸 모세와 같은 역할을 해야
할 존재로 인식하고 영국을 하나님의 손에 의해 건져냄 받아야 할
선택받은 민족으로 이해했던 것이다.

---

50) Alan Marshall, *Oliver Cromwell, Soldier*, 20에서 재인용. Yet to honour God by declaring what
He hath done for my soul······ Truely then, this I find : That he giveth springs in a dry and
barren wilderness where no water is. I live(you know where) in Mesheck, which they say
signifies *Prolonging*; in Kedar, which signifies *Blackness*: yet the Lord forsaketh me not.
Though He do prolong, yet He will (I trust) bring me to his tabernacle, to His resting place.
My soul is with the congregation of the first born, my body rests in hope, and if here I may
honour my God either by doing or by suffering, I shall be most glad······ The Lord accept
me in His Son, and gave me to walk in the light. He it is that enlighteneth our blackness,
our darkness, I dare not say, He hideth His face from me. He giveth me to see light in His
light. Onec beam in a dark place hath exceeding much refreshment in it. Blessed be His
name for shining upon such a dark a heart as mine! You know what my manner of life
hath been, oh, I lived in and loved darkness, and hated the light. I was a chief, the chief
of sinners. This is true; I hated godliness, yet God ha mercy on me. Praise Him for me,
pray for me.

51) Alan Marshall, *Oliver Cromwell, Soldier*, 19.

4) 성경관

청교도들은 역사상 어느 종교운동 못지않게 성경의 권위에 대해 절대적인 확신을 가졌다. 청교도 예배에 있어서의 핵심은 설교였는데 그 이유는 청교도는 성경을 생명을 주는 능력의 말씀으로 받아들였기 때문이다. 성경은 과자에 건포도가 들어 있는 것처럼 단지 하나님의 말씀을 포함하고 있는 것만이 아니라 하나님의 말씀, 즉 창조주 자신에 대한 기록된 증거였다. 성경은 눈의 빛이며 영혼의 음식이었다.

크롬웰은 대부분의 청교도들과 같이 성경을 가장 최고의 권위 있는 가르침으로 받아들였다. 성경이란 진리의 샘이었고 그리스도인이 반드시 따라야 할 규칙의 몸통과도 같았으며 그가 가는 길에 비쳐야만 하는 등불과도 같은 것이었다. 대륙에서의 종교개혁 이후로 성경이 영어로 번역이 되어 반입되었다. 칼뱅의 주석이 곁들여진 제네바 영역성경을 크롬웰도 읽었을 것으로 보인다. 그러나 크롬웰의 성경지식은 대부분 찰스의 아버지 제임스왕에 의해 번역된 흠정역(King James Version: Authorized Version)이었다. 1611년에 흠정역이 출간되었을 때 크롬웰의 나이는 12세였다. 그리고 다수의 청교도들이 그랬던 것처럼 크롬웰도 혼자 성경을 읽지 않고 설교자와 교사로부터 배웠을 것이 틀림없다. 어릴 적부터 청교도 설교자들로부터 배운 성경지식은 그의 신앙형성에 있어서 핵심요소가 되었을 뿐 아니라 그가 그 자신에게 또한 설교하는 재료가 되었다. 그는 헌팅던셔(Huntingdonshire)에서 교구에 속하지 않았던 청교도 설교자들을 지지하는 글을 남기기도 했다. 그 당시 대부분의 영국 국교회 성직자들은 설교나 성경교육보다는 성례전을 더 중요시함으로 청교도들과는 대조를 보였다.[52] 영국국교회의 성경기반은 매우 취약했고 의식과 전통으로 연명해가는 상황 속에서 청교도는 성경을 기반으로 새로운 동력을 구축하고 있었다.

1643년 6월 12일, 의회의 결의에 의해 작성되기 시작하여 6년 뒤 세상에 선포된 웨스트민스터 신앙고백서의 신학은 일반적으로 칼뱅주의적인 것으로 간주되고 있고 이는 곧 성경으로 돌아가는 성경중심의 교리체계였던 것이다.[53] 케임브리지와 복음주의 국교도, 그리고 칼뱅주의 영향하에 있었던 크롬웰에게 성경은 하나님의 살아 있는 말씀이며 유일한 구원의 길이었다. 1559년 이래로 영국 교회는 칼뱅주의의 영향을 받게 되는데 경건과 훈련을 통해 하나님을 찾고자 하는 노력의 근거는 언제나 성경이었다. 특별히 청교도 목회자들에게 있어서 성경은 의심할 바 없는 하나님의 말씀이었다. 성경의 권위는 실로 높고 분명하였다. 이는 그들이 성경을 어떻게 지칭하였는가를 보면 알 수 있다.[54] 청교도들은 이 땅에 새로운 예루살렘을 건설하기를 원했다. 경건하고 언제나 깨어 있으며 하나님과 동행하는 국가, 새로운 선택된 백성, 거룩한 주의 백성들이 모인 국가공동체를 꿈꾸고 있었다. 근실한 청교도와 칼뱅주의적 배경에서 성장한 크롬웰은 그의 연설문이나 편지 혹은 대화록에서

---

52) Maurice Ashley, *Charles 1 and Oliver Cromwell*, 33-34. 토마스 카트라이트 이래로 무려 80년 간 영국교회는 성경기반의 교회를 상실했다. 교회의 뿌리와 줄기가 다 상한 상태였던 것이다.

53) R. T. Kendall, 『칼뱅이 서양에 끼친 영향』, 262.

54) Allen Carden, 『청교도 정신』, 39-41. 청교도 성직자들은 성경을 지칭할 때 "하나님의 말씀", "진리의 말씀", "진리의 대창고", "영원한 말씀", "거룩한 성경", "신성한 말씀", "무오한 신탁", "그의 계시된 뜻", "보화" 등으로 표현했다.

수없이 보여주는 것처럼, 하나님의 절대주권을 인정하고 하나님께
로부터 온 소명을 강조하고 있다. 이 모든 주장들의 배경에는 모든
청교도가 그랬듯이 성경에 대한 절대적인 신뢰에 근거하고 있음은
의심할 바 없을 것이다.

5) 종교적 관용

크롬웰은 어떤 종교를 믿는 이들이 극단적으로 자기들의 신앙을
표현하거나 사회적으로 문제시되는 종교들 예를 들면 재세례파와
같은 신앙형태를 비판하는 자들에 대해 관용적 태도를 견지했다.[55]
크롬웰은 영국국교회와 로마가톨릭의 경우를 제외하고 국민들에게
종교적 관용정책을 적용했다. 장로파와 독립파, 어느 파에 속하던
자유롭게 예배하며 종교활동에 전념할 수 있도록 배려했다. 1650년
에는 정부가 나서서 모든 사람은 어디든지 예배장소에 출석하거나
종교행사가 거행되는 장소에 출석해야 한다고 발표했다. 1653년에
는 「통치헌장」(Instrument of Government)을 통해 사람들은 신앙의
어떠한 공적 표방도 강요되지 않고 특별한 교회에 메이지도 않을
뿐 아니라 좋아하는 곳에 가서 그들이 제일 적절하다고 받아들여진
방식으로 예배할 수 있도록 보장했다. 이 통치법령은 잉글랜드와 스
코틀랜드와 아일랜드에 적용되는 최초의 헌법적 성격을 지닌 것이
었고 제정을 주도한 이는 물론 크롬웰이었다.[56] 이 고시에는 크롬
웰의 종교적 관용의 정신이 잘 나타나 있는바 "예수 그리스도에 의

---

55) Alan Marshall, *Oliver Cromwell, Soldier*, 17.
56) Harold J. Berman, *Law and Revolution II*, (Massachusetts: Harvard Univ Press, 2003), 218.

해서 하나님을 믿는 자는 공적으로 표방된 교리나 예배계율과 다른 판단을 한다고 할지라도 믿음의 표방과 종교의 실천에 어떤 규제를 받지 않고 보호를 받는다"라고 되어 있다. 다만 국교도와 가톨릭교도에게는 적용하지 않았던 것은 종교적이라기보다는 정치적인 이유에서였는데 로마가톨릭교도들의 경우 프랑스에 있는 찰스의 미망인과 긴밀한 관계에 있었기에 계속 감시하지 않으면 안 되겠다는 판단을 했던 것으로 보인다. 그러나 이들에 대해서도 실제적인 박해에 해당되는 행위는 전혀 없었다.[57] 그 예로서 가톨릭교도들은 런던에서 엠버시(Embassy) 성당에 출석하는 것에 통제를 받지 않았고 메리여왕시대 이후 그들이 누렸던 것보다 오히려 크롬웰 통치하에서 더 큰 종교적 자유를 누렸다.[58] 그러나 1653년 왕당파의 반역이 적발된 후 크롬웰은 가톨릭 성직자들을 국외로 추방시키고 국교회 성직자들에게 설교금지령을 내리기도 했었다.[59] 종교적 관용정책에도 불구하고 크롬웰이 경계하고 지지하지 않았던 분파는 퀘이커교도[60] 한 그룹 정도였다. 반역의 경우를 제외하고 크롬웰이 종교적인 이유로 해당 종교의 신자들을 속박한 예는 거의 없다. 크롬웰의 종교에

---

57) John Moorman, 『잉글랜드 교회사』하, 52–53.

58) John Moorman, 『잉글랜드 교회사』하, 53.

59) 정준기, 『청교도 인물사』, 106.

60) 정준기, 『청교도 인물사』, 114–115. 크롬웰은 종교적인 관용정책을 썼지만 한 분파에 대해서는 경계를 늦추지 않았는데 그들이 바로 퀘이커교도(Quakers)들이었다. 창시자 조지 폭스(George Fox, 1624~1691)는 "기독교란 외적 신앙고백이나 의식이 아닌 그리스도가 직접 신자의 내면에 빛을 비추어 주시는 내적인 빛"으로 보았다. 폭스는 내적인 빛을 강조하며 교역자, 성례, 교회의 권위를 배척하였다. 그의 교회는 1625년 영국 북방 프레스턴 패트릭(Preston Patrick)에서 처음 설립된 후 급속하게 영국 각지, 서인도 제도, 독일, 네덜란드, 미국 식민지, 오스트리아 등으로 전파되었고 각지에서 핍박도 받았다. 도덕적으로는 비굴한 태도, 전쟁, 노예제도 등을 인정하지 않았고 교리적으로는 성찬, 성례, 교직제도를 배척함으로 한때 국가교회 설립을 꿈꾸기도 했던 크롬웰의 지지를 받을 수 없었다. 넓은 의미에서는 청교도 중의 청교도라고 하지만 협의의 의미에서 그들을 청교도라 부르지 않는 학자들도 있다.

대한 관용정책에 대해서는 칼뱅주의자나 국교회주의자, 그리고 청교도의 각 분파들도 만족하지 않았다. 국교회파들은 원래의 지위를 회복하려는 의도에서 그랬고 장로파 입장에서는 장로회정치가 가장 성경적임에도 불구하고 장로주의가 받아들여지는 것에 대해 불만을 가졌기 때문이었다.[61]

2. 크롬웰의 개혁정책

1) 소장제(少將制, The Major General's)

(1) 실시 배경

찰스 1세의 참수 이후 영국의 지도자들은 국내외적으로 새롭게 출발한 공화정에 대한 안정성의 보장이라고 하는 요구에 직면하게 되었다. 1650년대에 들어서게 되면서 상호 모순되는 목표가 동시에 설정되는데 그것은 정적들로부터 정권을 안정되게 지켜내느냐의 문제와 정부의 국가방위에 대한 막대한 재정적 부담의 경감이라는 문제였다. 1655년에 도입된 소장제(少將制, The Major-General)가 바로 병력을 감축하면서도 지역안보는 납세자의 추가부담 없이 보장하는 또 다른 형태의 안보정책을 추진하고자 하는 크롬웰의 궁리 끝에 나온 제도였다.[62] 1655년을 전후해서 적의 안보적 위협에

---

61) 정준기, 『청교도 인물사』, 118.

62) Christopher Durston, *Cromwell's major-generals*, (Menchester: Manchester University Press, 1988), 15.

대한 장치의 필요성과 스튜어트 왕가의 복원을 획책하는 왕당파의
재건의지를 분쇄하기 위한 의도로 소장제가 요긴하였다.[63] 왕당파
의 재건을 막기 위한다는 측면에서 소장제는 정권유지 차원의 기
능을 수반했다고 볼 수 있는 것이다. 크롬웰은 첫 번째 호국경 임
기 중 의회와 정부요직에 있는 사람들에 대해 낙관적인 기대를 가
지고 있었다. 그리고「통치헌장」(Instrument of Government)을 강
화하려는 조치에 대해 왕당파의 저항이 있자 왕정복고에 대한 차
단책의 일환으로 소장제를 채택하게 되었다.[64]

(2) 편제와 임무

소장제는 1655년 8월에 윤곽을 드러내었고 9월부터는 실제적인
조직에 들어갔다. 처음에는 10개 지역으로 나누었으나 나중에는 11
개 지역으로 분할하여 그 지역을 소장이 전적으로 통치하는 형태
였다.[65] 소장제의 행정적인 조직은 1656년 초에 이르러서는 본격적
인 가동을 하게 되었는데 조직은 지역을 11개 구역으로 나누고 각각
의 구역에 개별연합체(distinct associations)[66]를 편성하고 이 구역을
소장(少將, Major-General)[67] 혹은 부소장(Deputy Major-General:
지금의 준장이나 부사령관 등으로 표현할 수 있음-필자 주)에게 할
당하여 통치하게 하는 방식이었다. 소장과 부소장은 의회의 권한하

---

63) Christopher Durston, *Cromwell's major-generals*, 97.

64) Christopher Durston, *Cromwell's major-generals*, 14-15.

65) A. Fraser, *Cromwell*, 695.

66) 1656년 현재 잉글랜드와 웨일즈를 12구역으로 나누어 개별연합체 형태로 소장(少將)이나 준장(准將)
  으로 하여금 책임지도록 했는데 개별연합체의 크기는 다양했다.

67) 소장제의 책임자가 모두 소장은 아니었다. 1655년에 이 제도가 시작될 당시의 소장은 8명 정도였으며
  나머지는 준장들이 수행했고 이들 모두는 소장직 수행을 위해 필요한 직무관련 훈련을 마친 상태였다.

에 두었다. 한 소장이 관할하는 구역은 다양했는데 가장 큰 규모의 구역이 11,000스퀘어 마일이었으며 가장 작은 구역은 3,000스퀘어 마일 정도였다. 소장제라고 하는 새로운 제도의 목적은 복합적이었는데 1655년 10월 31일에 정부는 소장제를 시작한 근본이유에 대한 상세한 정책보고서를 국민들을 대상으로 발간하였다. 사실상 소장제의 필요성은 10년 전부터 제기되었다고 보아야 하는데 스튜어트 왕조에 대한 복원시도를 조기에 차단하고 공화정을 세우기 위한 의도를 명확히 하고자 한 것이 그 원인이었던 것이다.[68] 소장제의 하부조직으로는 행정관(Commissioner)이 있었는데 이들은 지방의회(Council)에서 임명하기도 했고 소장이 지방연합체에 배치된 후 그 소장에 의해 임명되기도 했다. 수백 명에 달했던 이들의 주임무는 소장의 주 임무인 세금징수, 지방안보의 유지, 그리고 종교개혁, 도덕적 개혁의 진전 등의 업무를 보좌하는 일이었다.[69] 즉, 지역보안과 일종의 도덕 재무장 운동이라고 할 수 있는 생활 개혁운동을 책임졌던 것이다. 소장들은 이 두 가지 외에도 지방정부의 모든 활동에 관여함으로 호국경의 통치를 뒷받침하였다.[70]

(3) 군정(軍政)으로서의 소장제

소장들이 맡게 되는 개별연합체는 정부의 신경조직과도 같았고 왕당파의 폭동에 대비하고 지역의 안정을 위해 소장들은 주로 기병을 기반으로 하는 군사력으로 지역안보를 유지했다.[71] 이 소장제

---

68) Christopher Durston, *Cromwell's major-generals*, 29.
69) Christopher Durston, *Cromwell's major-generals*, 59.
70) Kennth O. Morgan, 『옥스포드 영국사』, 359.

를 굳이 표현하자면 일종의 군정(軍政)이라고도 볼 수 있을 것인데, 이들 군정의 책임자인 소장들은 크롬웰의 호국경 체제 2기를 맞이하여 막강한 권력을 가지고 맡은 지방연합체를 통치했다. 이들의 주 책무는 단지 크롬웰의 호국경 체제의 안정뿐만 아니라 국가의 도덕적 개혁과 잉글랜드와 웨일즈에서 목도되고 있는 반종교주의와 불신앙주의의 확산을 저감시키는 일이었다. 1656년 8월 22일에 발표된 소장제 지침서의 내용대로 경건생활을 격려하고 불신앙과 불경건한 삶에 대해 통제하며 차단하는 것이 주 업무였다. 이에 대한 구체적인 내용으로는 음주, 불경스런 언행, 불법적 경마, 닭싸움, 곰 놀리기(bear baiting)[72] 등이었는데 크롬웰은 소장들에게 지시하여 지역 치안판사와 밀접히 연대하여 이와 같은 사범들에 대해서는 노동역에 처하든가 아니면 감옥행에 처하도록 하라고 지시했다. 뿐만 아니라 아직 퇴거하지 않은 국교회 성직자들이 공동의 장소에서 설교를 하거나, 공동기도서의 양식대로 성례를 행하거나 하는 일이 발생할 경우 해당인사를 투옥하거나 추방하도록 했다. 나아가 왕당파 인사들이 이미 추방된 성직자를 다시 불러들이거나 사적으로 성직자나 교사를 고용하지 못하도록 했다.[73]

71) A. Fraser, *Cromwell*, 695.

72) A. Fraser, *Cromwell*, 697. 곰을 묶어 놓고 개를 풀어서 물게 하는 형태의 동물학대와 투전을 겸한 오락의 일종. 이들 오락의 내용들은 모두 놀음이나 불신앙과 관계된 것들이었다. 이들 내용들은 후에 「풍기단속법」에 의해 제재를 받게 된다.

73) Christopher Durston, *Cromwell's major-generals*, 154.

(4) 사회개혁운동

크롬웰은 사회개혁운동에 관심이 많았는데 특히, 불경건한 오락적 요소들에 대한 그의 입장은 단호했다. 1656년 크롬웰은 한 연설에서 새로운 하나님 나라의 시민들이 지켜야 할 도덕적 목표들을 언급하는 것을 회피하지 않았다. 그는

> "만약 여러분이 하나님의 백성이기를 원하고 또 그의 백성이 되기를 원한다면 평화에 대해 말해야 할 것이며 어리석은 과거로 회귀하는 일도 없어야 할 것입니다"[74]

라고 주장했다. 여기서 과거의 어리석은(folly) 일이란 바로 앞에서 언급한 경마, 닭싸움 같은 불경건하고 사행성으로 가득 찬 문란한 오락적 풍습이었다. 소장제를 통해 청교도들은 하늘이 주신 기회, 즉 질서 있고 경건한 공화국(godly commonwealth)을 만드는 일과 사람들은 열심히 일하고 성경을 읽고 하나님의 음성을 청종하고 정직하게 살며 뜻에 따라 순종하며 사는 나라를 건설할 것으로 기대했다.[75] 따라서 크롬웰의 주 지지세력이었던 군인들만이 크롬웰의 새로운 영국에 대한 구상을 구현할 수 있는 동지들이었다는 측면에서, 그리고 일종의 무력이라는 통치수단을 확보한 소장들은 이 일에 적합한 도구였다. 따라서 소장들의 핵심과업은 도덕적 개혁과 갱생(moral reform and regeneration)이라고 하는 가장 중요한 임무들을 예하 행정관들과 공유하며 이를 신속히 실천하는 일이었다.[76]

---

74) A. Fraser, *Cromwell*, 697.

75) Christopher Durston, *Cromwell's major-generals*, 155.

76) Christopher Durston, *Cromwell's major-generals*, 155. 가장 중요한 임무수행을 책임지고 있던

각 지방의 청교도들은 이러한 임무수행들에 대해 찬성하고 고무되어 있었다. 소장 중의 하나였던 찰스 올슬리(Charles Worsley)도 그의 지방연합체 출신의 의원들을 통해 그들이 소장에게 무엇을 원하는지를 청취한 바 있었는데 그 우선순위들을 보면, 정의롭고 하나님을 두려워하며 탐욕을 미워하는 치안판사의 임명, 지역 대부분의 강단을 차지하고 있던 세속의 물들고 이단에 빠진 성직자들의 교회로부터의 추방, 알코올에 찌든 자, 맹세를 남발하여 하나님의 이름을 망령하게 하는 자와 안식일을 범하는 자들에 대한 징계, 불필요한 선술집의 폐쇄, 게으른 자들의 교화, 가게 수의 제한 등이었다.[77] 그러나 소장들의 부임과 행정관들에게 부여된 임무분장에 따라 소장제가 본격적으로 시작된 1655년 이래로 각 지방연합체들의 범죄 발생 수, 성 문제 등 도덕적인 범죄 발생수가 눈에 띄게 감소하지는 않았다. 소장제가 기치로 내걸었던 분야에 대해서는 약간의 효과가 있었던 것은 사실이나 오히려 소장제가 시작되었던 1655년 이전 10년간의 이 분야의 범죄에 대한 발생률이 현저히 감소했던 것으로 나타났다. 요크셔 지방을 중심으로 해서는 소장이 부임한 이듬해인 1656년, 성범죄로 인한 기소 발생건수가 그 이전보다 두드러지게 증가했다. 또 다른 예로, 디본(Devon) 지역의 경우를 보면 1655년부터 1660년 사이 간통으로 범죄를 줄이기 위한 계몽운동이 지방 치안판사에 의해 전개되었는데 이러한 반범죄운동들 또한 소장이 부임하기 전부터 이미 시작되어 있었다.[78] 그러나 소장

행정관의 임무란 나태한 젠트리들과 기독교인으로서 부끄러운 일을 행하는 사람들을 찾아내서 주의를 주고 상부에 보고하는 일들이었다.

77) Christopher Durston, *Cromwell's major-generals*, 155-156.

78) Christopher Durston, *Cromwell's major-generals*, 156. 여러 소장들은 간통죄나 부정한 행위를

제 이후의 범죄 발생률이 높게 나타난 것은 소장, 행정관, 치안판사의 충원으로 인하여 범죄 발생건수의 집계가 사실대로 확보되고 보고되었기 때문이었다고도 볼 수 있다. 군정형식의 소장제 시행으로 인해 지역 치안유지와 반란의 억제, 그리고 세금의 징수에 실제적인 효과가 있었다고 보아야 할 것이다.

(5) 세금징수

세금징수 부분에 있어서 소장들은 이른바 십일세(tithe, decimation Tax)의 정비를 통해 잠재적 범죄에 미리 부과해왔던 치안유지를 위한 세목들을 합리적으로 개선하였다.[79] 이 십일세는 1655년 9월 21일 처음으로 문서화하여 정립되었는데 1653년부터 지속적으로 거론되어온 부동산세, 상속세와 함께 세금 논쟁의 핵심사항이었다. 1년 수입이 100파운드일 경우 10파운드를 세금으로 내도록 되어 있었고 1,500파운드 이상의 개인부동산을 보유하고 있을 경우 매 1,500파운드마다 100파운드씩의 부동산세를 납부하도록 되어 있었다. 그리고 세금납부는 일 년 두 차례 분납하도록 했는데 6월 24일과 12월 21일을 마감일로 지정했다. 또 2년에 한 번씩 납부하도록 하는 제도도 있었는데 이는 내야 할 세금의 총액을 2년마다 일괄적으로 납부하도록 한 조치였다. 정부는 신규세제의 첫 납부일을 1655년 12월 21일로 정했는데 만약 이를 이행하지 않는 자들의 부동산은 이들이 세금을 납부할 때까지 압류하도록 했다. 정부의 이러한 조

한 자들에 대한 엄격한 처벌과 통제를 위해 강력한 처벌을 예고하고 시행한 자들도 있다. 심지어 외국으로 추방하겠다고 선언한 소장도 있었고 그리고 윤락가를 운영한 이들을 고발하기도 했다.

79) A. Fraser, *Cromwell*, 695-696.

224 | 영국혁명과 올리버 크롬웰

치에 대해 왕당파의 반발이 만만치 않았고 이로 인해 소장제가 실시된 각 지역별로 세금의 납부현황은 격차가 컸다.[80] 소장들은 그들에게 주어진 세금징수의 임무를 수행함에 있어서 군사적 배경을 항상 염두에 두었고 세금징수를 안정적으로 진행함으로 크롬웰의 국가통치에 필요한 재정적 요구를 뒷받침하도록 하였다.[81] 그러나 일관성 있는 정책집행의 결여 등으로 인해 소장제 아래의 징세활동은 성공적이지 못했다.[82]

(6) 역사적 의미

소장제는 엄격한 청교도 국가를 건설하고자 했던 크롬웰의 구상이 반영된 것은 사실이나, 군주제의 공백을 메울 강력한 군정을 통한 중앙집권적 정치라고 하는 계산이 반영된 것으로도 평가된다. 결과적으로 앞에서 언급한 대로 소장제는 그 애초의 소임을 다하지 못했다. 우선, 영국사회에 뿌리 깊게 박혀 있었던 문화적 요소를 단시간 내에 개혁하기에는 너무 조급했고 소장들이 도덕적 갱생과 종교적 개혁을 추진하기에는 또 다른 그들의 임무였던 세금을 거두어들이는 일이 너무 비중이 컸다. 소장들과 행정관들의 어깨에는 지나친 권세가 얹혀 있음으로 개혁의 동력으로 스스로가 헌신되지 못한 면도 소장제가 성공하지 못했던 이유로 꼽을 수 있다.[83] 결국 소장제는 국민적 기대와 관심에는 미치지 못했지만 전국적인 개혁

---

80) Christopher Durston, *Cromwell's major-generals*, 98-99.

81) A. Fraser, *Cromwell*, 699.

82) Christopher Durston, *Cromwell's major-generals*, 120.

83) Christopher Durston, *Cromwell's major-generals*, 178-179.

과 도덕적 정화운동을 추진했다는 것은 인정받을 만한 일이었고 이는 또한 영국사회가 이전에는 경험하지 못했던 일이었다. 소장제가 도입되기 이전 이미 영국이 청교도들에 의해 혹은 그간 전개되었던 청교도주의 운동과 종교개혁, 그리고 정치개혁과 혁명으로 이어지는 과정에서 각 지역별로 이미 개혁과 정화의 운동들이 전개되고 있었다는 현실도 소장제가 전국단위로 조직은 되었지만 큰 충격을 줄 수 없었던 이유일 수 있다.

크롬웰은 칼뱅주의 신앙과 퓨리턴적 생활방식을 체득한 신앙인이었다. 그가 소장제(少將制)를 통해 「풍기단속법」을 만들어 주일을 바로 지키게 하고 제임스왕이 기독교를 교란시킬 목적으로 제작해 배포했던 「오락의 책」(Book of Sports)에 의해 무너져 내린 도덕적 기준들을 회복하려고 했던 모습들은 신앙인으로서 영국을 영적으로 재무장시키며 회복시키려 했던 노력의 좋은 예이다. 그러나 크롬웰이 기독교적 통치과업을 먼저 확립한 후 그것을 군 지휘관과 정치인으로서 실천하려고 했던 인물이었는가는 논란의 대상이다. 이 부분이 크롬웰을 종교적 이상과 정치적 조치의 필요 사이에서 고민하던 신앙인으로 보는 견해도 있는 반면 독재자, 세련되지 못한 급진주의자, 혹은 불안한 정치인으로 묘사하기도 하는 이유이기도 하다.

2) 의회와의 관계

(1) 의회파의 형성

의회는 크롬웰에게는 아버지로부터 정치를 배운 곳이기도 하고 자신의 정견(政見)과 철학을 구현하는 현장이기도 했다. 최초로 의회에 진출했던 시기였던 1628년과 1629년 사이에는 벌써 찰스파의 주교들과 의회에서 설전을 벌이며 열렬하고도 과격한 의원으로 이름을 각인시켰다. 1640년에 접어들어서는 당시 의회에서 막강한 영향력을 행사함으로 왕당파로부터 '왕 핌(King Pym)'으로 불렸던 존 핌(John Pym)과 크롬웰은 왕권을 제한하고 왕이 지금껏 행사했던 일들을 국민을 대신하여 의회가 할 수 있도록 한 「대간의서」(大諫儀書)[84]를 제출하고 왕과 왕당파를 압박하기도 했다.[85] 이 「대간의서」는 표결에 부쳐져 159대 148이라는 근소한 차이로 통과를 보았지만 이로써 왕당파와 의회파의 대립은 더욱더 명백하게 되었다. 의회에서의 이러한 활동들에 대해 반감을 갖고 위기를 감지한 왕은 1642년 1월 10일, 헴덴(Hemden) 등 주요인사 5명을 체포하기로 작정하고 직접 군인들을 지휘하여 의회에 진입하였다. 이 사건을 계기로 의회파는 합법적 무장투쟁의 길을 모색하고 그해 3월 「민병법안」(民兵法案)을 제정하고 이를 왕의 재가 없이 효력이 발효되는 법령(Ordinance)으로 공포한 후 이를 근거로 의회군을 조직하였다. 3개월 후인 6월 의회는 「19개조의 제안」을 발표하였는데 이 제안의 골자는 정치, 군사, 종교상의 일체의 권력을 의회의 수중에 둘 것을 요구한 것으로 왕과 왕권에 대한 최후통첩이자 선전포고와 다름없었다.[86] 이에 맞선 찰스는 8월 22일 노팅엄(Notingham)에서 왕군의 군기(軍旗)를 게양함으로 왕군과 의회군의 무력대결

---

84) 크롬웰은 대간의서가 만약 의회(하원)에서 통과되지 않으면 자신의 모든 재산을 다음 날 아침까지 모두 처분하고 영국을 떠난 뒤 다시는 쳐다보지도 않을 것이라고 했다. 다행히 대간의서는 159대 148이라는 근소한 차이로 통과되었으나 찰스에 의해 거부되었다.

85) Kennth O. Morgan 편, 『옥스포드 영국사』, 343.

86) 조경래, "영국혁명기의 의회 특성에 관한 연구", 34.

은 본격적으로 시작되었다. 이같이 의회파라고 하는 왕당파에 맞서는 개혁세력의 형성은 찰스가 먼저 왕군을 편성하여 긴장관계에 있었던 의회와 대결구도를 전개함으로 조성된 것이었다.

(2) 의회파의 중심에 선 크롬웰

한편 크롬웰은 혁명이 시작되자 1642년 7월에는 하원에서 케임브리지 선거구민들이 방위조직을 구성하여 무장할 수 있도록 승인을 얻어 내고 자신의 선거구인 헌팅던에서 기병대를 조직하여 같은 해 10월 23일 에지힐 전투에 처음으로 참전하게 되었다.[87] 이로써 크롬웰은 장차 의회군[88]의 지휘관으로의 토대를 쌓아가며 1643년에는 군사조직가, 전투지휘관으로서 큰 명성을 얻었다. 크롬웰은 이후 1644년 마스턴 무어 전투에서 동부연합군의 지휘관으로 참전하여 이 전투를 승리로 이끌어 의회의 신임을 확보했다. 이듬해인 1645년 4월 의회에서 결의한 「자금령」(自禁領, Self-Denying Ordinance)을 근거로 의회는 신형군창설을 결의했다. 이에 따라 크롬웰은 의회를 중심으로 군대의 재편을 추구했던 토마스 페어펙스(Sir Thomas Fairfax) 장군을 보좌하여 자신의 철기군을 개편한 신형군(新型軍, New Model Army)을 창설함으로 의회파의 중심에 서게 되었고

---

87) 의회군과 왕군의 첫 교전은 1642년 8월 20일 노팅엄에서 시작되었다. 그러나 본격적인 교전으로 기록될 만한 전투는 10월 23일의 에지힐 전투였는데 이 전투에서는 양쪽이 두드러진 성과를 올리지는 못했다. 1644년에 가서야 마스턴 무어에서 여러 독립부대들이 집결하여 접전한 대단위의 전투가 벌어지게 되었는데 이때 동원된 군사는 약 4만 5천 명 정도였다.

88) 당시 의회에서 가장 많은 수를 차지한 세력은 젠트리 계급이었는데 이들은 왕과 의회 사이에서 의회파와 왕당파로 갈라졌다. 의회파는 주로 중산층 청교도로 이루어졌으며 왕당파는 기사파라 하여 프로테스탄트운동에 반대하는 지주계층이었다. 따라서 영국의 내전은 의회 내의 두 당파 간의 대립과 싸움이라고 볼 수 있다. 혁명 초기에는 아무래도 전쟁경험이 많은 기사파 왕군이 우위를 점하였으나 크롬웰의 등장으로 전세는 역전되어 마스턴 무어 전투와 내이스비 전투에서 의회군은 대승을 거두게 된다.

1645년 6월에는 네이스비 전투를 승리로 이끌며 일약 혁명의 승기를 잡았다.[89] 1647년 8월 의회군은 런던으로 진주하여 왕군과 타협하려는 의회 내의 장로파 의원들을 하원에서 끌어내고 나머지 의원들을 협박함으로 왕당파와의 타협을 저지하는 역할을 함으로 의회파에서 중추적인 위치에 서게 되었다.[90]

(3) 의회파의 인적구성

당시 의회는 젠트리 출신이 약 60%, 법학도 출신이 60% 그리고 고등교육을 받은 의원들의 비중이 80%에 달했다. 이들 중 상당수는 또한 서로 친족관계이거나 친분관계가 두터운 상태에 있었다. 크롬웰도 젠트리 계급으로서 의회를 중심으로 활동하기에 유리한 입장에 있었다. 상원의원의 20%만이 의회군을 지지하였고 하원은 절반 이상이 의회군을 지지하였다. 그리고 의회파 하원의원 중 약 100명 정도가 장로파에 속하였다. 당시의 의회는 지금과 같은 엄격한 정당정치의 형태를 갖춘 정책정당을 중심으로 형성된 것이 아니었다. 따라서 엄격한 당(黨, party)이기보다는 하나의 모임(group, faction)의 형태였던 것이 사실이다.[91] 게다가 의회의 기능이라고 하는 것이 국왕의 의지를 관철하고 반영하는 이른바 공명판(共鳴板) 역할을 했다. 의회란 원래 국왕의 일을 수행하기 위하여 조직된 기관으로 보았기 때문이다. 따라서 만장일치가 결의의 유일한 형태였고 반대자는 해당 안건심의를 맡은 위원회에 배치되지 못하였다.[92] 게다가

---

89) Kennth O. Morgan 편, 『옥스포드 영국사』, 348-351.

90) Kennth O. Morgan 편, 『옥스포드 영국사』, 354.

91) Alan Marshall, *Oliver Cromwell, Soldier*, 163. 아직도 많은 史家들은 이 용어들을 사용함에 있어서 혼돈스러워 하고 있다.

장로파와 독립파라고 하는 명칭 자체가 그 당파에 속한 자들의 속성을 그대로 대변하는 것도 아니었다. 장로파이면서도 종교적 배경이 장로가 아닌 이도 있었고 독립파이면서도 오히려 장로의 신분을 가진 이도 있었다. 프라이드의 숙청 이후에 의회에 남은 83명의 의원 중에는 독립파가 31명, 장로파가 53명이었는데 독립파의원 중 무려 27명이 장로의 명단에 올라 있었고 장로파의원 중 37명이 장로의 명단에 올라 있었다. 따라서 영국의회의 구성을 말할 때 독립파와 장로파를 그 의원의 종교적 배경에 따라서 결정된 것으로 보는 것은 오해의 소지가 있을 수 있다. 또한 장로파와 독립파, 각각의 정파에 속하여 있으면서도 온건 혹은 중도의 입장에 서 있던 의원들이 많이 있었기에 전반적으로 하원의원들이 혁명의 지지세력이 되었다고 보는 것이 자연스러울 것이다.[93] 당시 군대는 장로파가 아닌 독립파가 주요세력을 형성하고 있었으므로 스코틀랜드와의 이해관계[94]에 따라 의회 내 장로파가 왕과 화해를 시도하려 했으나 크롬웰이 이끄는 독립파에 의해 저지되었다.[95]

---

92) 나종일, "영국혁명에 있어서 종교와 정치", 『역사학보』 82, (1979): 110.

93) 나종일, "영국혁명에 있어서 종교와 정치", 94.

94) 크롬웰의 의회군과 스코틀랜드는 1643년 9월, 이른바 『엄숙한 동맹과 서약』(Solemn League and Covenant)을 체결하고 의회를 장로파들로 구성할 것을 약속하고 스코틀랜드군의 원조를 받음으로 마스턴 무어 전투에서 승리를 얻을 수 있었다. 장로교 국교국가였던 스코틀랜드는 영국의 정치적 격변보다는 영국에 장로교가 정착되는 것이 더 큰 관심사항이었다. 1646년 5월 스코틀랜드군에 찰스가 투항함으로 내란은 종결되는 듯했다. 그러나 찰스는 스코틀랜드와 의회가 맺은 동맹을 훼방하기 위해 향후 20년간 의회가 국민군을 통수하고 왕이 장로교회제도를 수락할 것을 명시하여 의회로부터 제출된 『뉴 캐슬 제안』(New Castle)(1646년 7월)을 거부하기에 이르렀다. 이에 스코틀랜드군은 의회파의 조치에 실망하고 1647년 2월 왕을 의회파에 인계하였다. 이후 의회 내의 장로파와 독립파 간의 갈등, 군대의 실세를 점하고 있던 독립파와 의회 내의 장로파와의 갈등을 틈타 찰스는 스코틀랜드와 장로제 도입을 명시한 밀약을 체결하였다. 이로 인해 분노한 의회파와 왕당파 간의 제2의 내란이(1648년) 불가피하게 되었다.

95) 조경래, "영국혁명기의 의회 특성에 관한 연구", 32-35.

(4) 잔부의회(殘部議會)와 지명의회(指名議會)

수평파의 영향력이 강했던 군은 왕과 의회의 화해기조를 차단하기 위해 그해 12월에는 아예 왕에게 항복하고 왕을 복귀시키자는 주화파와 맞서 왕을 제거하고 공화정을 향해 나아갈 것을 천명하며 의회를 숙청하는 이른바 프라이드의 숙청사건을 일으켰다.96) 프라이드(Pride) 대령에 의해 수행된 이 숙청사건97)으로 의회 내의 장로파 의원 중 약 50여 명을 체포하여 축출하고 나머지 독립교회파의원 약 60명으로 구성된 이른바 잔부의회(殘部議會, Rump Parliament)를 구성했다. 잔부의회는 왕을 재판하는 법정의 설립을 가결하고 왕을 재판하고 처형했다. 장기의회의 잔존형태로 당시 영국을 통치했던 잔부의회는 프라이드의 숙청과 왕의 시해를 인정하고 몇 가지 개혁적인 조치들을 시도했지만 일관성이 없이 우왕좌왕하자 1653년 4월에는 군대를 완전히 장악한 크롬웰이 1640년 11월에 소집되어 13년째 열리고 있던 이른바 장기의회를 해산시켰다. 이후 '성자들의 의회(Assembly of saints)'98)라 불리는 140명으로 구성된 '지명의회'(Nominated Parliament)를 소집하여 하나님의 약속과 예언들을 깨닫고 받아들이도록 만들 도덕적 갱생과 정치적 교육을 위한 프로그램을 제시하기를 기대했다. 그러나 반년 동안 말싸움만 하던

---

96) 프라이드의 숙청사건으로 하원의원의 절반 정도가 체포당하거나 강제로 의원직을 박탈당하였다. 나머지 의원의 3분의 2도 욕된 의회에 나가기를 거부했다. 혁명사태가 계속되는 기간 의회에 출석한 의원의 수는 전체의원의 6분의 1도 채 되지 않았다. 의회를 장악한 크롬웰은 약 1년 뒤인 1649년 1월 찰스의 사형을 결의하고 집행하게 된다.

97) 프라이드의 숙청은 軍이 의회의 장로파와 결별하게 되었다는 것을 의미한다. 따라서 우익에는 장로파와 왕당파라는 세력이 집결되었고 좌익에는 군을 중심으로 한 수평파, 공화주의자, 제5왕국파 등이 집결되었다. 크롬웰은 이 두 세력 사이를 오가며 활동했다.

98) 각 주(州)의 독립파 교회 및 군의 장교 회의가 인정하는 성자(聖者)라고 불리는 사람들, 이를테면 신앙이 두텁고, 신을 두려워하며, 탐욕을 싫어하는 사람들을 추천으로 뽑아 의회를 구성하였다.

것을 보다 못한 크롬웰에 의해 이 의회도 해산되었다.[99] 호국경이 된 후 크롬웰은 이후 3년마다 의회를 정기적으로 소집해야 했지만 의회가 혁명과업 완수에 장애가 될 경우 독자적으로 정책을 추진하였으며 1655년부터는 소장제를 통하여 전국을 통치하고자 했다. 호국경 크롬웰의 통치근거는 1657~1658년에 의회가 제정한「겸손한 청원과 조언」(Humble Petition and Advice)과 그보다 앞서 1653년에 군사위원회가 공포한 영국 최초의 성문헌법인「통치헌장」(Instrument of Government)이었다. 크롬웰의 정치적인 기반이 의회였던 것은 분명하다. 그러나 의회가 개혁과 신앙갱생운동에 소극적일 때에는 의회를 해산하거나 무시하는 정책을 폄으로써 의회에 고립된 지도자로 머물지 않았다. 크롬웰은 자신을 모세와 같이 영국을 하나님 앞으로 이끌 지도자로 이해했다.[100]

사람들의 도모와 사람들의 합의에 의해 모든 것을 결정하는 것은 그 사명을 완수하는 데에 있어서 미흡한 부분이 있었다. 그러나 크롬웰의 정치적 기반이었던 의회를 그는 십분 활용하였다. 젠트리층이 다수를 이룬 의회에서 크롬웰은 개혁의 동지들을 규합했고 각종 법안과 법령제정을 통해 개혁조치들을 현실화시켜 나가려 했으며 의회조차도 개혁에 부진하고 왕과 화해하려 할 때에는 가차 없이 의회를 해산하고 직접 개혁법령들을 입안하기도 했다. 그 대표적인 예가 찰스 처형 후 하원과 군 조직을 통해 상원을 폐지하고 41명으로 구성된 국무회의(Council of State)를 설치하여 국가를 공화국(共和國, Commonwealth)으로 선포한 것이었다. 그 이후 1653

---

99) Kennth O. Morgan 편, 『옥스포드 영국사』, 357.
100) Kennth O. Morgan 편, 『옥스포드 영국사』, 358.

년이 있었던 장기의회의 해산이나 지명의회[101])의 조직 그리고 공
화정의 기초가 되었던 통치헌장의 제정 등은 모두 의회를 기반으
로 이루어진 일이었거나 의회를 중심으로 발생된 사건이었다.

3) 외교정책

크롬웰에게 있어서 혁명기간 중 가장 첨예한 외교현안은 스코틀
랜드와의 관계개선이었다. 찰스 1세는 스코틀랜드와의 밀약을 통
해 자신의 궁지에 몰린 입지의 반전을 노렸으며 의회파는 의회파
대로 왕을 제압할 외적인 도움의 세력이 필요했는데 가장 적절한
역할을 스코틀랜드군이 해줄 것으로 기대했다. 군부 내의 갈등 그
리고 장로파와 독립파 간의 갈등을 감지한 찰스는 1647년 12월, 비
밀리에 스코틀랜드군과 회합을 갖고 영국 내에서 장로파를 국교로
하고 청교도 과격파도 제거할 것을 약속하고 지원을 요청하였
다.[102]) 그러나 이 사건은 크롬웰과 의회파에 엄청난 배신감을 가져
다주었고 의회 내에 잔존하던 국왕파 혹은 국왕파에 기울여진 장
로파를 제거할 기회를 제공하는 결과를 낳았다. 찰스가 스코틀랜드
와 밀약을 맺기 이전이었던 1637년에 찰스는 존 녹스 이래로 장로
교식 대의정치를 실현시켰고 장로교적 전통이 뿌리를 내리고 있었
던 스코틀랜드에 대해서 영국식 국교회 의식을 사용할 것을 명령
하였다.[103]) 스코틀랜드는 감정이 안 좋았고 영국에서 혁명이 일어

---

101) 지명의회 혹은 소의회(Namination Parliament or Little Parliament) 혹은 Barebone's의 이름을 따
　　서 Barebone's 의회라고도 한다.
102) 정준기, 『청교도 인물사』, 104.
103) 이미 1658년에 스코틀랜드 장로교총회에서는 『제2치리서』(The Second Book of Discipline)를 만

나 의회군과 왕군이 맞서고 있던 1647년에 찰스와 스코틀랜드군이 맺었던 밀약과 거의 유사한 협약을 혁명파 사이에 체결한 바가 있었다. 그것이 이른바 1643년에 양국의 의회가 체결한「엄숙한 동맹과 계약」(a Solemn League and Covenant)이었다.「엄숙한 동맹과 계약」은 청교도적 교회개혁과는 거리가 있는 조약이었다. 왕과 영국, 스코틀랜드, 아일랜드의 평화와 안전을 모색하기 위한 조약임을 전문(全文)에 명시하고 있는 것을 볼 때에 진정한 개혁보다는 타협과 중용을 모색하고자 하는 의지에서 나온 것으로 보인다. 계속해서 청교도들과 스코틀랜드의 칼뱅주의자들은 감독제를 폐지하고 두 나라가 사용할 공통교리서를 만들기로 합의하였다. 이를 통해 1643년부터 칼뱅주의 회중파, 청교도적 감독파, 다수의 장로교인들이 런던의 웨스트민스터 교회에 모여 회의를 거듭해서 1647년에 탄생시킨 것이 웨스트민스터 신앙고백서이다.[104] 1646년까지는 청교도와 스코틀랜드 간의 관계가 협조적이었다. 그러나 1646년 스코틀랜드 군이 찰스를 체포하여 구금하고 있을 당시 혁명군 내의 잡음과 혁명세력 간의 균열양상이 나타나자 찰스는 반전의 기회로 알고 스코틀랜드군과 밀약을 시도했다. 스코틀랜드로서도 혁명군의 승리가 완전히 보장되지 않았고 혁명파가 이후에 그들과 맺은 협약(엄숙한 동맹과 계약)을 준수하여 장로교제도를 받아들일 수 있을지에 대한 확신도 없던 차에 국왕이 장로교제도의 도입을

들어 교회의 정치적 독립을 천명하였다. 찰스의 국교회의식 강요로 인해 스코틀랜드는 종교의 자유를 지킨다는 명분으로 영국을 공격하게 되었고 찰스는 이를 격퇴할 전비마련을 위해 의회를 소집하고 잦은 마찰을 보이게 되었다. 단기의회와 장기의회를 통해 이를 마련하려 했지만 결국 무리수를 두고 혁명을 자초하는 결과를 가져오게 되었다.

104) 정준기,『청교도 인물사』, 101-102.

천명하자 왕과의 새로운 관계설정을 모색하였다. 1647년, 찰스와 스코틀랜드군은 이전의 그들의 태도들을 돌변시켜 양자가 화의를 선언하고 청교도혁명 세력에게 일격을 가할 협약을 체결하였던 것이다. 영국혁명에 있어서 크롬웰과 의회군의 외교적 고립과 위기의 순간이었다. 군대를 재정비하고 혁명세력을 규합한 크롬웰은 이듬해인 1648년 8월, 프레스턴 팬즈(Preston Pans)에서 스코틀랜드군을 격파하고 찰스를 압송해왔다. 그리고 지금까지 애매한 태도를 취해왔던 장로파 의원 140여 명을 축출하고 급진독립파 60여 명으로 잔부의회를 출범시켰다.105)

왕을 참수하고 공화정을 선포한 크롬웰에게 있어서 외교적 현안으로 제기된 것은 찰스 2세가 망명한 프랑스와의 관계였다. 찰스 2세와 국교회 잔당들은 프랑스에서 끊임없이 재기를 노리고 크롬웰 정부의 전복을 시도했다. 1653년에 있었던 왕당파의 반란을 제압한 크롬웰은 이들을 모두 국외로 추방하고 국교회 성직자들의 설교금지령을 내리기도 했다. 아일랜드의 가톨릭교도들에 의한 공격은 계속되어 영국 내의 불안과 공포를 조성했다. 1641년에 있었던 아일랜드의 가톨릭교도들의 공격으로 이미 30,000여 명이 살해된 역사를 가지고 있었던 영국은 계속된 반란을 1649년에 크롬웰이 진압함으로 일단락되었다. 이어서 스코틀랜드에서 있었던 왕당파도 공격하여 제압하였다. 혁명정부에 대해 노골적인 반발감을 해상무역의 방해

---

105) 조경래, "영국혁명기의 의회 특성에 관한 연구", 35. 이로 인해 크롬웰은 장로파에 대한 좋지 않은 감정을 가지게 된 것 같다. 장로파로서는 입헌군주제나 군주제로 돌아가는 것도 무방하나 장로제가 도입되는 것이 중요한 관심사항이었다. 그러나 크롬웰은 혁명의 칼을 뽑은 이상, 교회제도의 향배보다는 왕을 제거하고 혁명정부를 세워야 하는 절박한 상황에 있었기 때문이다. 절체절명의 위기 속에 몰렸던 크롬웰로서는 그 위기를 도래하게 한 장로파에 대해 못마땅한 감정을 품을 수밖에 없었던 것이다.

로 드러낸 네덜란드와도 해상장악을 위한 일전을 치르게 되는데 강한 영국해군이 이를 제압하고 해상의 무역권을 확보하게 되었다.[106] 영국 상인들의 보호를 위해서는 해상수송권의 확보가 중요한 현안이었다. 크롬웰의 중상주의 정책에 기초한 「항해조령」(The Navigation, 1651)은 유럽 외에서 영국으로 들어오는 상품들은 영국 선박에 의해 수송하고, 유럽 내에서 영국으로 들어오는 상품들은 영국 선박이나 생산국의 선박에 의해서만 수송할 것을 규정한 법령이다. 이로 인해 당연히 발생한 외교적 마찰에는 네덜란드와의 경우처럼 해상전을 통해 무력을 기반으로 해결해나갔다.

이외에 적어도 7개국의 대사들이 크롬웰의 통치기간 중 런던에 주재했던 것으로 보인다. 베니스공화국의 총독은 관례에 따라 대사를 파견했는데 첫 번째 대사였던 로렌조 파울루치(Lorenzo Pauucci)는 일 년 반 재직하다 1655년 7월에 소환되었으며 두 번째 대사였던 지오반니 사그레도(Giovanni Sagredo)는 부임 후 8개월 후 다른 어디론가 전보되었다. 지오반니 사그레도의 전보 후 9개월 동안 대사관은 폐쇄되었으나 1657년 4월 마지막 세 번째 대사였던 프란세스코 지아바리나(Francesco Giavarina)가 다시 재개소했지만 그 역시 일 년이 채 못 되는 기간 동안만 재직했다. 포르투갈은 통상조약만 체결하고 대사를 런던에 주재시키지는 않았고 서유럽에서의 거대 가톨릭제국이었던 스페인과 프랑스는 대사를 상주시켰다. 가톨릭 국가들에서 파견된 대사들과의 외교관계가 원만하지 못했던 이유로는 상대적으로 가톨릭에 대해 우호적이며 런던에서도 가톨

---

106) 조경래, "영국혁명기의 의회 특성에 관한 연구", 36.

릭적 미사를 드리기를 원했던 그들과 런던 내 거주 이태리 상인들의 원만한 종교활동이 보장되지 못했던 것에 있었다.107) 이들 나라 중 1637년, 스페인에서 파견한 알론소 데 까르데나스(Alonso de Cardenas)는 가장 먼저 런던에 파견된 대사였다. 그는 런던 내의 한 성당을 중심으로 그곳 가톨릭공동체와 긴밀한 유대관계를 맺고 있었는데 크롬웰의 공화정하에서 크롬웰을 비난해왔던 존 사우스워스(John Southworth)라는 영국신부의 보호를 요청했었으나 거절당한 일이 있었다. 존 사우스워스 신부는 결국 크롬웰의 보호를 받지 못하고 크롬웰정부 통치하에서 발행한 유일한 순교자가 되었고 1655년 9월, 까르데나스 대사는 대사관을 폐쇄해버렸다. 당시 외교관들의 보고에 의하면 크롬웰은 가톨릭을 정면으로 탄압하지 않았고 그들이 원하는 방식으로 미사를 드리도록 관용했던 것으로 나타나고 있다. 뿐만 아니라 가톨릭교도들 가운데 젠트리 계층의 발굴과 지원도 했던 것으로 보고되었다.108) 그럼에도 불구하고 당시 공화정부는 교황주의자들을 부담스럽게 생각했고 1649년에 있었던 아일랜드정벌과 가톨릭교도들의 반란모의를 제압한 사건들로 인해 가톨릭적 배경을 가진 국가들과의 외교관계가 원만하지는 않았다.

4) 교육정책

크롬웰의 어릴 적 가정과 학교에서 받은 교육의 영향력은 대단

---

107) Loomie Albert J, *Oliver Cromwell's Policy toward the English Catholics: The Appraisal by diplomats, 1654–1658*, Catholics Historical Review, (Jan, 2004), Vol. 90: 29.

108) Loomie Albert J, *Oliver Cromwell's Policy toward the English Catholics*: 30.

히 컸다 할 수 있다. 크롬웰은 이제 새로운 토양에서 살게 될 다음 세대들에게는 그 토양에서 필요로 하는 내용의 교육을 시켜야 한다고 생각했다. 이러한 교육에 대한 사상은 청교도가 가진 가장 우선시되는 요소 중 하나였다.[109] 청교도사상 자체가 케임브리지 등의 대학을 통해 확산되었고 당시의 제임스왕은 이를 막기 위해 전 학생들로 하여금 학위과정에 들어가기 전에 영국교회의 감독제도에 동의하고 장로교제도는 거부한다는 서약을 하지 않으면 입학을 허락하지 않도록 했다. 이로 인해 청교도의 본성이었던 임마누엘대학도 이러한 정책에 동의하지 않을 수 없었다.[110] 크롬웰은 호국경이 된 이후로 옥스퍼드와 케임브리지 등의 주요대학들을 개혁하기로 하고 당대 최고의 청교도사상가였던 존 오언을 옥스퍼드대학교의 부총장으로 임명하여 대학개혁을 추진하도록 하였다.[111] 청교도들의 언약사상과 개인경건을 중시하는 성향은 뉴잉글랜드에서까지 그대로 나타나 신정정치의 복원을 추구하게 했다.[112] 그리고 이 모든 것의 뒷받침을 가정교육과 교회교육과 학교교육을 통해서 하고자 했다.

크롬웰의 교육개혁에 있어서 중요한 역할을 한 사람들 중에 하틀립(Samuel Hartlip)과 듀리(John Dury)가 있었는데 그들은 코메

---

109) A. Fraser, *Cromwell*, 777.
110) 원종천, 『청교도 언약사상, 개혁운동의 힘』, 59. 16세기 말부터 퍼킨스, 채터슨, 프레스턴과 같은 청교도 지도자들은 케임브리지대학을 중심으로 청교도사상을 전수하기 시작했다. 이들과 대학을 통해 젠트리와 중산층들의 호응과 후원을 받기 시작한 청교도운동은 영국교회의 감시와 탄압에도 불구하고 그 저변이 확대되기 시작되었던 것이다. 퓨리터니즘의 본산지가 되어버린 케임브리지대학은 젊은 인재들을 청교도 신앙과 정신으로 교육시켜 영국교회 성공회주의와 다른 길을 기꺼이 갈 수 있는 개혁적 인물들을 사회에 배출했다.
111) Edward Hindson, 『청교도신학』, 179.
112) 원종천, 『청교도 언약사상, 개혁운동의 힘』, 248.

니우스(Comenius)의 통합교육에 관심을 가지고 있었다. 영국에 초청되어 1641년 의회에서 그 자신의 통합교육을 밝힌 코메니우스의 범지식 대학교육(Pansophic College)에 관심을 가지고 영국 교과과정의 변화를 추구했다. 이상적인 국가를 건설하기 위해서는 학교에서의 이러한 통합교육이 요구된다고 이들도 생각했다. 통합교육이란 바로 보통학교(common)와 기술학교(mechanics) 모두가 이상적인 국가건설을 위해 필요하다는 데 인식의 기초를 둔 교육시스템이었다. 그래서 이들은 지명의회에 보통학교들이 가르쳐야 할 과목으로서 읽기, 쓰기, 수학, 지리, 역사, 논리학, 법학을 그리고 기술학교에서는 직업교육을 병행해야 함을 제안했다. 다른 어떤 것보다도 국가의 개혁과 발전을 위해서 교육이 가장 빠른 수단임을 이들은 간파하고 교육제도의 개혁에 심혈을 기울였다.[113] 이는 뉴잉글랜드의 청교도들에게도 마찬가지의 관심사였다. 그래서 뉴잉글랜드에서의 청교도도 교육사업과 정치제도의 개혁을 통해 신정제도의 확립을 추구하려 했던 것이다.[114]

계속해서 크롬웰과 혁명정부는 교육의 개혁에 박차를 가했다. 극빈학생들을 위한 문예학교를 세우고 이들에게 기본적인 교육의 혜택을 부여한 것은 좋은 예이다. 또한 런던, 요크, 브리스톨, 엑세터, 노르위치 등에 국립대학을 세우고 과학교육을 강화했다. 과학과 실험의 발달을 통해 시민사회의 과학적 수준을 높이고 이를 통해 폭스(George Fox) 같은 학자는 가톨릭에서 주장하는 포도주와 빵이

---

113) A. Fraser, *Cromwell*, 778-779.

114) 뉴잉글랜드에서 청교도는 등록된 교회신자가 아니면 피선거권을 가질 수 없도록 함으로 근본적으로 기독교인이 아닌 사람이 국정을 책임지거나 공직에 나서는 일을 차단함으로 신정정치를 구현할 수 있을 것이라고 믿고 있었다.

실제의 피와 살로 변한다는 화체설이 근거가 없는 낭설임을 입증하기도 했다.[115)

1657년에는 법제화를 통해 교육개혁을 지속해나갔는데 과학과 문예, 보통교육은 물론 프로테스탄트신앙 교육과 더불어 목회자 양성교육까지 다양하게 그 폭을 넓혀 나갔다. 크롬웰은 옥스퍼드에 새로운 대학을 설립하기로 하고 그 이름을 '세인트 메리스 홀(St Mary's Hall)'이라 명명했는데 이 대학의 주 기능을 바로 진정한 개혁교회사상을 총 결집하여 공화정정부에 제안하도록 하는 것에 두었다. 이를 위해 10명의 연구원을 운용할 수 있는 기금 1,000파운드를 조성하기도 했다.[116) 이러한 성과물들은 계속해서 교육을 받을 수 없었던 가난한 목사들을 재교육하는 데 활용되도록 하는 것이 크롬웰의 목적이기도 했다. 가난한 개신교 목사나 신학자 그리고 외국인 학생들도 이 학교의 목회자 양성과정에 등록할 수 있도록 했다. 더함(Durham)대학에서는 케임브리지의 트리니티대학(Trinity College)과 같은 수준의 역할을 할 수 있도록 지원했는데 이 같은 일련의 정책들은 적합한 성직자들을 배출하기 위한 그의 열망이 뿌리를 내리는 것이었다. 이 같은 조치는 개혁교회들의 간절한 요구이기도 했지만 크롬웰 자신의 교육정책을 진전시키는 계기가 되기도 했다.[117)

크롬웰은 교육제도의 개혁을 통해 보통학교와 기술학교를 구별하여 교육하도록 하되 각각의 교육과정을 보완하도록 했고, 과학교

---

115) A. Fraser, *Cromwell*, 778.
116) A. Fraser, *Cromwell*, 779.
117) A. Fraser, *Cromwell*, 780.

육과 빈자들의 교육혜택 확대를 통해서는 공화정의 기반을 다지려 했다. 그리고 모든 교육은 개혁교회의 사상을 사회 전체에 깊이 확산하려는 의지의 반영이었으며 이를 위해 양질의 목회자의 배출과 목회자의 계속교육에 심혈을 기울였다. 크롬웰에게 있어서 교육은 교회나 교육분야 자체의 발전을 위한 것이기보다는 그가 꿈꾸던 공화정의 확립 그리고 기독교 이상사회의 구현을 위한 가장 분명하고도 장기적인 조치였던 것이다.

3. 군대와 신앙

1) 철기군(鐵騎軍, Ironsides)[118]

1642년에 이르러 왕과 의회의 관계는 단절되다시피 했고 왕은 왕대로 의회는 의회대로 일전을 준비하며 군사를 모집하고 군비를 조달하기에 이르렀다.[119] 이에 의회파의 리더 중 하나였던 에섹스 (Essex) 경은 장교로서 의회군을 지휘할 능력을 가진 인물을 찾고 있었다. 동시에 말과 승마에 능통한 군인의 모집에 대한 공고를 내

---

118) 철기군이라고 하는 명칭은 1644년 마스턴 무어에서 동부연합군 소속의 크롬웰이 지휘하는 기병대가 왕군으로부터 대대적인 승리를 거둘 때 적장이 붙여준 별명이었다. 당시는 아직 신형군이 창설되기 전이었으며 크롬웰의 철기군은 의회군 진영의 모든 군대 중에서 가장 모범적인 군대였고 신형군의 모체가 되었을 뿐 아니라 호국경시대의 크롬웰 군대의 기원이 되기도 했다.

119) Kennth O. Morgan 편, 『옥스포드 영국사』, 347. 첫 번째 내란의 시작은 1642년 8월 20일 노팅엄에서 찰스 1세의 왕군에 의해 시작되었다. 그러나 이러한 1차 내란의 가장 중요한 전투였던 에지힐(Edgehill) 전투는 그해 10월 23일에 벌어졌고 이 전투에서는 크롬웰의 군대가 선전하기는 했지만 전투 자체의 승패를 가르지는 못한 채 다음의 전투로 그 결정적인 시기가 넘어가게 되었다.

고 40~60명의 병사들이 모집되면 한 명의 장교를 배치하여 지휘하게 하였다.[120) 특히 크롬웰은 자신의 군대를 조직할 때에는 경건하고(Godly) 정직한(Honesty) 기준에 적합한 청년들로 채웠을 뿐만 아니라 다른 동료들에게도 이와 같은 기준들을 준수할 것을 누누이 강조하곤 했다. 따라서 그의 군대는 항상 하나님의 섭리의 도구로 그리고 하나님의 영광을 위하여 싸운다는 강한 신앙심이 바탕이 된 군대였다.[121) 로버트(Michael Robert)의 주장대로 1642년에 있었던 에지힐(Edgehill) 전투 이전의 전투는 이른바 중세적 재래식 전투였고 에지힐 전투부터 초기 현대식 전투(Early Modern Warfare)가 시작된 것으로 볼 때에 당시의 군대라고 하는 것은 보잘것없는 상태의 것이었다. 그러나 에지힐 전투부터는 현대 전투의 특징으로 제기되는 병력의 규모와 그 군사적 전문성(무기 및 훈련 정도)에 비추어볼 때에 초기 현대식 면모를 보여준 획기적인 전투였다.[122) 따라서 의회군을 모집할 당시의 병사들의 면모나 무기의 상태 등은 어설프고 미흡한 것이었으며 규모 또한 위협적이지 못했지만 전투를 전개해나가는 과정에서 이 모든 것의 발전이 모색되었다.

에섹스(Essex) 경은 부대를 1,200명[123)을 일개연대로 하여 편성하였는데 첫 번째 의회군은 24,000명의 보병병사와 5,000명의 기병병사 그리고 이외에도 많은 장교들로 이루어졌다.[124) 병과별로

---

120) Kennth O. Morgan 편, 『옥스포드 영국사』, 46-47.

121) Peter Gaunt, *Oliver Cromwell*, 227.

122) Kennth O. Morgan 편, 『옥스포드 영국사』, 42.

123) 이들 병력을 한 명의 대령이 200명을 직접 지휘하고(직할대), 140명씩의 대대를 두 명의 중령이 각각 지휘하고 700명의 병력을 5개 중대로 나뉘어 5명의 대위가 지휘하도록 하였다. 이 숫자에는 참모급의 장교들은 포함되지 않았다.

보면 소총수와 포병(砲兵), 창병(槍兵), 기병(騎兵), 용기병(龍騎兵)[125]으로 구성되었는데 소총의 성능은 150미터만 떨어지면 명중률이 25% 이하였고 포병의 경우도 유효사격이 한 시간에 10발 미만이었으며 그것도 40발 이상 사격을 한 후엔 냉각을 위해 사격을 중단해야 하는 형편이었다. 그나마 기병들은 양날 가진 '죽음의 칼'(mortuary sword)이라고 불리는 3피트짜리 검을 사용하여 위협적이기는 했지만 여전히 미흡한 실정이었다.[126]

이런 상황에서 1642년 8월, 크롬웰은 의회군의 대위로 임관하여 60명으로 구성된 기병부대[127]를 지휘하게 되는데 이것이 지휘관으로서의 출발이었다. 크롬웰 대위는 그의 충실한 참모들과 함께 '사랑스러운 중대(a lovely company)'를 만들어갔으며 병사들은 그의 지역이었던 헌팅던(Huntingdon)과 케임브리지(Cambridge) 일대에서 그가 직접 엄선한 자원자로 구성되었다. 그의 중대원은 영적으로 깊은 확신이 있었을 뿐 아니라 서로가 친구나 친척, 이웃처럼 친밀했다. 크롬웰 대위는 그의 중대를 8월에 완편하고 무기와 장비 지급을 완료했으며 '강훈련(Iron discipline)'을 시켰는데 이때의 기병중대가 바로 철기군(Ironsides)의 토대가 되었다. 크롬웰의 기병

---

124) Kennth O. Morgan 편, 『옥스포드 영국사』, 48.

125) 전투에서 공격에 나설 때는 말을 탄 경기병(輕騎兵)으로 싸우고 방어할 때는 말에서 내려 보병으로서 싸우는 병사들을 말한다. 용기병이라는 용어는 이 병사들이 드라곤이라고 불리는 단총(短銃)을 사용한 데서 유래했다. 용기병은 대대단위가 아니라 중대단위로 편성되었으며 장교와 부사관들은 보병 칭호를 지녔다.

126) Kennth O. Morgan 편, 『옥스포드 영국사』, 52-57. Raimondo Montecuccoli라는 장군의 회고에 의하면 30년 전쟁 당시 기병의 경우는 잘 훈련되지 않았을 뿐 아니라 전장의 불안정적인 조건으로 인해 25% 정도만이 본연의 임무를 수행할 수 있을 정도로 전투력이 안정적이지 못했다. 이는 병사뿐 아니라 말의 훈련 정도가 필수적으로 요구되는데 이 부분에서 충분한 훈련이 이루어지지 못한 결과로 보인다.

127) 이 부대는 에섹스군의 67연대였으며 그는 총 1,104파운드를 급여를 받고 출전하게 되었다. 이때 그가 지휘한 병력은 기병 60명이었다.

중대는 에지힐 전투128)에서 혁혁한 공로를 세우고 크롬웰은 이듬해 대령으로 진급되고 연대장에 보직되었다.

크롬웰의 철기군은 강한 훈련과 엄격한 규율준수 그리고 귀족중심이 아닌 자영농민이나 그들의 아들들로 구성되었고 무엇보다 신앙심이 투철했다. 크롬웰은 그의 군대에 있어서 군목과도 같은 역할을 했으며 병사들의 입장에서 그들을 깊이 이해하려고 애썼다.129) 그는 부하들을 출신에 의해서가 아니라 능력과 헌신도에 따라 대우했다. 귀족이나 젠트리가 아니라 할지라도 전쟁의 의미를 이해하고 이에 충성하는 신실한 병사들을 우대했던 것이다.130) 철기군은 어떤 면에서는 '군 회중(Militant congregation)'과도 같았다. 그리고 이렇게 영적으로 강한 유대의식을 가진 그의 군대는 적에게는 강력한 위협으로 인식되었다.131) 철기군을 이끌던 크롬웰은 의회군의 총사령관이었던 페어펙스 장군을 보좌하여 신형군을 창설하게 된다.

2) 신형군(新型軍, New Model Army)

(1) 창설배경

1644년 「사퇴조령」(Self-Denying Ordinance)132)에 이어 상하원

---

128) 1642년 10월 23일로 기록된 에지힐 전투는 영국혁명의 역사에서 최초로 치러진 전투였는데 의회군만 13,000명 이상의 병력이 투입되었고 기병, 포병, 용기병, 보병, 창병 등이 총동원된 전투였다. 총지휘는 에섹스 장군이 했고 크롬웰은 기병중대장으로 혁혁한 공로를 세움으로 주목을 받게 되었다.

129) Kennth O. Morgan 편, 『옥스포드 영국사』, 82.

130) Christpher Hill , 『영국혁명 1640』, 56.

131) Alan Marshall, *Oliver Cromwell, Soldier*, 85.

132) 의회 내 인사들 중 군대의 직책을 맡은 자들은 스스로 사퇴할 것을 결의한 조례로서 이들의 사퇴가

에서 통과되어 제정 공포된 「신형군조례」를 근거로 역사적인 새로운 군대가 창설되었다. 「사퇴조령」을 통해 의회 내의 독립파가 이루고자 했던 것은 크롬웰 등 군대 내 독립파 인사들을 제외하고 장로파와 보수파를 군대로부터 분리하는 것이었다. 뿐만 아니라 의회 내에서 장로파의 세력을 억제하는 데 좋은 기회가 되었다. 이렇게 창설된 신형군은 각종 전투에서 혁혁한 공을 세우며 1차 혁명을 마무리 지은 일등공신으로 평가되었고 신형군의 실질적인 지휘권을 행사했던 크롬웰의 역할이 점점 중요해져 갔다.

(2) 신형군의 성격과 조직

신형군[133]의 성격은 그 군대의 창설을 주창했던 크롬웰의 신앙적 면모를 엿보게 하는 좋은 예이다. 신형군은 지역이나 출신을 문제 삼지 않고 단지 능력위주로 선발되고 관리된 군대였다. 의회의 혁명전투 수행을 위한 필요에 의해 의회의 승인을 받고 토마스 페어펙스(Sir Thomas Fairfax)가 사령관으로 임명되어 1645년 2월 19

결정됨으로 신형군의 창설이 의회군의 재창설 성격으로 이루어지게 되었다. 의원의 군인겸직 금지법안인 본 조령으로 크롬웰과 독립파가 얻고자 했던 것은 군대 내 에섹스나 맨체스터와 같은 장로파 군장교들의 축출이었다. 이들은 왕군에 대해 소극적인 전투로 일관했으며 내심 입헌군주제를 지지했고 영국교회의 장로주의로의 발전과 군주를 인정하고 군주를 통한 국교회적 장로주의를 꿈꾸고 있던 자들이었다. 이런 조건하에서 왕과의 타협을 모색하고 이윽고 1646년에는 왕과의 협정안인 「뉴캐슬」(New castle) 제안을 혁명이 의회파의 승리로 끝나갈 무렵 제시했다. 이러한 일련의 과정들에서 크롬웰을 비롯한 독립파의 혁명세력들은 불만을 품고 이들의 제거 없이는 혁명의 완수가 어렵다고 판단하고 군을 확고히 장악하기 위해 본 조령을 제정했다. 자신도 의원이었던 크롬웰은 이 조령에서 제외되도록 하였고 이를 통해 군을 장악한 크롬웰은 이어 신형군의 창설과 신형군의 해체의 위기를 다시 극복하고 2차 내란의 길로 나서게 된다.

133) 군대를 새롭게 개조(New Modelled)하는 정책은 왕당파와 의회파가 동일하게 추진하였던 일종의 시대적인 조류였다. 왕군도 이러한 조치에 따라 브리스톨과 옥스퍼드에 각각 별개의 총사령부를 설치하였고 의회군은 세 명의 장군(맨체스터, 에섹스, 월러)이 이끌던 군대를 통합함으로 신형군을 창설하게 되었고 이 통합군의 객관적이고 강력한 지휘권을 보장하기 위해 외부에서 지휘관을 영입하여 페어펙스가 사령관으로 보직되었다.

일 창설된 신형군은 보병 14,400명, 기병 6,600명 그리고 1,000명의 용기병 등으로 이루어졌는데 12개 보병연대와 11개 기병연대, 그리고 1개 용기병연대로서 총 병력은 22,000명이었다. 맨체스터(Manchester) 백작의 모함[134]으로 곤경에 처하기도 했던 이유로 크롬웰은 신형군의 창설에 공식적으로 관여하지 않았지만 그의 구상이 반영된 군대라고 하는 사실에는 크게 의심할 여지가 없다.[135] 신형군은 맨체스터(Manchester), 월러(Waller), 에섹스 장군(Essex) 등의 군대를 기반으로 통합 개편된 형태로 창설이 이루어졌는데 이미 에섹스의 군대에는 크롬웰의 철기군이 포함되어 있었다.[136] 이들 제(諸) 부대들의 결원을 보충하기 위하여 약 8,150명 정도를 징집의 형태로 충원하였다.

(3) 신형군과 청교도주의

여러 군대들의 통합군 형태로 재창설된 신형군은 페어펙스 장군의 지도력과 크롬웰의 종교적 이상주의의 영도 아래에 점차적으로 강력한 청교도주의에 사로잡혀 전쟁에 대한 뚜렷한 명분과 정신력을 갖추어 나갔다. 크리스토퍼 힐의 평가대로 이후 신형군의 군사적인 승리는 바로 이 청교도주의의 정신 속에서 가능했으며 신형군의 장교와 병사들은 하나님께서 그들을 선택하셨고 역사의 미래가 그들의 두 어깨에 달려 있다는 하나님의 섭리에 대한 소명감으로 가득 찬 그런 군대였다.[137] 신형군이 창설된 바로 그해 크롬웰

---

134) 맨체스터 백작은 크롬웰을 명령이행 해이와 의무이행 실패 등의 이유로 비난했다.

135) F. Harrison, *Oliver Cromwell*, 87-88.

136) Alan Marshall, *Oliver Cromwell, Soldier*, 131-132.

은 이미 신형군의 지휘권을 행사하는 위치에 있게 되었는데 그 이유는 의회가 윌리엄 월러 경(Sir William Waller)의 군대에게 명령한 서머세셔(Somersetshire) 지역의 톤턴(Taunton) 지방의 탈환을 월러 경이 봉급이 지급되기 전까지는 출동할 수 없다고 버텼기 때문이었다. 이때 크롬웰에게 제한된 지휘권이 부여되었고 크롬웰의 설득으로 월러 장군의 기병대는 톤턴 지방의 탈환을 위해 출동하게 되었던 것이다. 이 장면은 크롬웰이 얼마나 기병지휘관으로서뿐만 아니라 대화와 타협이 생명인 정치인으로서도 탁월한 면모를 지녔던가를 확실히 보여주고 있는 것이다.[138] 크롬웰은 창설 1년 후에는 페어펙스 장군에 의해 발탁되어 부사령관으로 취임하여 실질적인 지휘선상에서 신형군을 지휘하게 되었다.

(4) 신형군의 신앙적 성격

크롬웰은 페어펙스 장군과 함께 신형군을 이끌고 대대적인 전과를 올리고 1646년 8월, 첫 번째 내전을 승리로 이끌고 혁명을 완수하였다. 그때 크롬웰은 자신을 "하나님께서 가난한 왕국의 행복을 위해 세우신 하나님을 향한 충성스런 마음을 지닌 종에 지나지 않는다"[139]고 마치 설교하듯이 고백하였다. 크롬웰이 이끄는 신형군은 강훈련으로 준비된 군대였고 모든 사소한 죄를 물리치고 거룩함을 추구하였으며 전쟁을 위하여 하나님께 소명을 받고 자신을 헌신하는 마음이 준비된 군대였다.[140] 크롬웰의 군대지휘는 전통적

---

137) C. Hill, *God's Englishmen*, 205-206.
138) C. Hill, *God's Englishmen*, 134.
139) F. Harrison, *Oliver Cromwell*, 98.

인 방식을 탈피하여 민주적이고 개방적인 편이었으며 계급적 권위주의 대신 자발적인 참여와 민주적 요소가 뒷받침된 강력한 내부기강을 세웠다.[141] 또한 병사라 할지라도 전투과정에서 혁혁한 공로를 세운 자는 장교로 진급시킴으로 장교는 귀족만이 할 수 있다는 종래의 원칙도 혁파하였다.[142] 신형군은 또한 다음과 같이 천명하였다.

> "우리는 부자의 군대도 단지 사람들의 종도 아니다. 우리는 성자들의 왕이신 그리스도를 선포하고 우리의 고백을 통해 그분을 우리의 왕으로 모시는 것은 물론 그분 자신의 말씀 속으로 그분께 순종하기를 열망한다."[143]

크롬웰의 군대는 모집부터 색달랐고 전투수행 중에도 늘 기도했으며 군목을 동반한 믿음의 군대였다. 혁명의 목적과 이유를 놓치지 않도록 훈육함으로 왕군과 달리 급료나 생업을 위한 비자발적 군대가 아닌 자원군적 성격의 군대였다.

(5) 신형군에 대한 다양한 평가

신형군에 대한 평가는 학자들마다 조금씩 다르거나 극단적인 면을 보이고 있다. 존 스퍼(John Spurr)는 신형군을 종교적인 확신으로 가득 찬 신실한 군대로 보았고[144] 마샬(Alan Marshall)의 신형군에 대한 평가도 긍정적이다.[145] 크리스토퍼 힐은 신형군이야말로

---

140) 원종천, 『청교도 언약사상, 개혁운동의 힘』, 261.

141) C. Hill, *God's Englishmen*, 63-64.

142) 김태현, "영국혁명에 있어서 신형군의 급진주의 발전과정에 관한 연구", 『사총』 47, (1998): 213.

143) John Spurr, *English Puritanism 1603~1689*, (New York: St's Press, 1998), 114에서 재인용.

144) John Spurr, *English Puritanism 1603~1689*, 114.

국민적으로 조직되고 새로운 국세로 재정지원을 받는 군대였으며[146] 병력의 과반수가 지원병이었고 크롬웰의 정치적 원칙을 이해하고 그 원칙 때문에 단결하였고 싸운다고 믿고 있었다고 평가하였다. 뿐만 아니라 마스턴 무어(Marston Moore) 전투와 네이스비(Naseby) 전투에서 보여준 것처럼 위반할 수 없는 자발적인 규칙을 정하고 준수하였던 수준 높은 군대라고 평가하고 있다. 힐은 계속해서 신형군의 승리의 배경에는 하나님의 섭리와 하나님께서 자신들을 통해 활동하고 계시다는 퓨리턴적 믿음이 있었다고 평가한다. 하나님께서 신형군과 함께하신다고 하는 믿음은 그들이 혁명에서 승리하고 있다는 확신과 찰스 1세의 절대주의 세력이 도덕적으로나 물리적으로 이미 종말을 고하고 있다는 것을 의미하는 것이었다.[147] 한편, 김민제는 신형군은 퓨리턴정신에 의해 계도된 군대였고 혁명정신을 구현하였으며 하나님에 대한 사명감으로 전쟁을 승리로 이끌어 영국혁명을 가능하게 한 결정적인 역할을 했다[148]고 평가한 반면에 신형군의 상당수가 지원군이 아닌 징집병이었고 탈영병이 줄을 있는 구태의연한 군대였으며 급료[149]가 풍부했기에 왕당파 군인들이 전향하여 신형군으로 편입되기도 하였을 뿐 장군들과 고위장교들과는 달리 신형군 장병 전체가 종교적인 열정을 가졌다고 보기는 어렵다는 젠틀스(Gentles Ian)의 의견을 소개하기

---

145) Alan Marshall, *Oliver Cromwell, Soldier*, 131–134.

146) C. Hill, 『영국혁명 1640』, 59.

147) C. Hill, *God's Englishmen*, 221–222.

148) 김민제, 『영국혁명의 꿈과 현실』, 133.

149) 신형군의 급료는 왕당파에 비해 정확하게 지급되었으며 혁명이 막바지에 다다랐던 마지막 8개월 동안 왕군에게는 전혀 급료가 지급되지 않아서 왕군은 군 자체가 스스로 무장해제 하고 소멸되는 운명을 맞게 되었던 것과는 대조되는 부분이다.

도 하였다.150) 또한 신형군의 핵심은 급진화가 아닌 전문화에 있었으며 신형군은 뒷날 종교적으로 뜨거운 열정을 드러내고 능력에 따라 승진이 되는 양상을 보여주는 것으로 명성을 얻었지만 처음에는 그렇지 않았다고 진단하는 의견도 있다. 예컨대 1645년 네이스비 전투에서의 혁혁한 전과는 종교적 열정에 근거한 것이기보다는 봉급이 규칙적으로 지급되고 병력의 보충이 원활했기 때문이라고 보았다. 그렇지 않았던 왕군은 봉급을 제대로 받지 못하여 종국에는 그냥 해체되어버린 양상을 보였다는 것이다.151) 그러나 이러한 진단 역시 신형군의 핵심가치가 신앙과 열정 그리고 청교도적 순수함이 바탕에 있었음을 인정하고 있다는 것은 주지의 사실이다.

신형군에 대한 평가는 학자에 따라 다양하다고 할 수 있으나 신형군의 소집초기이던 전투수행 과정이던 종교적인 열심과 충성스런 면모가 특징 중의 하나였던 것은 사실이다.152) 그리고 왕군은 물론이었거니와 의회군과 신형군도 봉급이 제때에 지급되지 않는 고충은 늘 있었다. 봉급의 정기적인 지급여부와 병사의 사기는 밀접한 관계가 있다지만 이러한 상관관계를 신형군의 승리의 결정적 요인으로 보는 것은 적절치 않다고 본다. 이들이 거둔 전투로 인하여 영국에서는 근대세계가 돌연 시작되었다는 점, 낡고 봉건적이었던 영국은 새로운 시대를 열어가던 신형군으로 인해 돌이킬 수 없는 근대와 현대에로의 거보를 내딛게 되었다는 것만은 분명하다.

---

150) 김민제, 『영국혁명의 꿈과 현실』, 285.
151) Kenneth O. Morgan 편, 『옥스포드 영국사』, 349.
152) Kenneth O. Morgan 편, 『옥스포드 영국사』, 349.

3) 신형군과 혁명의 전개

(1) 신형군에 대한 의회의 견제

1차 혁명이 종결되고 신형군의 영향력과 혁명에서의 전과가 지나치게 평가되었다고 위협을 느낀 의회는 신형군의 해산을 결의하고 의회군 전체를 적정 규모로 유지하기로 했다. 엄청난 예산이 군비로 지출되는 상황을 막아야 하는 불가피성을 명분으로 1647년 2월 18일, 하원은 영국 내에서 유지되는 상비군의 규모를 기병 5,200명과 용기병 1,000명으로 고정시키고 신형군은 대부분이 여기서 제외되어 해산할 것을 결의하였다.[153] 신형군에게 지급되어야 할 급료가 이미 280만 파운드나 연체되고 있었고 요새에 주둔하고 있는 병력 이외에는 보병도 감축대상이었다. 초급장교에서부터 개개병사에 이르기까지 해체제의가 부여되었고 해체와 더불어 밀린 급료가 지급되었다. 전체규모로 볼 때 기병대 4,220명과 보병 8,400명이 감축되었고 이때 감축에서 제외된 장교들도 조심스럽게 재선택되었을 뿐 아니라 재편입이 확정된 경우에도 대령 이상의 계급은 부여되지 않았다.[154] 이미 신형군의 대부분은 개혁파에 속하였던 바[155] 혁명의 주체세력으로 등장한 개혁파로서 신형군의 해체는 받아들일 수 없는 형국에 이르렀다. 신형군은 이와 같은 불명예스런 취급에 즉

---

153) Alan Marshall, *Oliver Cromwell, Soldier*, 164-165.

154) Alan Marshall, *Oliver Cromwell, Soldier*, 168.

155) 애초부터 혁명의 주체세력이 개혁파로 두각을 나타낸 것은 아니었다. 독립파는 장로파에 비해 아직 사회적으로 미미했으며 웨스트민스터 종교회의에서의 독립파는 장로파에 비해 미약했었다. 그런데 독립파가 본격적으로 그 세력을 나타내기 시작한 것은 신형군의 등장에서였다. 독립파의 실제적인 세력은 크롬웰의 철기군과 이를 확대해 창설한 신형군에 뿌리를 내렸다. 1643년에 동부연합에서 크롬웰이 철기군을 이끌 당시 그가 중장으로 승진하여 맨체스터경 다음으로 제2인자로서 부대를 지휘할 때부터 군 내부에서 독립파의 세력이 서서히 증가하기 시작했다.

각 반발했다. 독립파는 물론이고 수평파까지 합류해서 급진적이고 민주적인 세력들을 결집했다.

(2) 신형군의 반발과 독립파의 입지변화

이미 크롬웰은 신형군을 이끌면서 개혁파의 핵심사상인 '종교적 자유와 관용의 정신'을 실천했다. 그가 지휘하던 기병대가 신형군에 편입되고 신형군의 실질적인 지휘관이 되면서 재세례파를 비롯한 모든 분리주의자들의 예배를 허용했고, 장로파의 자유로운 신앙활동도 인정함으로써 독립파의 중심사상을 펼쳐나갈 수 있었다. 독립파의 세력은 더욱 군에 확대되어 많은 장로파 군목들이 신형군을 떠났으며 이러한 종교적인 색채는 1차 혁명이 끝난 후에는 정치적인 양상을 띠게 되었다. 이때부터 신형군 내부에서 귀족세력에 대한 비판과 군주제의 폐지문제가 대두되기 시작했는데 1647년으로 넘어오면서 혁명세력화하기 시작했다.[156] 그러자 의회의 보수주의자들이 1647년 2월에 신형군의 해산을 결정하였다. 신형군의 반발은 즉각적이고 조직적이며 훨씬 심각했다. 신형군의 해체에 따르는 두 가지 문제, 즉 밀린 급료의 지급과 전쟁 중의 행위에 대한 면책 등이 명확히 해결되지 않은 상태에서 6개월치의 월급만 지급하는 것을 보상의 전부로 한 해체에 신형군은 모욕감을 느끼지 않을 수 없었다. 이로써 신형군 내의 독립파의 입지가 위협을 받게 되었다.

---

156) 김태현, "영국혁명에 있어서 신형군의 급진주의 발전과정에 관한 연구", 221.

(3) 신형군 내 급진파의 형성

의회의 신형군에 대한 강력한 견제와 이에 대해 3월 초부터 일기 시작했던 신형군의 반발은 4월 말에는 신형군 기병대를 중심으로 군인들의 완전한 민주주의 대표기구인 「애지테이터」(Agitator)를 조직했다. 애지테이터는 좌익급진세력으로 분류되었고 구성원 대부분은 노동자 출신 군인들이었다. 장교와 병사가 포함된 이 조직은 신형군 속에 존재했던 병사들의 민주적 경향들, 즉 독립파와 분리주의자들이 갖고 있던 급진적 요소들이 군의 존립에 관한 위기적 상황 속에서 발현된 당연한 현상이었다.[157] 이들에 대해 크롬웰은 한때 전장에서 그들을 지휘했던 지휘관의 심정으로 그들을 동정하고 이해하며 은밀히 위로했다.[158]

한편 신형군 내의 애지테이터의 등장으로 인해 신형군의 정치적 급진화가 가속화되었다. 애지테이터의 영향을 받은 신형군의 런던 점령이라든가, 「군의 건의」(Army Representation), 「제안요강」(Head of proposa) 같은 중요한 정치적 이념적 문서의 출현에 간접적으로 작용하였다는 점 등이 대표적인 예이다. 게다가 수평파의 입장을 폭넓게 수용하여 「인민협정」(Agreement of People)의 제안이나 나중에 있게 될 퍼트니(Putney) 논쟁과 같은 역사적인 사건들을 결과하게 된다. 1647년 11월 28일, 신형군 주요인사들은 크롬웰을 의장으로 「군부총회」(Council of Army)를 개최하였다. 퍼트니 교회에서 개회된 이 총회에서 애지테이터들의 활약이 두드러져 민주적 혁명 절차에 대한 논의와 함께 신형군의 정치이념이 좌파와 우파로 구

---

157) 김태현, "영국혁명에 있어서 신형군의 급진주의 발전과정에 관한 연구", 223-224.
158) Alan Marshall, *Oliver Cromwell, Soldier*, 168.

분되면서 역사적인 논쟁을 벌이게 되었다. 이른바 'Putney 논쟁'을 통해 만들어진 「군의 건의」, 「인민협정」, 「제안요강」 등의 것이었다. 이 모든 문서들은 신형군 내부에서 외부세력에 대한 대응방식으로 만들어진 것들이었다. 이것은 또한 혁명의 과정에서 꾸준히 축적되어온 신형군의 급진주의가 비로소 보수적 현실정치 구조 속에서 혁명세력화하였음을 보여주는 것들이었다. 이들 문서 속에서 발견되는 '자유와 평등'의 개념, '종교적 관용', '인민주권' 등의 개념들은 독립파의 기본적인 주장들이었다. 여기에 추가적으로 '공화제', '보통선거권'이라는 보다 발전된 수평파의 사상들이 결합됨으로서 이제 신형군은 근대 민주주의 이념의 태동과 관련되는 중요한 이념적 정치세력으로 부상하기에 이르렀다.[159] 다시 말하자면 크롬웰의 공화정의 힘은 급진소수파의 독재로 시작되었고 신형군의 엄격한 조직 속에서 나왔다.[160]

(4) 신형군과 장로파와의 관계

의회 안팎에서 매 현안마다 충돌하고 있었던 장로파와 독립파의 대립은 신형군 내에서도 계속되고 있었다는 것은 앞에서 살펴본 바와 같다. 신형군 내의 독립파와 수평파의 영향력은 곧 의회 내의 보수파, 특히 왕과의 화친을 주장하고 있던 장로파에 대한 비난으로 이어졌다. 장로파는 스코틀랜드와의 미묘한 관계를 바탕으로 왕과의 화친을 주장했으며 영국교회의 장로주의 채택여부가 곧 혁명

---

159) 김태현, "영국혁명에 있어서 신형군의 급진주의 발전과정에 관한 연구", 225.

160) Winks/Brinton/Christopher/Wolff, *A History of Civilization*, (New Jersey: Prentice Hall, 1988), 413.

의 향방을 가늠할 수도 있는 지경에까지 이르게 되었다. 신형군 내에서 조성된 근대 민주주의 이념과 애지테이터를 중심으로 형성된 급진주의는 장로파 등 보수파에 대한 공격으로 이어져 런던으로 진주하여 의회를 급습하고 프라이드 대령을 앞세워 숙청이라는 행동으로 표현되었다. 보수파의 제거로 혁명에 탄력을 받은 의회군과 혁명세력은 독립파이며 신형군의 실질적인 리더였던 크롬웰을 중심으로 2차 혁명에 돌입하게 되었다.

4) 전투수행과 신앙

1642년 가을부터 1646년 여름까지는 크롬웰이 군 지휘관으로서 의회군을 이끌며 주로 활동했던 시기였는데 이때 크롬웰은 자신의 군인으로서의 탁월한 면모를 유감없이 보여주었고 이후 군사, 정치, 종교지도자로서의 역할수행에 필요한 아이디어를 얻고 다듬는 기회이기도 했다.[161] 첫 전투가 시작된 에지힐에서는 전세는 과히 좋지 않았다. 군대의 규모나 훈련 정도, 그리고 군수 및 식량조달에서도 열세였다. 그러나 2년 뒤 마스턴 무어 전투부터 크롬웰의 역할이 증대되면서 의회군의 작전지역이 확대되기 시작했다. 마스턴 무어 전투 역시 쉬운 전투는 아니었다. 북부지역에서 형성된 전선은 앞에는 왕군이 뒤에는 스코틀랜드군이 포위하는 상황에서 의회군은 돌파구를 마련해야 했다. 페어펙스, 로렌스 크레포드(Laurence Crawford), 맨체스터 장군 등이 참전한 이 전투에서 크롬웰도 목에

---

161) Peter Gaunt, *Oliver Cromwell*, 43.

부상을 입게 된다. 루퍼트(Rupert)가 이끄는 왕군의 부대와 겨루게 되는 의회군은 크롬웰이 이끄는 탁월하고 용감한 철기군의 선도 아래 승기를 잡게 되었다. 이 승리로 동부연합군의 위세가 당당해 지게 되었다. 그리고 크롬웰은 이 승리를 이루신 분은 바로 하나님 자신이시라고 선언했다.162) 혁명 당시 의회군 사령관 크롬웰은 결정적인 정치세력의 중심에 서 있었다. 그리고 독립교회파 사람들을 중심으로 신앙심으로 충만하면서도 청교도적으로 훈련된 군대를 조직할 수 있었다. 그리고 군사적인 승리는 하나님께서 자신을 선택하셨다는 칼뱅주의적 신앙이 옳다는 것을 입증해준 셈이었다.163) 크롬웰은 섭리사상과 개인구원에 대한 확고한 신앙이 조화를 이룬 건강한 청교도였다. 그에게 있어서 승리는 오직 하나님 한 분만이 이루신 하나님의 전투였으며, 그 영광은 그 누구하고도 공유할 수 없는 오직 하나님께만 속한 것이었다.164)

크롬웰은 전쟁은 하나님께 속해 있으며 그와 그의 전우들이 얻은 전과는 하나님의 도우심에 의한 것임을 확고히 믿고 있었다. 그는 1643년 5월, 벨턴(Belton) 전투에서 승리한 후 즉시 "하나님께서 오늘밤 우리에게 승리를 주셨다. 영광스러운 승리를"이라고 쓰면서 의회군의 승리는 하나님께서 홀로 수여하신 승리이며 하나님의 섭리로 왕군이 퇴각되었다는 점을 강조했다.165) 크롬웰은 게인스부로(Gainsborough)에서의 승리나 링컨(Lincoln) 지역으로의 퇴

---

162) Trevor Royle, *Civil War*, 299.

163) Hans Küng, 『그리스도교—본질과 역사』, 734.

164) Maurice Ashley, *Charles I and Oliver Cromwell*, 37.

165) Peter Gaunt, *Oliver Cromwell*, 51.

각을 놓고 '이것은 하나님이 베푸신 호의'라고 분명히 선언하며 모든 이에게 찬양을 받으실 하나님의 영광을 위해 하나님과의 관계를 더욱 친밀히 할 것을 촉구했다. 그리고 그가 거둔 모든 승리는 하나님이 함께하셨음에 대한 명백한 증거였음을 분명히 하며 하나님께서 당신의 종들과 당신의 군사들에게 이러한 승리를 주셔서 하나님을 기쁘시게 한 것이라고 고백했다. 써포크(Suffolk) 위원회에 보낸 편지에서 크롬웰은 근자에 거둔 전투에서의 승리는 "일어나 행하라. 내가 너를 도울 것이며 너의 곁에서 함께하리라"라고 하나님께서 말씀하신 것에 대한 결과로 해석될 수 있을 것이라고 했으며 따라서 나태함과 죄 이외에는 전장에서 두려울 것이 없다고 했다.[166] 유명한 네이스비 전투를 치룬 후 그는,

> "용감무쌍한 적들이 우리를 향해 돌격해오는 것을 보고 우리의 형편없는 병사들을 보면서 어떻게 우리의 전투를 수행해나가야 할 것인가를 고민했다. 나는 나 혼자 이 상황을 감당해낼 수가 없었다. 그러나 찬양하며 하나님을 향해 미소 지었다. 승리를 확신하며. 왜냐하면 하나님은 있는 것을 없게도 하시며 없는 것을 있게도 하시는 분이심을 믿었기 때문이다. 내가 가졌던 분명한 확신대로 하나님은 행하셨다"[167]

라고 고백하였다. 크롬웰과 그의 부하장교들은 언제나 모여 앉아 몇 시간 혹은 몇 날 동안 어떤 확정된 해결책이 그들의 마음속에

---

166) Peter Gaunt, *Oliver Cromwell*, 51.

167) "When I saw the enemy drawn up and march in gallant order towards us, and we a company of poor ignorant men, to seek how to order our battle…… I could not(riding alone about my business) but smile out to God in praise, in assurance of victory, because God would, by things that are not, bring to naught things that are. Of which I had great assurance: and God did it. O that men would therefore praise the Lord, and declare the wonders that He doth for the children of men!"
W. C. Abbot(ed.), 「the writings and speeches of Oliver Cromwell」(reprint edn, 4vols, Oxford, 1988), Peter Gaunt, *Oliver Cromwell*, 46에서 재인용.

떠오를 때까지 기도했는데 그들의 표현을 빌면 '희망의 문'이 보일 때까지 기도했다. 무엇보다 크롬웰과 그의 병사들은 그들 스스로를 그리스도의 군대라고 느끼고 있었고 하나님의 광명이 자신들 앞에 비춰지기를 지속적으로 호소했다.[168] 1650년에는 스코틀랜드 원정을 두고 페어펙스 장군이 주저하는 모습을 보이자, 아일랜드에서 급히 귀환한 그는 페어펙스 장군에게 스코틀랜드 원정의 당위성을 다음과 같이 설득했다.

> "장군님, 만약 스코틀랜드가 우리에게 그들을 침공해야만 하는 원인을 제공하지 않았다면 그들에 대한 원정이 정당성을 잃을 것입니다. 그리고 하나님과 사람들 모두를 실망시키는 일이 될 것입니다…… 그러나 그들은 우리 조국을 침략했고 이로 우리가 그들을 침공할 수 있는 충분한 명분이 만들어졌다고 봅니다. 그리고 하나님께서는 기쁨으로 축복하셔서 우리가 그들을 제압할 수 있도록 승리를 허락하실 줄로 믿습니다."[169]

위와 같이 그는 언제나 자기에게서 성취된 일은 하나님께서 특별히 허락하신 섭리의 결과임을 잊지 않았다.[170] 그는 기병중대장으로 처음 임무를 수행할 때부터 사람의 관대한 평가에 대해 보답이라도 하듯이 매사에 최선을 다하고 진심으로 충성하는 장교였다. 그리고 그 당시 "하나님께서 복 주셔서 하나님을 기쁘시게 할 수" 있었음을 고백했다.[171] 신형군의 승리의 배경에는 물리적·전술적 요소도 있었겠지만 이와 함께 정신적인 요소, 즉 강렬한 청교도주

---

168) Thomas Carlyle, 『영웅의 역사』, 333.
169) Ivan Roots ed., *Speeches of Oliver Cromwell*, 200.
170) C. Hill, *God's English Man*, 209.
171) Peter Gaunt, *Oliver Cromwell*, 43.

의의 종교적 열망과 사명감 그리고 급료의 체불에도 불구하고 유지되어 갔던 엄격한 혁명적 규율정신을 강조하지 않을 수 없다.[172] 그리고 신형군의 핵심세력을 이루었던 독립파의 양심의 자유와 종교의 다양성에 대한 관용의 정신도 신형군의 승리의 산물이라 할 수 있다. 독립파는 회중교회를 지향하고 특별한 주의나 교리를 주창하거나 강요하지 않았다. 따라서 독립파 속에 존재했던 자유와 관용의 사상들이 장로파 등 의회 내의 정통적 보수주의와 충돌을 빚게 되었다. 독립파는 정치적으로 제한군주제와 강력한 의회제를 희망했고 이를 추진하는 추진체 역할을 실질적으로 수행한 것이 바로 신형군이었다.[173] 크롬웰은 지휘관으로서 예하 부대지휘관들과 그들의 병사들에 대한 복지에 대해 지속적으로 관심을 가지고 지원하였다. 크롬웰은 병사들의 무기, 군복, 군화 등 물리적인 부분 뿐만 아니라 도덕적 영적자세에 대해서도 관심을 가졌는데 1657년 부터는 지금의 군목의 역할을 할 수 있는 인물들을 모병하여 자신과 그 부대원들이 하나님을 경외하는 일을 돕도록 배치함으로 자신들의 시대적 과업의 중요성에 대해 깨어 있는 의식을 유지할 수 있도록 했다.[174] 크롬웰의 군목들은 혁명군에 가담하여 위험부담이 큰 전투지역을 오르내리며 병사들을 격려했다. 그들은 혁명전쟁 기간 중 『기독교 전사』(the Christian Soldier), 『병사의 요리문답』(The Soldier's Catechism)과 같은 책들을 제작 보급하여 병사의 전장 교리교육을 주도했고 전투참여를 적극 장려했다. 이런 분위기

---

172) 김태현, "영국혁명에 있어서 신형군의 급진주의 발전과정에 관한 연구", 218.

173) 김태현, "영국혁명에 있어서 신형군의 급진주의 발전과정에 관한 연구", 219-220.

174) Peter Gaunt, *Oliver Cromwell*, 48.

속에서 "기독교인이라고 말하는 자는 기독군인이 되어야 하고 군인이 아닌 자는 기독교인이 아니다(Whoever is a professed christian he is a professed soldier, or if no soldier no christian)"이라고 하는 청교도 전쟁신학이 탄생하였다.[175] 1648년, 아일랜드 원정을 앞두고 크롬웰은 의회에서 아일랜드 원정을 해야 할 것인가, 아니면 하지 말아야 할 것인가에 대한 질문을 받고 이렇게 답변했다.

> "나의 고백은 이렇습니다. 이번 원정은 어떤 개인적인 차원의 것이 아니라 우리 군대에 대한 존경심으로부터 연유되었기를 간절히 바라고 있다고 말입니다. 나는 하나님께서 어떤 개인의 영광 혹은 어떤 특정지역의 영광을 위해서 임하시지 않는다고 생각합니다. 하나님의 임재와 축복은 군(軍)이 하나님 자신의 기쁨과 영광을 위해 쓰이도록 역사하십니다. 따라서 누가 우리의 사령관인가 하는 것은 문제가 되지 않습니다. 만약 하나님이 우리 가운데 함께하신다면, 그의 임재가 우리와 함께하신다면 누가 지휘관인가 하는 것은 문제가 되지 않습니다."[176]

크롬웰을 도와 그의 군대에서 복무했던 자들 중 상당수는 훗날 그의 혁명과업 완수에도 함께 동역하게 되었는데 그 대표적인 인물들이 존 오언과 존 호웨 등이다.

---

175) 정준기, 104-105.
176) Ivan Roots ed., *Speeches of Oliver Cromwell*, 4.

4. 법령 및 제도의 정비

1) 법령의 정비 및 제정과 신앙

앞에서도 살펴본 바와 같이 프랑스혁명과 러시아혁명이 경제적·사상적 성격에 기초하고 있다면 영국혁명과 미국혁명은 정치적, 종교적 성격이 강하다고 할 수 있겠다. 따라서 모든 혁명에서 그래 왔던 것처럼 혁명정신과 혁명정부의 통치철학에 따라서 법령과 제도가 정비되고 새로운 사회적 관습이 태동되게 마련이다. 영국혁명은 그 이전의 마그나 카르타에서 제기된 자유에 한 발짝 다가간 혁명이었으며 한 세기 이상 전 튜더-스튜어트 왕조에 의해 교회 위에 전제정치가 군림하던 시대부터 회복의 기운이 잉태된 결과였다. 따라서 1649년에 있었던 공화정의 선포는 곧 회복된 자유의 원년(The first year of Freedom restored)을 의미했다. 그리고 혁명의 시대를 지나면서 그 시대의 눈으로 또한 미래를 바라보게 되었다. 그러므로 영국혁명은 과거부터 열망했던 자유가 열매를 맺은 것이며 혁명은 또다시 크롬웰의 호국경시대를 지나 왕정복고를 통해 이루어질 입헌군주국(Constitutional Monarchy)을 향해 나갔던 것이다.[177)]

따라서 이 회복의 시대를 향해 나가는 과정에서 영국은 필연적으로 수많은 제도의 정비와 법령의 폐기, 제정, 공포가 이루어졌다. 우선 1640년 이전의 판사는 군주를 위해 복무하는 경향이 강했으나 그 이후에는 달랐다. 이것이 사법 분야에서 가장 근본적인 변화였다. 또

---

177) Harold J. Berman, *Law and Revolution* II, 205–207.

한 관습법(Common Law)은 헌법(Constitution Law)으로 대치되었고 부동산법, 계약법, 배상청구권에 관한 법률 등이 현대화되었다.[178]

혁명 직전 크롬웰은 대간의서(大諫議書)를 왕에게 올리기도 했으나 왕이 하원을 통과한 이 간의서를 거부함으로 왕은 혁명을 자초하게 되었고 크롬웰은 의회군의 지도자로 나서지 않을 수 없게 되었다. 이 대간의서가 문서를 통해 개혁을 추진하고자 했던 시작에 해당되는 작업이었던 셈이다. 공화국시대(Commonwealth, 1649~1653)와 호국경시대(The Protectorate, 1653~1660)로 나뉘는 공위시대(空位時代, Interregnum)에 헌정구조는 네 차례나 바뀌었다. 이에 크롬웰은 실질적인 통치를 위해 1653년에는「통치헌장」을 제정하여 공포하였다.「통치헌장」(Instrument of Government)은 의회가 아닌 군사위원회에서 제정하여 공포한 것이었는데 이는 영국 역사상 최초의 성문헌법의 성격을 지니는 것으로 평가받고 있다.[179]「통치헌장」에 의해 크롬웰은 호국경으로 선포되었으며 의회는 해산되고 소장제가 도입됨으로 노골적인 군정독재가 전개되었다. 총 42개조로 되어 있는 통치헌장은 입헌국가로서의 면모를 갖추게 되었다는 역사적 의의를 가진다. 헌장의 서두부터 호국경에 대한 권력집중과 의회에 대한 호국경의 막강한 권한행사가 보장되어 있다. 영국과 스코틀랜드와 아일랜드에 대한 전시와 평시의 해군, 육군의 군사작전권, 동원권 등이 적시되어 있다. 지역별 인구비례에 따른 의원 수에 대한 것도 명문화되었다. 통치헌장 공포 후 4년 뒤인 1657년의 호국경 제2차 의회는 크롬웰에게 개정헌법을 받아들일

---

178) Harold J. Berman, *Law and Revolution* Ⅱ, 207-208.

179) 민석홍・나종일,『서양문화사』, 223.

것을 요구하였는데, 이 법의 이름이 「겸손한 청원과 조언」(Humble Petition and Advice)이었다. 통치헌장의 개정판 격인 이 법에도 독재와 속박으로부터 구해내신 전능하신 하나님에 대한 감사의 표현과 그리스도인으로서의 안정과 행복을 강구하는 철학이 담겨 있다. 총 18개조로 된 이 새 헌법은 신형군의 지휘권을 의회가 인수하여 행사하도록 하는 것과 신형군의 재정통제도 아울러 의회가 한다는 것이 골자를 이루었다. 또한 호국경직을 비선출방식으로 하되 호국경은 의회의 통제를 받도록 했다. 이 법안을 크롬웰은 받아들였고 찰스 2세의 귀국을 기다리며 왕정복고를 기대하던 옛 장로파 사람들에 의해서도 환영을 받았다.[180]

크롬웰은 잘 준비된 혁명가로서 이념적 토대를 분명히 했던 20세기 후반부의 혁명인물들과는 차이가 있다. 순수하게 종교적 열정과 신앙의 자유를 추구하기 위해 의회 내의 활동가에서 군인으로 그리고 마침내 정치인과 최고통치권자로서 한 시대의 역할을 수행했을 뿐이다. 따라서 크롬웰은 신앙의 순수성과 종교적 열정이 다른 어떤 정치적 기반이나 이념적 토대보다 강했다. 아니 그 자체가 정치적 기반이었으며 이념적 토대였다. 당시 시대의 정신은 아직도 과학이나 이성보다는 미신과 마녀, 괴물, 유령 등에 더 현혹되는 시대였다. 왕에 대한 절대왕정시대의 관점을 평민조차 버리지 못하고 있던 시대였다. 따라서 온전한 청교도적 개혁프로그램을 법률로 제시하는 데는 한계가 있었다. 그러나 1649년을 기점으로 정치적으로 더 민주적이며 종교적으로는 더 개혁적이며 사회적으로는 더

---

180) C. Hill, 『영국혁명 1640』, 69-71.

도덕적인 진전을 이룬 것은 부인할 수 없는 사실이다.

2) 신앙과 사회개혁

크롬웰은 혁명이 진전됨에 따라 관계법령도 제정 혹은 개정하여 종교개혁을 통한 사회개혁으로 이어지도록 시도하였다. 크롬웰이 집권하던 기간 중(1642~1660) 도덕에 관계된 법령만 무려 38개를 제정하였다. 이 중 안식일 및 금식일 준수, 그리고 신자의 복종에 관한 법령이 전체의 40%를 차지하였다. 뿐만 아니라 신성모독에 관한 벌을 규정한 법, 성 범죄 및 도박과 사냥에 관한 처벌법 등이 추가로 제정되었다.[181] 크롬웰이 제정한 법률들은 주로 기독교 이상사회 건설을 위한 윤리적 토대를 마련하기 위한 것이 많았으며 이는 주점(酒店)의 규제, 안식일 준수, 스포츠의 제한, 풍기단속 등의 유형으로 분류되었다. 뿐만 아니라 크롬웰을 비롯한 의회파는 신앙고백서와 기도서 등의 개혁에도 힘을 쏟았다. 1646년에 이르러 의회는 주교좌와 주교좌성당들, 교회재판소, 국교회 공동기도서(Book of Common Prayer)[182], 그리고 교회연력(Kalender)을 없애

---

181) 김민제, 『영국혁명의 꿈과 현실』, 168-169.

182) 공동기도서는 1549년에 대주교 토마스 크랜머와 토마스 크롬웰 등이 주축이 되어 헨리 8세의 생전에 그의 지원 아래에 구상되어진 국교회 공식기도서이다. 1535년 스페인의 프란체스코 수도회 회원이었던 퀴농 추기경(Cardinal Quignon)이 제작하고 개정된 「일과 기도서」(Breviary)와 1543년 발행된 쾰른의 개혁주의 성향의 대주교 폰 비이트(Herman Von Wied)가 작성한 개정된 성찬예식과 수시 기도예식 모음이 포함된 「권면」을 참고하였다. 이 기도서는 죽은 자를 위한 기도, 장례식 때의 성만찬, 세례 때의 기름부음과 축귀 등이 잔존하였고 화체설도 인정했다. 개신교도들은 이 기도서가 로마적 관행을 너무 많이 포함하고 있다는 이유로 반대하였다. 3년 뒤인 1551년 4월에 「제2기도서」가 출간되었는데 이 「제2기도서」에는 로마적인 요소가 많이 삭제되었다. 예를 들면 죽은 자를 위한 기도가 빠졌고 제단 대신 성만찬대로 바뀌었다. 축귀와 기름부음도 부차적인 것으로 내려왔고 중세적 의복들이 명문으로 금지되었다. 성만찬에서는 화체설에서 완화된 츠빙글리적 기념설과 유사한 방향으로 수정되었다. 그러나 청교도 입장에서 볼 때는 여전히 로마적이며 개혁적 요소가 남아 있다는 측면

고 이 자체를 불법으로 규정했다.[183] 이에 앞선 1642년 혁명초기에 의회파는 합법적 무장투쟁의 길을 모색하고 그해 3월 「민병법안」(民兵法案)을 제정하고 이를 왕의 재가 없이 효력이 발효되는 법령(Ordinance)으로 공포한 후 이를 근거로 의회군을 조직하였다. 1944년 12월 18일에는 의회의원으로서 군대의 직책을 가지고 있는 모든 의원들이 그 군 직책에서 사임한다는 「사퇴조령」(Self-Deniance Ordinance)을 하원 표결로 결의하고 이 법안정신의 연장선상에서 새로운 군대를 창설키 위한 입법이 추진되었다. 이른바 「신형군 조례」(New Model Army Ordinance)인 이 법안은 상하원의 보수주의자들의 반감 속에서도 마침내 승인되어 공포되었다.[184]

혁명이 무르익던 1648년에 접어들어서는 잔부의회 의원들을 보충하여 몇 가지 의미 있는 사안들을 처리했는데 그중의 하나가 상원제, 즉 귀족원(貴族院)의 폐지였다. 이는 하원들, 즉 평민원(平民院, 혹은 普通院)만으로도 충분히 공화정을 선포하고 법령을 제정하고 국정을 운영해나갈 수 있다고 판단했던 것이다. 왜냐하면 "하원은 하나님의 기초 아래에 모든 정당한 권력의 원천이며 의회에 모여진 잉글랜드의 평민은 국민에 의해서 선출되고 국민을 대표하는 것임으로 이 나라에 있어서 최고의 권력을 갖는다"[185]라고 스스로를 규정지었기 때문이다. 따라서 국왕이나 상원의 찬반 없이도 하원의 결정은 법률로서 유효한 것이 되었다. 1648년 2월 6일, 하

에서 불만의 대상이었다. 현재 전 세계적으로 성공회는 이 기도서를 기초로 하여 개정된 기도서를 공식적인 기도서로 채택하여 사용하고 있다.

183) Kennth O. Morgan 편, 『옥스포드 영국사』, 352.

184) 김태현, "영국혁명에 있어서 신형군의 급진주의 발전과정에 관한 연구", 210.

185) *Cambridge Modern History*, Vol. Ⅳ, 129, 임호수, "청교도 혁명에서 거둔 성과에 대한 연구", 『호서사학』 7, (1979): 81에서 재인용.

원은 상원의 폐지와 함께 국왕제의 폐지도 결정하였다. 이어서 3월 17일에는 국왕직은 국민에게 불필요하고 부담스런 제도라고 규정짓고 「군주제 폐지조례」를 의결하였다. 이어 3월 19일에는 2월에 결의한 내용을 법률로 확정한 상원폐지를 위한 「상원폐지법」을 의결하였다. 이어 5월 19일에는 국민의 대표인 하원만으로 된 의회와 그들에 의해서 임명된 공직자들에 의해서 영국은 통치될 것이라고 선언하여 공화정의 수립을 천명했다.186)

섭리사상과 예정론은 청교도주의의 기초를 이루었고 청교도주의는 혁명의 뿌리를 이루는 사상이었다.187) 혁명 후 제도개혁에 청교도주의에 기초한 크롬웰의 신앙은 결정적인 영향을 미치게 된다. 의회를 통한 개혁이 한계에 부딪히자 크롬웰은 개혁의 실질적인 보장을 담보하고 사회전반의 영적갱신과 도덕 재무장을 위해 군정의 일종인 소장제를 도입했다. 이는 군의 실질적인 통수권을 행사했던 크롬웰로서는 불가피한 조치였다. 이 제도의 도입으로 지방행정관이나 치안판사와 더불어 11개 구역으로 나누어진 지역에서 실질적인 군정을 통해, 종교개혁의 완성과 생활개혁을 도모하고자 했다.188) 그리고 「풍기단속법」을 만들어 「오락의 책」을 폐기하고 서민들의 단순한 오락거리마저 금지시켰다. 이는 혁명정부가 모세오경을 영국사회에 적용시키기 위한 의도에서 나온 것이었다.189)

그러나 왕당파의 저항과 의회파 내에서도 장로파, 수평파와의 갈

---

186) 임호수. "청교도 혁명에서 거둔 성과에 대한 연구". 81–82.

187) C. Hill, *God's Englishman*, 209.

188) Kennth O. Morgan 편. 『옥스포드 영국사』, 359. 11개의 지역을 군관구(軍官區)로 보기도 하고 소장을 군정관으로 보기도 한다. 소장제는 명실상부한 군정의 형태로 진행되었으며 이는 또한 군사독재의 논쟁을 피할 수 없었다.

189) John Moorman, 『잉글랜드 교회사』 하. 56.

등 그리고 당시의 세계관에 입각하여 왕의 참수와 혁명에 대한 전반적인 반감 등이 개혁에 부담으로 작용하였다. 당시의 인쇄매체들은 왕의 처형을 부정적이고 비관적으로 평가하였으며 심지어는 왕을 죽인 자들은 하나님이 응징할 것으로 믿고 있기도 했다.[190] 실제로 찰스의 참수일은 왕정이 복고된 후인 1662년부터 1859년까지 영국국교회 기도서에 교회력으로서 기념되었고 매년 1월 30일 특별예식이 치러졌다. 뿐만 아니라 영국교회의 시성에 가까운 인물로 추앙되었으며 자신의 신앙과 교회를 위해 목숨을 바친 신실하고 소신 있는 왕으로 묘사되었다. 따라서 영국교회사의 관점에서는 찰스의 참수로 청교도의 운명이 막을 내렸고 영국교회의 미래가 보장되었다고도 보았다.[191]

영국혁명은 프랑스혁명에 버금갈 정도로 큰 사건이었으나 프랑스혁명과는 대조적으로 폭넓은 제도적인 개혁, 즉 정치, 사회, 경제적인 개혁이 뒤따르지는 못했다. 그 이유는 혁명의 발단자체가 종교적인 사유에 근거한 바 큰데다가 혁명 주도세력이 이미 부르주와 계층에 해당되는 기득권세력 혹은 지배층이었던 젠트리 계층이었기 때문이다. 이런 면이 절대주의와 전제정치에 항거하여 입헌적인 자유와 신앙의 자유를 더욱 확대한 측면은 그 의의가 크다. 당대에는 이루어진 것이 많지 않고 왕정복고로 혁명의 지속성이 단절되었지만 군주국으로 다시 회귀한 후 명예혁명을 통해 입헌군주국으로의 발전의 토대를 놓았다는 데 있어서 영국사와 세계민주주의 발전사에 큰 족적을 남겼다고 볼 수 있다.[192]

---

190) 김민제, 『영국혁명의 꿈과 현실』, 289.
191) John Moorman, 『잉글랜드 교회사』하, 48-49.

5. 크롬웰의 신앙이 영국혁명에 미친 영향

의회의 정치적 독립과 민주적 발달에는 청교도운동의 영향이 컸다. 어려운 환경 속에서도 청교도신학자와 성직자들의 중단 없는 설교와 강의, 그리고 출판물들은 젠트리, 의회의원, 변호사, 기술자 등의 전문가들에게 영향을 주었다. 1640년부터 본격화된 혁명은 16세기 말로부터 1640년에 이르기까지 청교도 성직자들이 젠트리와 상인, 전문가 집단 등, 중산층에 끼친 바로 이 청교도사상의 영향으로 가능했다. 토니의 주장대로 청교도들은 신학과 교회정치, 정치사상, 가정생활 및 개인윤리의 실천 등에 있어서 신앙과 양심에 입각하여 행동하였다. 따라서 이 청교도 정신의 토대 위에서 근대 영국이 탄생했고 17세기의 혁명도 가능했다.[193] 혁명의 공감대를 형성할 수 있었던 언약사상 등의 청교도 신앙은 그 영향 아래에서 자라고 행동했던 크롬웰에게 지대한 영향을 주었고 이러한 크롬웰의 청교도적 신앙은 영국혁명이라고 하는 정치적 변혁을 가져오는 데 있어서 뿌리역할을 하였다. 크롬웰은 1658년에 올린 한 기도문에서 그 자신이 비록 부족하고 허물 많은 피조물에 지나지 않는다 할지라도 하나님의 언약 안에 거하기를 원했고 하나님의 백성들을 위해 부름 받아 쓰임 받게 되기를 간구했다.

---

192) 민석홍・나종일, 『서양 문화사』, 223–224.

193) R. H. Tawney, *Religion and the Rise of Capitalism*, (New York: A Historical Study, 1926), 189–199.

"하나님 저를 주의 백성들을 선하게 하는 일에 배치하여 주시고 지속적으로 사용하여 주시옵소서. 그들에게 한결같은 판단력을 주시고 같은 마음으로 서로 사랑하게 하옵소서. 그리고 그들을 개혁주의 사역으로 인도하여 주시고 이 세상에서 예수 그리스도의 이름을 영화롭게 하는 일에 써 주시옵소서. 당신의 도구인 주의 백성들을 지도하여 주시고 하나님을 더욱 의지하게 하여 주시옵소서."194)

크롬웰의 소명의식과 분명한 역사적 책임에 대한 자기 이해는 영국혁명을 주도했던 그의 동력이 어디에서 기초하였는가를 잘 보여주고 있다. 크롬웰과 그의 동료들의 교회정치체제에 대한 반발로부터 하나님과의 개인 언약관계를 신학적 틀로 하여 경건을 추구하는 개혁의 방법으로 전환한 것이 영국혁명을 가능하게 한 것이다.195) 크롬웰은 호국경이 된 후 두 번째 의회연설을 "나의 주님, 그리고 하원의원 여러분"196)으로 시작했다. 이어서,

"나는 하나님께서 이 의회에 내리실 복을 생각하며 편안한 기대감을 가지고 있다."197)

고 단언했다. 뿐만 아니라 "하나님의 의와 하나님의 진리 그리고 하나님의 자비의 복이 영국에 임할 것을 열망한다"198)고 고백했다. 그리고 여러 번의 연설에서 "하나님이 나의 증인"이시라며 "그 사실을 전 세계와 만민 앞에 선언한다"199)고 말했다. 크롬웰의 정치

---

194) Thomas Carlyle ed., *Oliver Cromwell's Letters and Speeches*, 63.

195) 원종천, 『청교도 언약사상의 힘』, 62.

196) Thomas Carlyle ed., *Oliver Cromwell's Letters and Speeches*, 34.

197) Thomas Carlyle ed., *Oliver Cromwell's Letters and Speeches*, 34.

198) Thomas Carlyle ed., *Oliver Cromwell's Letters and Speeches*, 35.

199) Thomas Carlyle ed., *Oliver Cromwell's Letters and Speeches*, 37.

적 군사적 행동의 기저에 하나님의 섭리와 주권에 대한 분명한 소명이 자리하고 있었음을 여러 곳에서 보여주고 있다. 혁명의 서두를 알렸던 에지힐에서의 전투는 에섹스 경을 중심으로 편성된 의회군의 수세로 시작되었다. 21,000명의 대군이었고 18개 연대의 보병과 4,200명의 기병과 61개의 마병과 용기병으로 이루어졌다. 그러나 이 군대의 절반 정도는 훈련이 채 되지 않았었고 유지비용도 엄청났다. 마병의 기본단위가 70명의 병사와 말이었는데 이들을 위해서만도 매달 1.5톤의 빵이 필요했으며 말들을 위한 건초 또한 매달 13.5톤이나 있어야 했다. 초기 전세는 결코 유리하지 않았고 마스턴 무어 전투에서 승리함으로 북부지역에서 왕군을 고립하기까지는 전황이 좋지 않았었다.[200] 그러나 크롬웰이 의회군의 중심에 등장하기 시작하면서 전세는 호전되기 시작했고 혁명의 목적과 이유를 아는 병사들은 기도하며 싸우고 영적훈련을 겸해서 전투를 준비했다. 크롬웰은 왕군과의 결정적인 전투였던 네이스비 전투현장에서는 페어펙스(Fairfax), 해리슨(Harrison), 아이어튼(Ireton) 등의 장군들과 협력하며 믿음으로 싸울 것을 독려했다. 그가 남긴 전장일지는 당시의 급박했던 전투상황과 궂은 날씨, 늦은 밤이나 이른 새벽을 가리지 않고 전개된 전투의 치열함을 그대로 보여주고 있다.[201] 사적 메모형식의 일지의 끝에는 "하나님이 나의 힘이시다 (God is our Strength)"라고 적혀 있다. 전장의 동료부하들에게 보낸 짧은 서신들의 끝에도 "저는 당신의 겸손한 보잘것없는 종입니다(Your Humble Servant)"라고 표기하는 예가 대부분이었다. 1645

---

200) Trevor Royle, *Civil War*, 184–185.

201) Thomas Carlyle ed., *Oliver Cromwell's Letters and Speeches*, 88.

년 벌어진 랑포트 전투(Langport)에 대한 보고서에는,

> "저는 지금 하나님의 선하신 임재로 인하여 갑절로 유리한 상황에 있습니다. 하나님은 여전히 우리 앞에 계십니다. 이 마지막 자비하심 속에서 하나님의 선하신 일들을 보고 있습니다. 이제 우리에게 열등감은 없습니다."202)

라고 기록하고 있다. 1651년 4월 23일, 그가 아끼던 해리슨 장군이 일선에서 보낸 전황을 보고 받고 그의 군대가 전열을 가다듬어야 할 필요를 발견한 크롬웰은 며칠 뒤인 5월 3일, 다음과 같이 해리슨에게 답신했다.

> "친애하는 해리슨 장군. 나는 장군이 보낸 전령을 지난 4월 23일에 접수했소. 장군의 편지는 언제나 반갑습니다. 장군이 언급한 대로 현 전황이 안 좋고 장군의 부대가 타격을 받은 상태라 할지라도 나는 장군이 그 부대의 지휘관으로 재직하고 있다는 사실로 인해 기쁩니다. 왜냐하면 나는 하나님께서 장군에게 다시 장군의 군대를 새롭게(reform) 할 힘을 주실 것이라고 믿기 때문입니다."203)

크롬웰은 수많은 메모와 일지, 일기, 연설문과 편지, 심지어는 대화록에서도 언제나 하나님의 주권을 강조하고 자신은 보잘것없는 종(Your most servant)으로 즐겨 표현했다. 크롬웰은 '거짓말의 왕'이라고 하는 거친 비난에도 불구하고 그의 생애를 오래 연구하면 할수록 그렇게 생각할 수 없게 된다. 칼라일은 "그가 거짓으로 말한 것으로 판명된 것이 하나도 없다"고 단연코 주장하고 있다. 오히려 그의 어린 시절을 돌아보면 열정적이고 사랑스럽고 진실한 사람이

---

202) Thomas Carlyle ed., *Oliver Cromwell's Letters and Speeches*, 92.
203) Thomas Carlyle ed., *Oliver Cromwell's Letters and Speeches*, 121.

었음을 보여주고 있다. 그리고 어렸을 때에는 십자가의 환상에 자주 사로잡혀 있었다는 사실들은 크롬웰이 외적으로 거칠고 완고한 내면에는 정직하고 성실하고 신앙적이고 현실적이며 동시에 영적인 면을 가진 신앙의 사람으로서의 면모를 지니고 있었음을 알 수 있다.204) 그가 한때 법학도로서 본분을 지키지 못하고 방탕에 빠지기도 하고 도박에 손을 대기도 했지만 회심 후에는 착실하고 조용한 삶을 유지했으며 도박으로 번 돈도 모두 돌려주는 결단을 보이기도 했다. 그리고 농사를 지으며 성경을 읽고 날마다 자기의 하인들을 불러 모아놓고 예배하며 핍박 가운데 있는 목사들을 위로하고 설교 듣기를 좋아하고 또한 자기도 설교자로 사역을 돕기도 했던 신실한 사람이었다. 그에게 위선, 아집, 헛소리 등은 없었으며 항상 그의 거룩하신 주님 앞에 바르게 보이기를 원했다. 크롬웰이 의회군과의 전투에서 거둔 혁혁한 공로는 용감한 사람, 누구보다 가슴에 더 많은 결단을 가진 사람, 머리에 더 많은 빛을 가진 사람의 성공이었다. 그가 경험했던 수많은 전투에서 한없는 은혜로 그의 안전을 지켜주신 분이 바로 하나님이심에 감사해했다. 그는 성공한 군 지휘관이었고 최고사령관의 위치에 있었지만, 그리고 신형군이라고 하는 전대미문의 강력한 군대의 창설자였지만 그는 항상 그 군대에 하나님의 임재가 없다면, 그리고 하나님을 진정한 지휘관으로 받아들이는 믿음으로 그분이 세운 지휘관에게 복종하지 않는다면 그러한 군대는 하나님을 기쁘시게 할 수 없고 하나님의 영광이 될 수 없다고 말했다.205) 이런 크롬웰로서는 머리에 모양이나 내는 경박한 왕당파 기

---

204) Thomas Carlyle, 『영웅의 역사』, 324-325.

205) Ivan Roots ed., *Speeches of Oliver Cromwell*, 4.

사들의 불신앙과 허영이야말로 위선으로 보였다.206) 크롬웰은 자신을 하나님이 당신의 뜻을 세상에 펴기 위해 세우신 자, 즉 이스라엘 백성들을 가나안으로 인도했던 모세와 같은 사명을 가진 인물로 이해하며207) 그 뜻을 펼치기 위해 노력하면서도 종교적 이상과 정치적 조치의 필요 사이에서 고민하던 그리스도인이었다. 크롬웰과 함께 혁명에 가담한 자들의 태도 역시 "하나님의 이름과 아멘(in the name of God, Amen)"이라는 구호와 함께 혁명을 논하고 전투에 참여하였다. 게다가 전투에 임하기 위해 부대주둔지를 출발하는 모든 영국의 군사들 가운데는 항상 군종목사들이 동반하였고 무사한 항해와 전투의 승리를 위하여 말씀과 기도로 십자가의 정병의 자세로 전투에 임하도록 하였다.208)

크롬웰은 두려움을 모르는 신앙인이었고 정확한 판단력을 가진 군인이었다. 그는 장로파가 찰스가 속임수를 쓰고 있음을 알고 있으면서도 그와 화해하려는 시도를 포기하지 않고 있을 때 전반적인 사태의 진상을 읽는 통찰력으로 찰스를 제거하기로 결정하였다. 찰스는 크롬웰의 판단대로 당시의 사태를 전혀 읽지 못하고 지속적으로 무리수를 두는 미련한 사람이었다. 왕이라는 명성을 제외하고는 모든 것을 상실한 사람이었고 이 정파와 저 정파를 적당히 다루면서 양쪽 다 기만하여 과거의 권좌를 복원하려는 시도만 하고 있을 뿐이었다. 이런 찰스를 제거하려는 크롬웰의 결단은 찰스의 실체를 파악한 분별력과 전쟁이라고 하는 상황에서 적장을 제거하

---

206) Thomas Carlyle, 『영웅의 역사』, 326-327.

207) Kennth O. Morgan 편, 『옥스포드 영국사』, 358.

208) Darrett B. Rutman, *American Puritanism – Faith and practice*, 4. 윤종훈, "English Puritanism 정의와 그 근원적 배경에 관한 연구사적 고찰", 『신학지남』 277: 262에서 재인용.

지 않으면 내가 제거당하는 절박한 현실 앞에 한쪽의 지휘관으로서 내린 결단이었다.209) 크롬웰은 헌팅턴의 농부였지만 영국에서 공인된 가장 강한 사람, 영국의 실질적인 왕이었다.210)

크롬웰은 칼뱅주의와 청교도주의적 서적과 인물들의 영향에서 벗어난 적이 없었고, 철기군의 창설이나 신형군의 창설, 전투지휘관으로서 정치인으로서나 호국경으로서나 국가원수로서나 언제나 하나님의 섭리와 뜻에 대한 깊은 성찰로부터 자신의 사명을 발견하고 수행하기를 원했다. 크롬웰이 호국경이 된 후에 그에 대해 가해지는 평가를 보면, 더는 이스라엘 백성들을 이끌었던 모세로 보이지 않는 부분이 있다는 평도 있는 것은 사실이다. 그러나 그가 의회와의 논쟁 등을 수행해나가는 모습을 보면 여전히 엄청난 힘으로 그 가운데 임하시는 경건의 능력을 소유한 것에는 틀림없어 보인다.211) 혁명가, 군인, 정치가 크롬웰과 그의 신앙은 동전의 양면과도 같고 수레의 좌우바퀴와도 같이 하나의 축에 걸려 있는 다른 양상이었다. 크롬웰이 어릴 적부터 영향받은 칼뱅주의와 청교도주의적 교육이 없었더라면 그는 헌팅턴의 젠트리로서 평범한 기득권을 유지하며 살았을 것이다. 그러나 칼뱅주의와 철저한 청교도주의로부터 받은 영향과 구체적인 교육, 그리고 이를 실천하려 했던 공직생활 초기부터의 그의 도전정신으로 인해 평범한 젠트리의 삶을 유지하는 것으로 생을 보낼 수는 없었다. 영국 역사상 유례가 없었던 왕의 공위시대를 도래시키고 호국경으로서 혁명을 완수하

---

209) Thomas Carlyle, 『영웅의 역사』, 327-328.
210) Thomas Carlyle, 『영웅의 역사』, 329.
211) C. Hill, *God's Englishman*, 206.

고 공화정을 뿌리내리도록 한 힘은 크롬웰의 청교도사상과 칼뱅주의에 기초한 확고한 신앙이었다. 자신을 모세로 인식하고 성도(聖徒)를 성인(聖人)이 통치하는 신정정치(神政政治, Theocracy)를 꿈꿀 수 있었던 것도 성경의 권위를 철저히 인정하면서도 제네바의 그리스도인 학교, 스코틀랜드의 종교개혁 등에 고무된 실천하는 신앙심이었던 것이다.

■■■제7장 결론

제7장
결론

　영국혁명은 그 명칭의 다양성에서도 알 수 있듯이 혁명의 주체와 동력 그리고 혁명사상 등에 있어서도 해석이 다양하다. 그러나 영국에서의 혁명이 청교도들에 의해 주도되었으며 청교도사상이 혁명의 주요이념이 되었다는 면에서는 학자들 간에 큰 이견이 없다. 왜냐하면 17세기의 영국은 시민혁명을 일으킬 만한 시민세력이 채 형성되기 전이었으며 전문가들의 증가와 절대왕정의 후퇴 그리고 젠트리의 양적팽창 등이 일어나기는 했지만 결국 의회파와 왕당파가 대립한 주요이슈는 정치적인 문제와 종교적인 문제가 핵심이었기 때문이다. 감독제도에 대한 반발, 로마교황청의 간섭에 대한 불만, 칼뱅주의와 개혁사상의 물결이 스코틀랜드와 네덜란드로부터 유입되면서 국교주의자들과의 갈등 등은 정치적 합의를 도출해내는 것과 같은 방식으로는 해결될 수 없는 것이었다. 이미 신뢰를 잃었을 뿐 아니라 스코틀랜드와의 전쟁을 위해 과세권을 남발하고 의회를 무시한 찰스의 실정은 내·외부로부터 몰려온 개혁사상의 도전에 마땅히 대응할 체계를 구비하지 못하고 있었다. 찰스는 더 나아가 왕군을 더욱 조직화하여 의회와 맞서게 되었고 의회는 의회대로 왕군과 맞설 의회군을 창설함으로 두 진영 간의 갈등은 내전으로 치닫게 되었다. 이 와중에 근실한 청교도이자 칼뱅주의적 배경에서 성장한 의원이었던 크롬웰의 역할이 점차 두각을 나타내게 되었다. 크롬웰은 처음에는 주목받지 못하는 평범한 의원이었으나 점차 영향력을 확대해나가기 시작했고 의회군의 핵심지휘관으로 자리 잡기에 이르렀다. 크롬웰이 가지고 있던 신앙심은 혼란의 와중에 여러 정파와 교파가 뒤섞인 가운데서 발휘되었다. 크롬웰은 교황주의의 타파, 주교제도의 근절, 예배의식의 개선 등의 사안에 대해 분명한 입장을 취하게 되었다. 그리고 찰스야말로 영국민을 가장 불행하게 만들고 있는 장본인이며 영국교회의 안정을 위해서 제거되어야 할 대상으로 설정하기에 이르렀다. 크롬웰은 「반역법」, 「군주제폐지법」 등의 법률과 조례 등을 만들어 제도적으로 이를 추진하고 각종 제도개선을 통해 성인에 의한 성도들의 국가를 만들려 했다.

크롬웰의 혁명과업 완수에 가장 큰 힘이 되었던 것은 철기군과 신형군으로 대표되는 군대였다. 특히 신형군의 창설과 지휘권 행사는 실질적으로 혁명주체 세력으로 나서는 집단이 형성되어 있지 않던 당시로서는 거의 유일한 힘이었다. 의회는 여러 정파로 인하여 정쟁이 잦았고 청교도의 각 분파는 또한 그 분파대로 입장과 지향점이 달랐다. 의회와 청교도 제 교파는 크롬웰이 항구적으로 신뢰할 집단이 되지 못했다. 그래서 크롬웰은 호국경이 된 후에도 의회를 두 번이나 해산한 바 있고 의회를 개혁하기 위해 부단히 노력하였다. 그러나 군대는 달랐다. 특별히 신형군의 창설과 훈련, 그리고 강력한 신앙적 유대를 통한 강군육성에 성공한 크롬웰은 지나치리만큼 군대에 의존하여 혁명을 완수하고 이후 소장들을 통한 군정을 전면적으로 실시하기에 이른다. 신형군의 창설과 훈육에 있어서 크롬웰은 장병들의 신앙교육에 큰 비중을 두었다. 오언, 호웨 등을 군종참모 격으로 발탁하여 자문을 받았고 군종목사가 없이는 출동하지 않도록 하기도 했다. 더 나아가 이들 군종목사들로 종군했던 이들뿐만 아니라 밀턴, 번연 등과도 연대하여 청교도혁명을 완수하는 동지로 활용했다. 대학교육, 공교육의 개혁, 그리고 법적·제도적 정비에 이들이 기여한 바가 컸다는 사실로도 크롬웰의 혁명이 군대와 군 전우들에 의존한바 크다는 것을 알 수 있다. 그가 의회에서 한 연설이나 예하지휘관에게 보낸 사적, 공적 서신들, 그리고 아들들에게 보낸 서신들에서 크롬웰은 하나님의 섭리와 주권을 항상 강조했다. 그리고 군대는 하나님의 도구여야 하며 혁명의 과업에 나선 모든 동지들은 하나님의 도구로 쓰임 받는다는 소명의식을 가져야 함도 역설했다. 크롬웰이 호국경 지위를 아들 로버트 크롬웰에게 세습하고 아들의 실패로 찰스 2세가 복위하고 그의 머리가 웨스트민스터 성당에 효수(梟首-목이 매달리는 刑)되는 비극이 이어졌다고는 하지만 크롬웰이 가졌던 신앙심과 신앙의 표현으로서의 혁명과업 수행이라고 하는 측면은 높이 평가할 만하다. 아직 시민세력이 형성되기 전, 종교개혁 이후 유럽 어디에서도 경험해보지 못했던 개혁주의사상에 의한 국가적 혁명을 완벽하게 마무리 짓는다는 것은 당시로서는 무리한 과제였다. 독일의 농민전쟁, 프랑스의 위그노 개혁운동 등을 본다면 종교개혁을 전후로 한 개혁교회들의 국가단위의 개혁과 혁명이 얼마나 지난한 과제였던가 하는 것을 알 수 있다. 일찍이 칼뱅이 경험한 제네바의 개혁, 녹스의 스코틀랜드의 개혁은 도시 단위의 개혁이거나 혹은 종교적 개혁이라고 하는 특징과 한계를 가지고 있다. 그러나 크롬웰의 개혁은 국가와 왕을 상대로 국가가 가진 힘의 총합과의 대결이었다는 측면에서 평가되어야 한다. 이러한 기독교사상에 입각한 혁명은 이전에는 없었고 이후에도 찾아보기 어려운 독특한 혁명이었다. 따라서 크롬웰의 영국혁명은 청교도 개혁운동의 성격으로 해석되어야 하며 크롬웰의 사상적 기반과 힘의 근원도 기독교신앙에서 찾아야 할 것이다. 크롬웰의 기독교신앙에 근거한 혁명운동은 유럽의 여러 혁명에도 영향을 주었을 뿐만 아니라 신대륙 미국의 독립에도 기여한 바가 크다고 볼 수 있다.

크롬웰이 청교도혁명을 통해 기여한 부분은 청교도혁명은 곧 올리버 크롬웰의 혁명이라고 불리는 것으로도 알 수 있다.[1] 크롬웰은 탁월한 사상가는 아니었지만 용기 있는 신앙인이었으며 뛰어난 지휘관이었다. 그가 지방 젠트리에서 정치인으로 정치인에서 군인으로 그리고 마침내 호국경에 이르기까지의 과정은 어릴 때부터 훈련받은 청교도와 칼뱅주의 사상에 기초한 신앙심에 기인한 바 크다. 그러나 크롬웰은 호국경에 이른 후 군주제로의 복귀와 보수적 독재행태를 보이게 된다. 이로 인해 존 오언 등과 같은 혁명동지들과의 갈등도 발생하고 결별하기까지 한다. 잦은 의회와의 갈등과

---

1) C. Hill, 『영국혁명 1640』, 85.

두 번의 의회해산은 혁명가 크롬웰의 한계를 보여주고 있다. 그가 법령의 제정과 개정, 그리고 사회개혁을 위한 제도의 개선을 통해 영국을 신정국가로 재건국하려 했다고는 하지만 인간적 능력의 한계, 보수적인 영국민의 국민성, 그리고 더 나아가 준비되지 못한 혁명주체 세력의 미흡함으로 인해 그 자신이 또다시 역사의 심판대에 오르게 되었다.

그럼에도 불구하고 시대의 아들로서, 자신의 내면에 자리한 공고한 신앙심으로 사적, 공적 임무를 수행한 크롬웰의 삶과 그 영향은 영국의 역사와 유럽의 역사를 관통해서 오늘날까지도 도전을 주고 있다.

참 고 문 헌

1. Primary Sources

Letters

Letter to Cambridge, With "Protestation" and "preamble."

Eastern Association: Threatened Rising of Papists in Norfolk Gainsborough Fight.

Battle of Naseby. Burial of Colonel Pickering. Two letters concerning Ely.

Army Troubles in 1647.

Four Letters to the Speakers, in Behalf of individual Military Gentlemen and their Claims.

Suffolk Yeomanry.

To Major Harrison.

To Sister Elizabeth.

To Oxford and Cambridge.

To the Derby-House committee after Preston Battle.

To Derby-House committee: March in to Scotland, 1648.

Speeches

At the General Council, 23 March 1648/9.

To the First Protectorate Parliament, 4 September 1654.

To the First Protectorate Parliament, 12 September 1654.
_____, 22 January 1654/5.
To the Second Protectorate Parliament, 17 September 1656.
To the Lord Mayor etc of the City of London 5 March 1655/6.
To a meetting of Army officers, 28 February 1656/7.
To the Commons on the Humble Petition and Advice, 8 May 1657.
To Army officers about the dissolutions, 6 February 1657/8.

Conversations

With Fairfax and others about the invasion of Scotland, 24 June 1650.
With Whitelocke about Monarchy, November 1652.
With Whitelocke about the embassy to Sweden, 5 September 1653.
With Whitelocke, before his departure to Sweden 30 October 1653.
With John Rogers, the Fifth Monarchist, February 1654/5.
With Ludlow before the Council, 14 August 1656.

Documents

The Book of Common Prayer, 1552.
39 Articles of Religion, 1556.
The Grand Remonstrance, 1641.
The Solemn League and Covenant, 1643.
The Instrument of Government, 1653.
Humble Petition and Advice, 1658.

2. Secondary Sources

Alexander H. G., *Religious in England 1558~1662*, London: University of London Press, 1975.

Ashley Maurice, *Charles I and Oliver Cromwell*, London: Methuen, 1987.

_____, *Oliver Cromwell and the Puritan Revolution*, New York:

Collier Books, 1966.

Barker William, *Puritan Profiles*, Scotland: Christian Focus Publications, 1996.

Berman Harold J, *Law and Revolution II*, Cambridge: The Belknap press of Havard University Press, 2003.

Bernstein Eduard ed., *Cromwell and Communism*, New York: Schocken Books, 1963.

Carlyle Thomas ed., *Oliver Cromwell's Letters and Speeches*, New York: Peter Fenelon Collier, Publisher, 1897.

Carter George, *Outlines of English History*, London: Ward Lock Limited, 1977.

Cliffe J. T., *Puritan in Conflict*, London: Rotledge, 1988.

Coward Barry, *The Cromwellian Protectorate*, Manchester: Manchester University Press, 2002.

Cowley Robert & Parker Geoffrey ed., *Military History*, Boston: Houghton Mifflin Company, 1996.

Cragg G. R., *Puritanism in the period of The Great Persecution 1660~1688*, Cambridge: Cambridge University Press, 1957.

Croft Dickinson William, ed., *John Knox's History of the Reformation in Scotland*, New York: Philosophical Library, 1950.

Davies Horton, *The English Free Churches*, London: Oxford UniversityPress, 1963.

_____, *The worship of the English Puritans*, Princeton: Soli DeoGloria Publications, 1997.

Dever Mark E., *Richard Sibbes-Puritanism and Calvinism in Late*

Elizabethan and Early Stuart England, Macon: Mecer University Press, 2000.

D'Aubigne, J. H Merle Houghton S. M. ed., *The Reformation in Englandvol. 1* Carlisle: The Banner of Truth Trust, 1985.

Durston Christopher and Eales Jacqueline ed., *The Culture of English Puritanism 1560~1700,* London: Macmillan Press, 1996.

Durston Christopher, *Cromwell's major-generals,* Manchester: Manchester University Press, 2001.

Elton G. R., *Policy and Police,* Cambridge: Cambridge University Press, 1972.

Estep William R., *The Anabaptist Story,* Grand Rapids: Ededmans Publishing Co. 1996.

Finlayson Michael G., *Historians, Puritanism, and the English Revolution,* Toronto: University of Toronto Press, 1983.

Firth Charles, *Oliver Cromwell and the Rules of the Puritans in England,* London: Oxford University Press, 1953.

Fraser Antonia, *Cromwell,* London: Phoenix Paperback, 2002.

Gaunt Peter, *Oliver Cromwell,* Oxford: Blackwell, 1999.

George Mullan David, *Scottish Puritanism,* Oxford: Oxford University Press, 2000.

Gilbert Martin, *The Routledge Atlas of British History,* London: Routledge, 2003.

Haller William, *The Rise of Puritanism,* New York: Harper Torchbooks, 1957.

Harrison Fredrick, *Oliver Cromwell,* London: Macmillan, 1912.

Haykin Michael A. G., *To Honour God,* Dundas: Joshua, 1999.

Hill Christopher, *The English Bible and the Seventeenth-Century Revolution.* England: Penguin, 1994.

_____, *Puritanism & Revolution,* London: Pimlico, 2001.

_____, *Society & Puritanism in Pre-Revolutionary England,* London: Secker & Warburg, 1964.

_____, *God's Englishman, Oliver Cromwell and the English Revolution.*London: Penguin books, 2000.

Hempton David, *Religion and political culture in Britain and Ireland:* Cambridge: Cambridge University Press, 1996.

John F. H. ed., *Oliver Cromwell,* New York: Robert E. Krieger Publishing Company, 1977.

Knappen M. M., *Tudor Puritanism:* Chicago: Phoenix Books, 1965.

Lake Peter, *Moderate Puritans and the Elizabethan Church,* Cambridge: Cambridge University Press, 1982.

Lunger Knoppers Laura, *Constructing Cromwell,* Cambridge: Cambridge University Press, 2000.

Marshall Alan, *Oliver Cromwell, Soldier,* London: Brassey, 2004.

Mason Roger A. edit, *John Knox and the British Reformations,* Sydney: Ashgate, 1998.

McKim Donald, *Major Themes in the Reformed Tradition,* Grand Rapids: Eerdmans, 1992.

McGrath Patrick, *Papists and Puritans,* London: Blandford Press, 1967.

Morgan Edmund S, *Visible Saints-The history of Puritan Idea,* London: Cornell University Press, 1982.

_____, *The Puritan Family,* New York: Harper and Row, 1966.

Oberman A Heiko, *The Reformation,* Grand Rapids: Eerdmans, 1994.

Ozment Steven, *Protestants-The birth of a Revolution,* London,: Doubleday, 1992.

Paul Robert. S., *The Lord Protector,* Grand Rapids: Eerdmans, 1963.

Roots Ivan, *Speeches of Oliver Cromwel,* London: Everyman, 2002.

Royle Trevor, *The Civil War,* London: Abacus, 2004.

Simpson Alan, *Puristanism in Old and New England,* Chicago: The University of Chicago Press, 1972.

Spurr John, *English Puritanism,* New,York: St's Press, 1998.

Toon Peter, *Puritans and Calvinism,* Pennsylvania: Reiner Publications, 1973.

Tawney R. H., *Religion and the Rise of Capitalism,* New York: A Historical Study, 1926.

Van TilL John, *Liberty of Conscience-The History of a Puritan Idea,* New jersey: P&R Publishing, 1992.

Walker Williston, *A History of the Christian Church,* New,York: Charles Scribner's Sons, 1970.

Webber Robert E., *Worship Old & New,* Grand Rapids: Zondervan Publishing House, 1994.

Wilson John F, *Pulpit in Parliament-Puritanism during the English Civil Wars, 1640~1648,* Princeton: Princeton University Press, 1969.

Wink, Brinton, Christopher, Wolff, *A History of Civilization,* Englewood Cliffs: Prentice Hall, 1988.

3. 역서

Bainton Roland H., 『기독교의 역사』, 이길상 역, 서울: 크리스천 다이제스트, 1999.

Benedict, 『修道規則』, 이형우 역주, 왜관: 분도출판사, 1991, 179.

Bienert Wolfgang/Mehlhausen Joachim 공저, 『교회사 연구 방법과 동향』, 강원돈 역, 서울: 한국신학연구소, 1993.

Booky Joel R, 『개혁주의 청교도 영성』, 김귀탁 역, 서울: 부흥과개혁사, 2009.

Bunyan John, 『천로역정』, 유성덕 역, 서울: 크리스천 다이제스트, 1987.

Calvin John, 「디모데 후서 주석」, 『장 칼뱅 성경주석』, Vol. 20. 서울: 성서원, 2001.

Carden Allen, 『淸敎徒 情神』, 박영호 역, 서울: 기독교문서선교회, 1993.

Carlyle Thomas, 『영웅의 역사』, 박상익 역, 서울: 소나무, 1997.

Conrad Cherry, 『조나단 에드워즈의 신학』, 주도홍 역, 서울: 이레서원, 2000.

Edwards Jonathan, 『신앙과 정서』, 서문강 역, 서울: 지평서원, 1993.

Henderson G. D., 『스코틀랜드교회사』, 홍치모·이은선 공역, 서울: 한국로고스연구원, 1991.

Heron James, 『청교도역사』, 홍치모 역, 서울: 성광문화사, 1982.

Hill Christopher, 『영국혁명 1640』, 홍치모·안주봉 공역, 서울: 새누리, 1998.

Hindson Edward, 『淸敎徒 神學』, 박영호 역, 서울: 기독교문서선교회, 1989.

Johnson Chalmers, 『혁명의 미래』, 한완상 역, 서울: 현대사상사, 1977.

Jones Lloyd. M., 『청교도 신앙』, 서문강 역, 서울: 생명의말씀사, 1990.

Küng Hans, 『그리스도교-본질과 역사』, 이종한 역, 서울: 분도출판사, 2002.

Lewis Peter, 『청교도 목회와 설교』, 서창원 역, 서울: 청교도신앙사, 1991.

Marsden George. Robert Frank Edit., 『기독교와 역사 이해』, 홍치모 역, 총신대학 출판부, 1981.

Maxwell-Stuart P. G., 『敎皇의 歷史』, 서울: 갑인공방, 2005.

Morgan Kennth O. 편, 『옥스퍼드 영국사』, 영국사연구회 역, 서울:

한울아카데미, 1994.

Nugent W. T. K.,『창조적인 역사학을 위하여』, 권태경·고재백 공
　　　역, 서울: 도서출판 솔로몬, 1994.
Packer James,『청교도 신앙』, 박영호 역, 서울: 기독교문서선교회,
　　　1992.
Ryken Leland,『청교도, 이 세상의 성자들』, 김성웅 역, 서울: 생명의
　　　말씀사, 1995.
Reid W. Stanford,『존 녹스의 생애와 사상』, 서영일 역, 서울: 기독
　　　교문서선교회, 1999.
　　　＿＿＿＿＿＿, 편저,『칼뱅이 서양에 끼친 영향』, 홍치모·이훈영
　　　공역, 서울: 크리스천 다이제스트, 1993.
Spitz Lewis W,『종교개혁사』, 서영일 역, 서울: 기독교문서선교회,
　　　1991.
Schwanitz Dietrich,『교양』, 인성기 외 역, 서울: 들녘, 2004.
Webber Max,『프로테스탄티즘의 윤리와 자본주의 정신』, 박성수 역,
　　　서울: 문예출판사, 1998.
Woodward E. L.,『英國史 槪論』, 홍치모 역, 서울: 총신대학교 출판
　　　부, 1991.

4. 국문

김홍기,『종교개혁사』, 서울: 지와사랑, 2004.
김의환,『기독교회사』, 서울: 성광문화사, 1982.
김재성,『개혁신학의 광맥』, 서울: 이레서원, 2001.
김민제,『영국혁명의 꿈과 현실』, 서울: 역민사, 1988.
권태경,『기독교세계관과 역사』, 서울: 그리심, 2001.
　　　,『하나님 마음에 합한 사람』, 서울: 그리심, 2002.
민석홍,『서양사 개론』, 서울: 삼영사, 1984.
　　　·나종일,『서양문화사』, 서울: 서울대학교 출판사, 2005.

박건택 편저,『칼뱅과 설교』, 서울: 나비, 1988.

박성수,『역사학 개론』, 서울: 삼영사, 1984.

박지향,『영국사』, 서울: 까치, 2001.

박영호,『청교도 실천신학』, 서울: 기독교문서선교회, 2002.

심창섭・박창봉,『교회사 가이드』, 서울: 아가페문화사, 1994.

송삼용,『영성의 거장들』, 서울: 기독신문사, 2002.

이극찬,『정치학』, 서울: 법문사, 1985.

임희완,『청교도, 삶・운동・사상』, 서울: 아가페문화사, 1999.

오덕교,『청교도와 사회개혁』, 서울: 합동신학대학원 출판부, 2001.

_____,『종교개혁사』, 서울: 합동신학대학원 출판부, 2005.

원종천,『청교도 언약사상: 개혁운동의 힘』, 서울: 대한기독교서회, 1999.

_____,『칼뱅과 청교도 영성』, 서울: 하나, 1994.

정준기,『청교도 인물사』, 서울: 생명의말씀사, 2001

정항희,『신 문화사 개론』, 서울: 박영사, 1983.

최은수,『언약도』, 서울: 기독신문사, 2003.

최선,『존 녹스의 정치사상』, 서울: 그리심, 2008.

홍치모 편저,『종교개혁사』, 서울: 성광문화사, 1985.

_____『칼뱅과 녹스』, 서울: 성광문화사, 1991.

_____『스코틀랜드 종교개혁과 영국혁명』, 서울: 총신대학교 출판부, 1991.

_____『영국사 개론』, 서울: 총신대학교 출판부, 1991.

_____『영미 장로교회사』, 서울: 개혁주의신행협회, 1998.

5. 논문

Albert Loomie J, *Oliver Cromwell's Policy toward the English Catholics*: The Appraisal by Diplomats, 1654~1658, *Catholic Historical Review*; Vol, 90 Issue 1, Jan 2004.

Coward Barry, *England on Edge: Crisis and Revolution 1640~*

    *1642/Cromwell's War Machine: The New Model Army 1645
~1660, History Today;* 2006.

John Morrill, *Oliver's Army, History Today*, Vol 49 Issue 5, 1999.

권태경, "존 녹스의 개혁사상 연구", Ph. D. diss, 경희대학교, 1995.

김병곤, "영국혁명에 있어서 정치와 종교의 문제", 『정치사상연구』
    제2집, 한국정치사상연구회, 2000. 4.

김중락, "국왕 죽이기: 잉글랜드 찰스(Charles) 1세의 裁判과 反逆
    法", 『영국연구』 vol 15, 영국사학회, 2000. 6.

_____, "英國革命(the British Revolution), 國民契約, 그리고 抵抗
    의 正當化", 『영국연구』, Vol 1·2, 영국사학회, 1998.

_____·김호연, "크롬웰의 理想社會 政策과 그 性格", 『대구사학』
    제76집, 대구사학회, 2004.

김창문, "C Hill의 英國革命論", 『사총』, Vol 32, 역사학연구회,
    1987.

김태현, "英國革命에 있어서 新型軍의 急進主義 發展過程에 관한
    研究", 『사총』, Vol 47, 역사학 연구회, 1998.

나종일, "英國革命에 있어서 宗敎와 政治", 『역사학보』, vol 82, 역
    사학회, 1979.

_____, "영국혁명에 관한 한 시각-영국혁명의 기원과 성격에 관하
    여", 『서양사론』, Vol 33, 한국서양사학회, 1989.

_____, "地方Gentry와 英國革命", 『역사학보』, Vol 40, 역사학회,
    1968.

박대남, "존 오웬의 성령론 연구", 총신대학교 Ph. D. diss, 2006.

박동천, "올리버 크롬웰과 자유주의", 『정치사상 연구』, 한국정치사상
    학회, 2000.

심창섭, "長老教 政治 制度의 起源은 무엇인가? 1", 『신학지남』,
    1997, 가을호.

이동섭, "Oliver Cromwell의 청교사상 연구", 『한성사학』 2, 1984.

이은선, "칼뱅의 神學的 政治 倫理에 관한 研究", 총신대학교 Ph. D.
    diss, 1996.

이종은, "영국혁명의 의의 및 크롬웰의 역할", 『정치사상 연구』, 제2
    집, 한국 정치사상 학회, 2000. 4.
이태숙, "17세기 영국 내전의 부르주아혁명설에 대한 통계적 검정", 『역
    사학보』, 역사학회, 1997.
임호수, "淸敎徒革命期 英國議會의 役割에 관한 硏究 - 長期議會를
    中心으로", 『호서사학』 제5집, 호서사학회, 1977.
_____, "淸敎徒 革命에서 거둔 成果에 대한 硏究", 『호서사학 제7
    집』, 호서사학회, 1979.
임희완, "영국혁명기의 종교적 급진사상의 역할-퀘이커 주의를 중심
    으로", 『역사학보』, 역사학회, 1993.
오규환, "英國革命史 硏究의 實相", 『경북사학』 5집, 경북대학교.
윤종훈, "English Puritanism 定義와 그 根源的 背景에 관한 硏究史
    的 고찰", 『신학지남』, 2003, 겨울호.
조경래, "英國革命期의 議會特性에 관한 硏究", 『상명대학교 논문집』,
    Vol 31, 상명여자사범대학교, 1993.
정영권, "영국혁명에서의 주중 설교제도: 청교도 초기 종교정책의 한
    일면", 『전국 서양사 연합 학술 발표회 논문집』, 한국서양사학
    회, 2007.
허구생, "제프리 엘튼과 튜더 혁명론", 『영국연구』, 영국사학회, 2003.
홍치모, "敎皇 바울 Ⅲ과 反動 宗敎改革", 『신학지남』, 1995, 가을호.
_____, "英國革命에 있어서의 長老派와 獨立派에 관한 硏究", 『신
    학지남』, 1978, 가을·겨울호.

주연종

강릉고등학교 졸업
총신대학교 역사교육과 졸업
총신대학교 신학대학원, 아세아연합신학대학교 대학원(Th. M)
총신대학교 대학원(Ph. D, 교회사)
미 풀러신학대학원 수학

육군 군목(1992-2011)
현) 사랑의 교회 부목사

『우리는 무엇을 믿는가』
『새 옷을 입은 그리스도인』
『성장하는 그리스도인』
『섬기는 그리스도인』
『The 좋은 군사』 등

영국혁명과
English Revolution and Oliver Cromwell
올리버 크롬웰

초판인쇄 | 2012년 4월 2일
초판발행 | 2012년 4월 2일

지 은 이 | 주연종
펴 낸 이 | 채종준
펴 낸 곳 | 한국학술정보㈜
주   소 | 경기도 파주시 문발동 파주출판문화정보산업단지 513-5
전   화 | 031) 908-3181(대표)
팩   스 | 031) 908-3189
홈페이지 | http://ebook.kstudy.com
E-mail | 출판사업부 publish@kstudy.com
등   록 | 제일산-115호(2000. 6. 19)

ISBN   978-89-268-3217-2 93920 (Paper Book)
        978-89-268-3218-9 98920 (e-Book)